Nicholas Dodman
Katzen, die zu viel kratzen

Über das Buch

Nach seinem Erfolg mit *Hunde, die zu viel bellen* (UB 35852), widmet sich Dr. Nicholas Dodman, Wegbereiter der modernen Tierpsychologie, hier dem Seelenleben der Katzen und gibt verunsicherten Tierfreunden praxisnahen Rat. In konkreten Fallbeispielen schildert er detailliert und humorvoll die Auslöser von Verhaltensstörungen bei Katzen und deren Behandlung mit Ernährungswechsel, Erziehungsmaßnahmen oder, wenn nötig, mit Medikamenten. Bei seiner Therapie ist Dodman darauf bedacht, die natürliche Lebensweise der Katzen zu schützen.

Der Autor

Dr. Nicholas Dodman ist Professor für Verhaltenskundliche Pharmakologie an der Tufts University School of Veterinary Medicine und Leiter der Verhaltenskundlichen Tierklinik in Boston. Er gilt in den USA als einer der führenden Fachleute auf dem Gebiet der Tierpsychologie und medikamentengestützten Verhaltenstherapie bei Haustieren. Er hat zahlreiche wissenschaftliche Aufsätze über Veterinäranästhesie und -pharmakologie verfaßt.

Nicholas Dodman

Katzen,
die zu viel kratzen

Aus dem Amerikanischen
von Susanne Naumann
und Sieglinde Denzel

Ullstein Sachbuch

Ullstein Buchverlage GmbH & Co. KG,
Berlin
Taschenbuchnummer: 35851

Die amerikanische Originalausgabe
erschien unter dem Titel
The Cat who Cried for Help
im Verlag Bantam Books, a division of
Bantam Doubleday Dell Publishing Group, Inc.,
New York

Deutsche Erstausgabe
Juli 1999

Lektorat: Internationale Literatur
& Medien Agentur Raul Niemann, Gütersloh
Umschlaggestaltung:
Claudia Ott
Unter Verwendung einer Abbildung
von Isolde Ohlbaum

ISBN 3 548 35851 9

Gedruckt auf alterungsbeständigem
Papier mit chlorfrei gebleichtem Zellstoff
Die Deutsche Bibliothek – CIP-Einheitsaufnahme

Dodman, Nicholas H.:
Katzen, die zuviel kratzen: vom Umgang mit eigenwilligen Katzen/
Nicholas Dodman. Aus dem Amerikan. von Susanne Naumann und
Sieglinde Denzel. – Dt. Erstausg. – Berlin: Ullstein, 1999
 (Ullstein-Buch; 35851)
 Einheitssacht.: The cat who cried for help <dt.>
 ISBN 3-548-35851-9

Inhalt

Für meine Schwester Penny

Dank

Ich möchte Lynn Chu und Glen Hartley von den Writer's Representatives, New York, für ihre Unterstützung danken; meinem Lektor Brian Tart für seine unschätzbare Hilfe beim Manuskript; der Fakultät und meinen Kollegen an der Tufts University School of Veterinary Medicine für ihre Ermutigung; den Besitzern meiner Patienten, denen ich die vorgestellten Fallbeispiele verdanke; und meiner Familie – Linda, Stevie, Vicky, Keisha und Danny – dafür, daß sie da ist und mir das Leben lebenswert macht.

Einführung

Was würden Sie tun, wenn Ihre Katze plötzlich verrückt spielt, sich ohne ersichtlichen Grund anschleicht, Sie belauert und anfällt, und all dies mit jenem abwesenden, wilden Blick, bei dem man unwillkürlich an ihre Vorfahren und großen Verwandten, die Raubkatzen, denken muß? Oder was täten Sie, wenn ihre beiden Katzen, bis dahin die besten Freunde, auf einmal einen solchen Haß aufeinander entwickelten, daß sie sich bei jeder zufälligen Begegnung kreischend und fauchend auf dem Boden wälzen und dabei einen Lärm veranstalten, der Tote auferwecken könnte? Und stellen Sie sich Ihre Verwirrung und Hilflosigkeit vor, wenn Ihre Katze plötzlich anfinge, den eigenen Schwanz zu jagen und mit solchen Ingrimm zu bearbeiten, daß er in kürzester Zeit nackt wie ein gerupftes Huhn wäre und aus unzähligen Wunden blutete ... oder wenn sie Duschvorhänge, Schnürsenkel und Ihre Joggingausrüstung mit einem Mal für besondere Leckerbissen hielte? Was würden Sie tun? An wen würden Sie sich um Hilfe wenden?

Angesichts solcher ausweglos scheinender Probleme wählen viele Leute den (für sie) leichtesten Weg und bringen ihre Katze ins Tierheim. Ihr schlechtes Gewissen beschwichtigen sie damit, daß sie sich vormachen, das Tier habe eine echte Chance, in ein neues Zuhause vermittelt zu werden. Dabei wissen sie im Grunde ganz genau, daß dies aller Wahrscheinlichkeit nach nicht der Fall sein wird. Millionen von Katzen landen jedes Jahr bei Tierschutzvereinen, in Tierheimen oder in Tierarztpraxen, weil ihre Besitzer irrigerweise der Ansicht waren, ihr Liebling leide unter einer unheilbaren Verhaltensstörung. Auch wenn der Entschluß zur Radikallösung in vielen Fällen auf Unwissenheit zurückzuführen ist, sollten wir uns vor Augen führen, was für ein Bild vom Umgang mit dem Leben er unseren Kindern vermittelt. Doch Gott sei Dank gibt es auch viele Menschen, denen das Wohlergehen ihres Haustieres wahrhaft am Herzen liegt und die alles daransetzen, ihm zu helfen, wenn es psychisch oder physisch krank wird. Das vorliegende Buch wendet sich an beide Lesergruppen in der Hoffnung, ersteren bewußtzumachen, daß sie sich in den meisten Fällen irren, und letzteren zu helfen, echte Lösungsmöglichkeiten zu finden.

Meine Absicht war, in einer durch Fallbeispiele aufgelockerten, anschaulichen Form bestimmte weitverbreitete, aber auch einige außergewöhnliche, eher seltene Verhaltensweisen zu beschreiben, mit denen Katzenbesitzer sich manchmal konfrontiert sehen. Das Verhalten, das ihren Besitzer vor ein großes Problem stellt, mag für die Katze selbst unter Umständen absolut normal sein und lediglich in der Situation, in der es auftritt, übertrieben oder unangebracht erscheinen. In diese Kategorie sind Revieraggression, Markieren, das Aufreißen von Polstermöbeln und die verschiedensten nächtlichen Ruhestörungen einzuordnen. Am anderen Ende des Spektrums stehen die echten abnormen Verhaltensweisen, tierische Äquivalente zur Humanpsychiatrie. In diese Kategorie gehören zwanghaftes Haareausreißen, pervertierte Nahrungsvorlieben und eine gesteigerte Empfindlichkeit für Berührungsreize. Diese Verhaltensweisen geben den Tierärzten seit Jahrzehnten Rätsel auf, doch mit dem Paradigmenwechsel von der Überzeugung, Tiere hätten keine Empfindungen oder Gefühle, zu der inzwischen allgemein akzeptierten Voraussetzung, daß Tiere sehr wohl geistige und emotionale Erfahrungen machen können, die den unseren gleichen, hat sich ein völlig neuer

Weg zum Verständnis und zur Heilung solcher Verhaltensstörungen aufgetan.

Die Fälle, die ich im folgenden vorstelle, stammen aus meiner eigenen Praxis an der Tufts University School of Veterinary Medicine. Die Geschichten sind wahr, allerdings habe ich, wie es immer so schön heißt, aus Gründen des Datenschutzes die Namen geändert. Mir lag daran, auch den Konsultationsprozeß und vor allem das Leid bei Mensch und Tier, das die beschriebenen Probleme verursachen, möglichst genau zu schildern – nicht, um die Sensationsgier gewisser Zeitgenossen zu befriedigen, sondern um das Ausmaß emotionalen Engagements, das manche Besitzer für ihre Katzen aufbringen, und die vielfältigen Zwangslagen, in denen die Katzen heute stecken, ganz deutlich zu machen. Am Schluß der einzelnen Fallbeschreibungen sind jeweils die therapeutischen Maßnahmen noch einmal zusammengefaßt, und der Leser erfährt, wie die jeweilige Geschichte ausging. Jeder dieser Berichte sollte den Leser in die Lage versetzen, ähnliche Probleme, vor denen er vielleicht stehen mag, besser zu verstehen, eventuell sogar Lösungsmöglichkeiten zu finden oder doch zumindest die richtige Behandlung in die Wege zu leiten.

Viele Tierhalter, die zu mir kommen, sind mit ihrer Weisheit am Ende. Unsere Klinik ist ihre letzte Hoffnung, und oft suchen sie mich gegen den Rat skeptischer Freunde auf in der Hoffnung, hier doch noch Hilfe zu finden. Mir ist wohl bewußt, daß sie kaum noch Alternativen haben, wenn ich ihnen nicht helfen kann. Sie müssen entweder mit dem Problem leben – das heißt leiden –, die Katze weggeben oder als letzten Ausweg die Euthanasie wählen. Mein Handwerkszeug sind eine sorgfältige Verhaltens-Anamnese, präzise Diagnose und gezielte Behandlung, die Veränderungen der Umwelt des Patienten, eine Verhaltenstherapie und wenn nötig eine medikamentöse Therapie umfaßt. Die Behandlung mit Psychopharmaka ist vor allem bei Katzen oft das Mittel der Wahl, weil sie den ›Umschulungsmaßnahmen‹ des Verhaltenstherapeuten sehr viel weniger zugänglich sind als Hunde.

Es gibt drei Hauptkategorien von Verhaltensproblemen bei Katzen, und ich habe jeder dieser Kategorien einen Abschnitt des vorliegenden Buches gewidmet. Der erste Teil befaßt sich mit verschiedenen Formen der *Aggression*, darunter das Alpha-Katzen-Syndrom, die Revieraggression, die angstbedingte Aggression, die Aggressionsverschiebung und die pathologische Aggression. Wir lernen Katzen wie zum Beispiel Ashley kennen, die ihren Besitzer voll im Griff haben und nicht bereit sind, ein ›Nein‹ zu akzeptieren. Oder Stormy, den Siamesen, der seinen Besitzern das Leben schwermacht, indem er ihre andere Katze, Penny, unbarmherzig jagt und einschüchtert. Sam, die Katze einer meiner Studentinnen, regte eine lebhafte Diskussion über die Bedeutung des Spielens und die Tatsache an, daß (wenn überhaupt) nur wenige Katzen tatsächlich psychotisch sind. Und als Beispiel für eine Aggressionsverschiebung hören wir die Geschichte des Abessinierkaters Rubles, der seine Frustration nach einer ihn offenbar tief beeindruckenden Begegnung mit einem durchgedrehten Hund zwei Stunden später plötzlich an seinem ahnungslosen Besitzer abreagierte. Jonathan schließlich, der Kater einer reichen Erbin, der, wie sich herausstellte, einen medizinischen Grund für seine plötzliche Verhaltensänderung vorweisen konnte, dient als Anlaß für eine Erörterung der vielen möglichen physischen Ursachen von Aggression.

Im zweiten Abschnitt, in dem es um *emotionale Verhaltensstörungen* geht, werden unter anderem Angststörungen, unangebrachtes Absetzen von Kot und Urin, exzessives Miauen, das Zerkratzen von Möbeln und das Sexualverhalten der Katzen behandelt. Meine beiden eigenen Katzen, Cinder und Monkey, treten in der Beschreibung von Angstzuständen als

Fallbeispiele auf. Daran schließt sich die bemerkenswerte Geschichte einer menschlichen Ailurophobie – der irrationalen, aber unüberwindlichen Angst vor Katzen – und ihrer glücklichen Überwindung an. McTavish ist der Rebell ohne Krallen, dessen Fall die schmerzvolle Frage nach der Krallenentfernung bzw. einer weniger radikalen, humaneren Lösung für das Problem des Zerfetzens von Polstermöbeln aufwirft. Frankie, Gretchen und Harry erhellen in ihren Verhaltensweisen die verschiedenen Ursachen der Störung des unangebrachten Absetzens von Kot und Urin und helfen so den Besitzern von Katzen, die mit diesem wohl häufigsten Problem überhaupt konfrontiert sind. Es folgt ein trauriger Fall von fehlgeleiteter Fürsorge für eine ›gerettete‹ Katze, Thomas, ›die Katze, die um Hilfe schrie‹. Seine Schreie blieben ungehört, und er endete kastriert, mit herausoperierten Krallen, der Stimme beraubt und mit Psychopharmaka zugedröhnt. Hier stellt sich auch die Frage, ob Katzen zu ihrem eigenen Besten eingesperrt werden sollten. Wie wir sehen werden, ist die Antwort nicht ganz einfach, und die Ansichten gehen in diesem Punkt extrem auseinander. Der Abschnitt schließt mit einigen interessanten und verwirrenden sexuellen Problemen, die Katzenbesitzern unter Umständen Rätsel aufgeben. Es geht dabei auch um streunende Katzen und die Frage, ob man nicht trächtige Tiere kastrieren lassen soll.

Der letzte Abschnitt schließlich behandelt faszinierende, manchmal aber schon für den Zuschauer fast unerträgliche Formen von *zwanghaftem Verhalten*. Den Anfang macht Lucky, die Nuckel-Katze. Es folgt die Geschichte einer Schekken-Katze, die unter der äußerst befremdlichen Störung des krankhaften Haarausreißens – einer psychogenen Alopezie – litt. Bei dieser Krankheit wird die Katze von einem Tag auf den anderen vom prächtigen Pelztier zum mottenzerfressenen Muff, und die Gescheckte war da keine Ausnahme. Dann wäre da die Geschichte eines bizarren, höchst dramatischen Falles von Hyperästhesie, ein tourette-ähnliches Syndrom, bei dem das betroffene Tier bestimmte Fellpflege-Tics, verbunden mit plötzlichen Stimmungsschwankungen und sogar Halluzinationen, zeigt. Den Schluß bildet ein Kapitel über das Freßverhalten, in dem Freßverweigerer und zwanghafte Fresser unter die Lupe genommen werden.

Auf Nachfragen hin sind fast alle Katzenbesitzer der Ansicht, ihre Katze zeige ein ganz bestimmtes auffälliges Verhalten. Viele von ihnen würden alles für ihr Tier tun, doch auch sie stoßen manchmal an ihre Grenzen. Ich bin immer wieder überrascht, was Menschen um ihrer Katze willen auf sich nehmen. So habe ich miterlebt, wie Leute ihrer eigensinnigen Katze zuliebe ihre Häuser verkauften oder Paare das Scheitern ihrer Ehe in Kauf nahmen. Trotz dieser unerschöpflichen Geduld ihrer Besitzer sind Verhaltensstörungen die häufigste Todesursache bei Katzen. Aus diesem Grund ist es ebenso wichtig, das Verhalten der Tiere zu verstehen und zu wissen, wie wir mit eventuell auftretenden Problemen umgehen können, wie diesen Problemen vorzubeugen. Das Ziel dieses Buches ist es, zu einem besseren Verständnis beizutragen und aufzuzeigen, daß und wie man in vielen Dingen Abhilfe schaffen kann. Katzen sind zwar sehr selbständige Wesen, aber manchmal brauchen auch sie unsere Hilfe.

Teil I
Aggressives Verhalten

Kapitel 1
Der Kater, der die Hand biß, die ihn fütterte

Was immer Sie über das Wetter in Neuengland gehört haben mögen, glauben Sie mir, manchmal ist es hier so schön wie nirgendwo sonst auf der Welt. Das gilt ganz besonders für das Frühjahr und den Herbst. Der Gedanke an den Frühling hält die Einheimischen den ganzen Winter lang aufrecht, und wenn er dann endlich da ist, genießen sie jeden Augenblick. Eines Tages im zeitigen Frühjahr, als ich das Haus verließ, um zur Arbeit zu fahren, wurde mir plötzlich bewußt, daß heute einer dieser seltenen, kostbaren, schlechthin vollkommenen Tage war. Ich blieb in der Auffahrt stehen und atmete tief die frische Morgenluft ein. Der Himmel war hellblau und wolkenlos, bis auf ein paar schmale, langgezogene Zirrusstreifen. Eine Weile stand ich einfach nur da und freute mich an dem Anblick. Dann ging ich zum Auto und machte mich auf den kurzen Weg zur Tufts University School of Veterinary Medicine, wo ein voller Terminkalender auf mich wartete. Auf der Fahrt über die Wesson Road (nach dem berühmt-berüchtigten Waffenhersteller Smith und Wesson) und die Willard Street (nach dem bekannten Willard Clock Museum) beschäftigte ich mich in Gedanken bereits mit dem ersten Fall, der mich heute morgen erwartete. Gestern am Spätnachmittag war noch ein Anruf wegen eines ›Verhaltens-Notfalls‹ bei uns eingegangen. Ich konnte mir darunter zwar nichts Genaues vorstellen, aber man hatte mir immerhin mitgeteilt, daß der Patient ein Kater sei, der offenbar Aggressionen gegen seinen Besitzer erkennen ließ.

In der Klinik angekommen, lief ich die Treppe hinauf, griff voller Elan nach meinem Arztkittel und begab mich zur Kleintierambulanz. Dort lag bereits die erste Patientenkarte für mich bereit. Ich überflog rasch die Angaben. Der Name der Katze lautete Ashley, der Besitzer war ein Mr. David Johnson. Ich drehte mich um und hielt Ausschau nach einem in Frage kommenden Kandidaten.

»Mr. Johnson?« rief ich schließlich auf gut Glück ins Wartezimmer hinein.

»Das bin ich«, sagte ein großer schlanker Mann mit Spitzbart. Lächelnd streckte er mir die Hand zum Gruß entgegen.

Er wirkte etwas angespannt, vermutlich war er nervös wegen der bevorstehenden Konsultation. Ich blickte mich nach dem Katzenkorb um, konnte aber keinen entdecken. Überrascht sah ich Mr. Johnson an: »Wo ist denn Ihre Katze?« fragte ich.

»Es tut mir leid, aber ich konnte ihn nicht in den Korb kriegen«, gestand Mr. Johnson mit einem Achselzucken. »Es war ein furchtbares Theater. Schließlich habe ich mir gesagt, der Klügere gibt nach, und ließ ihn zu Hause.«

Mir fiel auf, daß die Innenseiten seiner Unterarme übel zerkratzt waren.

»War das Ihre Katze?« fragte ich.

»Ja«, antwortete Mr. Johnson, »aber nicht heute morgen. Das ist vor ein paar Tagen passiert. Heute wäre es mir allerdings wieder so ergangen, wenn ich nicht nachgegeben hätte. Könnten wir die Konsultation nicht ohne ihn durchführen? Vielleicht erkennen Sie ja, was ihm fehlt, ohne daß Sie ihn dafür sehen müssen?«

»Na ja, das ist nicht gerade die Idealsituation«, entgegnete ich. Ich halte nichts von Beschönigungen. »Aber wenn Sie mir sein Verhalten ganz genau beschreiben, kann ich immerhin versuchen, Ihnen eine Vorstellung davon zu vermitteln, was in ihm vorgeht. Vielleicht kann ich sogar eine vorläufige Diagnose stellen. Das hängt davon ab, wie kompliziert das Problem ist. Falls ich Ashley ein Medikament verschreiben muß, muß ich ihn aber auf jeden Fall vorher zu Gesicht bekommen.«

»Fangen wir doch einfach mal an«, meinte Mr. Johnson. »Ich kann ihn ja dann später immer noch herbringen, wenn es nicht anders geht.«

Wir gingen ins Sprechzimmer und ließen uns hinter bzw. vor dem Schreibtisch nieder. Mr. Johnson war mir ausgesprochen sympathisch. Er machte einen vernünftigen, offenen Eindruck. Ganz augenscheinlich lag ihm viel daran, seinem Tier zu helfen.

»Erzählen Sie mir ganz einfach von Ashley«, begann ich. Mr. Johnson räusperte sich und gab mir dann eine methodische Zusammenfassung des befremdlichen Verhaltens seiner Katze.

»Er ist eine ganz gewöhnliche Hauskatze, schwarz-weiß, kastriert, ungefähr fünf Jahre alt. Beim letzten Tierarztbesuch wog er elf Pfund.«

»Wo haben Sie ihn her, und wann kam er zu Ihnen?« fragte ich und wandte mich damit der wichtigen Frage nach Ashleys ersten Erfahrungen zu.

»Von einem Freund. Er war damals sechs Wochen alt«, antwortete Mr. Johnson. »Er machte einen recht glücklichen Eindruck bei seiner Mutter und seinen Geschwistern. Ich glaube, er hatte ein gutes Zuhause.«

»Wann wurde er kastriert?« fragte ich.

»Hmmm, mit ungefähr sechs Monaten, glaube ich. Das übliche Alter für den Eingriff. Ich wollte nicht, daß er die ganze Wohnung markiert ... er hatte zwar noch nicht damit angefangen, aber mir fiel auf, daß er bereits aufmerksam die vor unserem Haus stattfindenden Katzenkämpfe verfolgte. Es war nur noch eine Frage der Zeit.«

»Haben Sie nach der Kastration irgendeine Veränderung in seinem Verhalten bemerkt?« fuhr ich fort.

»Eigentlich nicht.« Mr. Johnson fuhr sich nachdenklich mit der Hand über den Bart.

»Meinem Eindruck nach ist das Hauptproblem seine Aggressivität, die sich gegen Sie zu richten scheint.«

»Ja. Es fing vor etwa drei Jahren an, als Ashley zwei war. Unser Tierarzt verordnete ihm Valium, um ihn ein bißchen zu beruhigen, und da es zu wirken schien, gaben wir es ihm weiter. Seither hatten wir die Aggression einigermaßen unter Kontrolle ... bis vor zwei Tagen, als sie plötzlich wieder aufflammte.«

»Erzählen Sie mir, was passierte.«

»Gut.« Er rückte sich auf seinem Stuhl zurecht und betrachtete die Narben auf seinen Unterarmen. »Der erste Zwischenfall ereignete sich vor zwei Tagen gegen sechs Uhr abends. Fünf Minuten vorher hatte ich ihn noch gestreichelt, und er schien bester Laune. Dann wandte ich mich von ihm ab, weil ich die Nachrichten sehen wollte, und er fiel mich an. Als es geschah, saß ich auf dem Sofa und achtete gar nicht auf ihn. Er lag neben mir. Plötzlich, ohne ersichtlichen Grund, warf er sich auf mich, biß mich in den Arm und zerkratzte mich fürchterlich. Schreiend sprang ich auf und schüttelte ihn ab. Gestern abend passierte es dann wieder. Alles schien in bester Ordnung. Meine Frau und meine Stieftochter hatten ausgiebig mit Ashley geschmust, und er lag friedlich auf dem Wohnzimmerteppich. Kurz danach ging ich an ihm vorbei, da sprang er auf und stürzte sich auf mich. Sein Schwanz war riesengroß und buschig, die Rückenhaare gesträubt, die Ohren flach angelegt. Jetzt erinnere ich mich auch, daß er unmittelbar vor dem Angriff eine Art Heulen ausstieß. Ich sprach beruhigend auf ihn ein, und er schien sich wieder abzuregen. Schließlich ging er weg, kam aber nach ein paar Minuten zurück und schnupperte immer wieder mit erhobener Nase in die Luft. Er wirkte sehr angespannt. Dann ging er wieder weg.«

»Das Schnuppern, das Sie da beschreiben, wird ›Flehmen‹ genannt«, erklärte ich. »Dabei bringen die Tiere eine kleine Menge eines bestimmten Geruchs an ein spezialisiertes Organ, eine Art Nase in der Nase. Hielt er den Kopf hoch und sperrte das Maul auf?«

»Ja, das tat er!« sagte Mr. Johnson, und seine Augen leuchteten auf. »Und jetzt fällt mir ein, daß er dieses Flehmen oder wie Sie dazu sagen auch die anderen Male, bevor er mich angriff, gezeigt hat.«

»Vielleicht hat er eine fremde Witterung aufgenommen, die seinen plötzlichen Stimmungsumschwung bewirkte«, meinte ich.

»Aber ich habe nichts anderes getan als sonst auch«, meinte Mr. Johnson verwirrt, »ich habe keine anderen Katzen gestreichelt oder so, falls Sie das meinen.«

Ein Weilchen dachten wir beide intensiv nach, aber es fiel uns nichts ein, was Mr. Johnson getan haben könnte, um Ashley in solchen Aufruhr zu versetzen.

»Erzählen Sie mir doch einfach noch mehr von den anderen derartigen Zwischenfällen«, schlug ich schließlich vor. »Vielleicht erinnern Sie sich an etwas, das uns weiterhilft.«

»Ich weiß nicht, ob Sie etwas damit anfangen können, aber es ist mehrmals passiert, wenn ich die Kühlschranktür öffnete. Er materialisierte sich plötzlich neben mir und fiel mich an. Vielleicht hatte er ja vorher oben auf dem Kühlschrank gesessen und fühlte sich von mir gestört, als ich die Tür aufmachte. Unter ähnlichen Umständen hat er auch meine Frau und meine Tochter angegriffen. Und noch etwas: Wenn ich ihn im Schlaf störe, springt er oft auf, faucht und schreit und versucht, mich zu beißen. Außerdem habe ich beobachtet, daß er im Schlaf häufig zuckt, falls Ihnen das etwas sagt.«

»Eigentlich nicht«, entgegnete ich. »Vielleicht träumt er ja. Wo schläft er denn nachts?«

»Auf meinem Bett, und es scheint ihm zu gefallen. Ich habe eigentlich immer geglaubt, daß er besonders an mir hängt. Er bringt mir Spielzeug, wenn er in Spiellaune ist, und kann dann wirklich hartnäckig sein. Er stellt sich neben mich und macht ein Geräusch, halb Miauen, halb Schnurren, immer lauter, bis er seinen Willen kriegt. Wenn ich nicht aufstehe, beißt er mich solange in die Zehen, bis ich schließlich tue, was er will.«

»Beißt er, wenn jemand anderer ihn auf dem Schoß hat und streichelt?« fragte ich.

»Ja, aber er ist nicht oft bei jemand auf dem Schoß. Er ist eigentlich überhaupt kein Schoßtier. Beim Schmusen liegt er meistens auf dem Boden. Ich habe das Gefühl, das Streicheln gefällt ihm, aber manchmal merke ich, daß er dann irgendwann genug hat. Er mag es auch nicht, wenn ich in meinem Sessel einschlafe. Wenn ich schlafe und er will beachtet werden, steht er auf und beißt mich in die Hand, bis ich aufwache und mich mit ihm beschäftige. Wenn ich die Zeitung lese, kommt er und setzt sich mitten drauf, so daß ich die Seite nicht mehr sehe, und wenn ich sie hochhalte, mir direkt vors Gesicht, springt er dagegen und reißt sie herunter. Wenn er abends sein Futter bekommen hat und noch hungrig ist, kommt er und zwickt mich so lange in die Knöchel oder Zehen, bis ich ihm noch etwas gebe. Sie sehen, er kann sich durchsetzen. Und er besitzt auch Vorstellungskraft. Er hat ein Stofftier, ein Eichhörnchen, das er jagt, und wenn er es erbeutet hat, läßt er es in seine Futterschüssel fallen und frißt drum herum.«

»Das klingt nach Beutefangverhalten«, erklärte ich ihm. »Gibt es sonst noch etwas, was ich wissen sollte? Was waren das für Anfälle, die er hatte, bevor er das Valium bekam?«

»Es waren etwa fünf oder sechs, dann sind wir zum Tierarzt gegangen«, sagte er. »Manche traten unmittelbar nach dem Streicheln auf. Dann kam es noch zu ein paar dieser Kühlschrank-Attacken, von denen ich Ihnen erzählt habe. Wichtig ist vielleicht auch, daß er aus einem Wurf von insgesamt fünf Kätzchen stammt und die Besitzer seiner Geschwister ihre Tiere allesamt weggeben mußten, weil sie hyperaktiv und aggressiv waren. Ich weiß das, weil ich noch Kontakt zum Züchter habe. Vielleicht vererbt sich das Verhalten ja, was immer es ist.«

»Hmmm, das ist wirklich interessant«, sinnierte ich. Es klang tatsächlich, als ob wir es hier mit einem genetischen Problem zu tun hätten. »Nur noch eines, bevor wir den Aggressionsfragebogen ausfüllen. Wie reagiert er auf Fremde, und wie benimmt er sich beim Tierarzt?«

»Fremde mag er eigentlich ganz gern. Er belästigt sie höchstens ein bißchen, so wie mich auch. Er geht zu ihnen hin und zwickt sie, um sie zum Spielen aufzufordern, und gibt erst dann Ruhe, wenn sie ihm ihre ganze Aufmerksamkeit schenken. Außerdem ist er schrecklich neugierig. Er beschnüffelt Besucher und alles, was sie bei sich haben, mit größter Sorgfalt und ist berüchtigt dafür, daß er in die Handtaschen der Leute kriecht. Beim Tierarzt hingegen ist er völlig anders. Dort verwandelt er sich in ein wutschnaubendes Knäuel aus Fell, Krallen und Zähnen. Unser Arzt meinte einmal: ›Der Kater ist völlig verrückt.‹«

In mir erstand allmählich das Bild eines selbstbewußten, resoluten Katers, der ›sein Ding durchzog‹. Einige seiner aggressiven Reaktionen schienen allerdings etwas befremdlich und übertrieben angesichts des trivialen Anlasses. Nachdenklich stimmte mich auch das Flehmen, das manchen der heftigeren Anfälle vorausgegangen war.

Nach einigem Überlegen gab ich Mr. Johnson einen Fragebogen, mit dem ich normalerweise dominanzgebundene Aggression bei Hunden zu erfassen versuche. Zum damaligen Zeitpunkt begann sich mein Verdacht zu erhärten, daß auch Katzen dominanzgebundene Aggression gegenüber Menschen zeigen können, aber ich hatte noch keinen speziell auf Katzen zugeschnittenen Fragenbogen zu diesem Problem entwickelt. Fasziniert sah ich zu, wie Mr. Johnson Kästchen um Kästchen ankreuzte. Am Schluß stellte sich heraus, daß Ashley aggressive Reaktionen auf dreizehn oder vierzehn verschiedene Reize zeigte. Zu den Auslösern gehörten das Vorbeigehen an ihm, während er fraß, das Wegnehmen eines gestohlenen Gegenstands, Stören im Schlaf oder beim Dösen, Hochheben, Streicheln, Berühren der Pfoten, lautes Zurechtweisen, Vorbeigehen, während er auf dem Bett oder einem Möbelstück lag, und der Versuch, ihn dazu zu bringen, auf einen Befehl zu reagieren. Ashleys Reaktion in sämtlichen genannten Situationen bestand in Knurren, Fauchen oder Beißen. Da sein Reaktionsprofil so auffallend dem eines dominanten Hundes ähnelte, diagnostizierte ich eine dominanzgebundene Aggressionsstörung. Ich hatte jedoch den Verdacht, daß diese Diagnose nur teilweise zutreffend war und noch etwas anderes hinter Ashleys Verhalten steckte.

Entgegen der landläufigen Meinung kann man unter bestimmten Umständen durchaus auch in Katzenverbänden despotische Sozialstrukturen beobachten. Die soziale Hierarchie besteht dabei meist in einem dominanten Anführer, der Alpha-Katze, und den übrigen Gruppenmitgliedern, die sich den zweiten Rang teilen. Gelegentlich läßt sich noch eine dritte soziale Schicht, der Paria, ausmachen. Die Angehörigen dieser letzteren Schicht sind praktisch Ausgestoßene, die von allen anderen herumgeschubst werden. Nach dem zu urteilen, was Mr. Johnson mir gesagt hatte, sah es ganz so aus, als betrachte Ashley sich als Anführer der Familie Johnson und die übrigen Familienmitglieder als ihm im Rang untergeordnet. Ich konnte nur hoffen, daß sie noch nicht auf Paria-Status herabgesunken waren. Wenn Ashley das Alpha-Tier im Haus war, würde er vermutlich durch ständig zunehmende Aggressivität zu bekommen (oder zu behalten) versuchen, wonach ihm gerade der Sinn stand, und dabei keinerlei Rücksicht auf die Bedürfnisse anderer nehmen. Diese Erklärung paßte jedenfalls am besten zu den mir vorgetragenen Fakten. Ich erläuterte Mr. Johnson meine Vermutung und gab ihm dann einige Ratschläge für den Umgang mit Ashley.

»Beachten Sie bitte folgendes«, begann ich. »Erstens: Vermeiden Sie jegliche Konfrontation mit Ashley. Ich würde Ihnen raten, seine Streicheleinheiten ein paar Wochen lang streng zu rationieren; das gilt auch für Ihre Frau und Ihre Stieftochter. Außerdem sollten Sie ihn vom Kühlschrank fernhalten, indem Sie ihn entweder gar nicht mehr in die Küche lassen oder den Kühlschrank mit umgedrehten Mausefallen ›verminen‹. Wenn Sie die Kühlschranktür öffnen, versichern Sie sich zunächst, daß Ashley nicht auf der Lauer liegt. Sie sollten nicht in seine Nähe kommen, während er frißt, und ihn nicht aufwecken, wenn er schläft. Schimpfen Sie nicht mit ihm, und versuchen Sie nicht, ihn zu irgend etwas zu bewegen, was er nicht will. Vor allem aber, nehmen Sie ihn nicht auf den Arm, auch dann nicht, wenn er um Aufmerksamkeit bettelt. Seine Spielsachen sollten Sie wegräumen und ihm nur dann geben oder nur mit ihm spielen, wann und wie *Sie* es wollen.«

»Wie stellen Sie sich das konkret vor?« wollte Mr. Johnson wissen.

»Bewahren Sie seine Stofftiere in einer Schublade auf. Wenn Sie Lust haben, holen Sie eins, rufen ihn, und *falls* er kommt, geben Sie ihm das Spielzeug und spielen mit ihm. Sobald Sie den Eindruck haben, das Spiel gerät außer Kontrolle und er wird kampflustig oder schwierig, geben Sie den Befehl zum Aufhören und verlassen das Zimmer. Statt des Wortes ›aufhören‹ können Sie auch einen freundlichen Stimulus einsetzen, zum Beispiel einen Entenruf als Zeichen für das Ende des Spiels und dafür, daß Sie ihm jetzt keine Aufmerksamkeit mehr schenken möchten.

»Ich verstehe«, meinte Mr. Johnson interessiert.

»Nun zur Nahrung und zum Füttern«, fuhr ich fort. »Sie sollten ihm unmißverständlich klarmachen, daß Sie der Herr über die Futtermittelzuteilung sind und daß er, wenn er fressen möchte, tun muß, was Sie wollen. Füttern Sie ihn zweimal am Tag, *aber nur* dann, wenn er auf ein Signal reagiert. Rufen Sie seinen Namen oder klappern Sie mit der Futterschüssel. Wenn er kommt, geben Sie ihm sein Futter und lassen es ihn in Ruhe fressen. Geben Sie ihm genug, so daß er nicht noch hungrig ist, wenn er es aufgefressen hat, aber bleiben Sie nicht bei ihm stehen, um zu sehen, ob er genug hat. Wenn er etwas übrig läßt, nehmen Sie es und stellen es bis zur nächsten Mahlzeit weg. Dann wird er Ihnen und Ihrer Familie bald mit mehr Respekt begegnen. Setzen Sie ihm Grenzen und bleiben Sie fest. Statt sein Diener zu sein, werden Sie sein Herr und Ernährer werden – und damit das jetzige Verhältnis auf den Kopf stellen.«

»Das klingt alles so logisch, ich weiß gar nicht, warum ich nicht selbst darauf gekommen bin«, sagte Mr. Johnson und lächelte.

»In Zukunft«, ermahnte ich ihn, »sollten Sie ihm das, was er will, nur dann geben, wenn er etwas getan hat, um es sich zu verdienen. Das betrifft auch Ihre Aufmerksamkeit. Versuchen Sie, ihn von Ihrem Bett und vom Sofa fernzuhalten, da beides offenbar Problembereiche sind. Seine Autorität wird größer, wenn Sie ihn auf solche erhöhten Plätze springen lassen, von denen aus er dann besonders hinterhältige Angriffe starten kann. Da oben ist er sozusagen der King. Den Zugang zum

Bett verwehren Sie ihm wohl am einfachsten, indem Sie die Schlafzimmertür geschlossen halten, so daß er gar nicht erst hineinkommt. Das gleiche gilt für das Sofa, jedenfalls tagsüber und je nachdem, wie gut es bei Ihnen zu Hause zu realisieren ist. Andernfalls könnten Sie es mit indirekten Strafen versuchen, zum Beispiel mit den bereits erwähnten umgedrehten Mausefallen. Das macht ihm den Aufenthalt an diesen Orten weniger erstrebenswert. Wenn Ihnen die Mausefallen nicht zusagen, so gibt es in den meisten Tierhandlungen auch kleine Plastik-Schnapper zu kaufen, die erfüllen den gleichen Zweck.«

»Die Mausefallen finde ich gut«, warf Mr. Johnson ein.

»Und schließlich sollten Sie ihm jeden Monat einen neuen Trick beibringen. Es muß gar nichts Ausgefallenes sein, einfach nur etwas, was er auf einen Hinweis von Ihnen tut. Ein Klicker kann dabei sehr hilfreich sein. Er verursacht ein charakteristisches Geräusch, das mit einer Belohnung gleichgesetzt wird, normalerweise einem Leckerbissen. Ashley wird schnell lernen, das Klicken mit dem Training zu assoziieren, und schließlich wird schon das Klicken allein ihm anzeigen, daß er etwas richtig gemacht hat. Am Anfang sollten Sie ihn, wenn er etwas tut, das dem, was Sie von ihm wollen, auch nur annähernd entspricht, immer gleich mit einem Klicken und einem Leckerbissen belohnen: wenn er zum Beispiel ein paar Schritte auf Sie zukommt, nachdem Sie seinen Namen gerufen haben. Dann verzögern Sie die Belohnung, bis er ein Stückchen näher kommt, und so weiter. Man nennt diese Technik ›Verhaltensformung‹. Sie basiert auf der schrittweisen Annäherung an das, was man eigentlich von dem Tier will. Ein Klikker wirkt dabei sehr viel rascher und effektiver als verbales Lob oder ein Leckerbissen allein.«

Mr. Johnson nickte.

Bevor er ging, besprach ich noch einen anderen Punkt mit

ihm: die Medikation. Da ich Ashley nicht direkt etwas verschreiben konnte, mußte ich den behandelnden Tierarzt um Mitarbeit bitten. Ich sagte Mr. Johnson, daß ich dem Tierarzt einen Brief schreiben und ihm ein paar Medikamente vorschlagen würde, die Ashley einnehmen könnte. Ich hätte das Valium gern abgesetzt, da es ohnehin nicht mehr wirkte und weil ich wußte, daß bei manchen Katzen nach der Einnahme von Valium Leberschäden aufgetreten waren. Mein Vorschlag war, zu einem Medikament namens Anafranil (Wirkstoff: Clomipramin) zu wechseln, dessen Wirkungsweise der des Antidepressivums Fluctin ähnelt. Der Zweck der medikamentösen Behandlung war, Mr. Johnson während des Verhaltenstrainings weitere Attacken zu ersparen. Er bat noch um einige Erklärungen zu meiner Empfehlung von Anafranil. Meiner Ansicht nach ist es schwer, einem Laien das Wirkungsprinzip zu erklären, aber ich versuchte es trotzdem.

»Anafranil – wie im übrigen auch Fluctin – erhöht die Verfügbarkeit eines bestimmten Botenstoffes im Gehirn, des Serotonins. Serotonin hat stimmungsstabilisierende *und* aggressionsdämpfende Eigenschaften. Ein niedriger Serotoninspiegel wird mit Aggressivität und Impulsivität in Verbindung gebracht. Mit der Erhöhung des Serotoninspiegels sinkt die Aggressionsbereitschaft; paradoxerweise erhöht sich jedoch zugleich die Dominanz. Da Ashleys Aggression meiner Ansicht nach dominanzgebunden ist, mag Ihnen der umgekehrte Zusammenhang von Aggression und Dominanz vielleicht seltsam erscheinen. Um es zu verstehen, brauchen Sie jedoch nur zu überlegen, wie Dominanz aufrechterhalten wird. Dominanz ist ein dynamischer Zustand, das Ergebnis bestimmter sozialer Interaktionen. Durch das gezielte Aufsuchen von Situationen, in denen sie ihre Aggression ausleben können, treiben dominante Tiere ihren Serotoninspiegel in die Höhe und werden so ruhiger. Wenn der Serotoninspiegel dann wieder fällt, sinkt auch die Aggressionsschwelle, und es kommt wahrscheinlich zu neuen Angriffen. Nach außen hin wirken dominante Tiere fast wie eine Art Serotonin-Junkies, die geradezu süchtig nach Situationen sind, in denen sie ihre Aggressionen ausleben und sich auf diese Weise ihren nächsten Kick holen können. Anafranil kann diese dominanzbedingte Aggression stabilisieren, indem es durch die konstante Erhöhung des Serotoninspiegels die Notwendigkeit von kämpferischen Auseinandersetzungen reduziert. Ich habe schon mehrfach erlebt, daß aggressive Katzen wenige Tage nach dem Behandlungsbeginn mit Anafranil oder Fluctin sanfte, friedliebende Schmusekatzen wurden.«

»Gut, ich glaube, ich werde es mit diesem Medikament versuchen«, sagte Mr. Johnson und erhob sich. »Ich fühle mich ja in meinen eigenen Haus nicht mehr sicher.«

»Bitte informieren Sie mich in wöchentlichen Abständen über die Fortschritte von Ashley«, forderte ich ihn auf. »Etwaige weitere aggressive Zwischenfälle sollten Sie sich unbedingt notieren, damit wir einen genauen Bericht vorliegen haben. Wenn es Probleme gibt, können Sie mich natürlich jederzeit anrufen. Ich würde Ashley auch wirklich gern persönlich kennenlernen; wenn Sie ihn also irgendwann doch noch in einen Transportkorb kriegen sollten, rufen Sie mich an und kommen vorbei. In drei bis vier Wochen sollten wir uns dann wiedersehen; hoffen wir, daß Sie bis dahin in der Lage sind, den Kater mitzubringen.«

»Das scheint mir ein gutes Vorgehen zu sein«, sagte Mr. Johnson, und wir verabschiedeten uns. Er ging, die Prospekte und Informationsbroschüren, die ich ihm in die Hand gedrückt hatte, fest umklammernd.

Was war nun wirklich los mit Ashley? War er einfach nur eine dominante Katze, oder war sein Verhalten tatsächlich nicht ganz normal? Wahrscheinlich traf ein bißchen von beidem zu. Viele Verhaltensforscher hätten bei ihm wohl eine durch Streicheln provozierte Aggressivität diagnostiziert, da die meisten Attacken beim Streicheln oder kurz danach auftraten. Katzen, die diese Form der Aggression zeigen, springen dem Betreffenden häufig zunächst aus freien Stücken auf den Schoß. Der ahnungslose Mensch interpretiert das natürlich als Ausdruck der Zuneigung und Aufforderung zum Streicheln, doch schon wenige Augenblicke später kommt es gewöhnlich zu einer radikalen Verwandlung. Der Übergang kündigt sich durch bedeutungsvolle Blicke der Katze auf die Hand des Streichelnden und durch unwilliges Zucken der Schwanzspitze an. Werden diese Signale ignoriert, nimmt das Unheil seinen Lauf. Meist endet das Ganze mit Kratzen und Beißen nach der streichelnden Hand. Die Frühwarn-Symptome Seitenblicke und Schwanzzucken sollten eigentlich grundsätzlich als Vorzeichen drohender Feindseligkeit gedeutet werden, sie werden von wohlmeinenden Katzenbesitzern jedoch leider häufig mißverstanden. Sie streicheln ihre Katze statt dessen noch inniger in der Hoffnung, sie wieder freundlich zu stimmen. Manche mißverstehen das Beißen sogar als ›Liebesbisse‹ und hören auch danach noch nicht auf, das Tier zu liebkosen. Die Opfer sind leicht an den Narben an Händen und Unterarmen zu erkennen. Das Ignorieren der ersten Anzeichen dieses ganz wörtlich als Zurückweisung zu verstehenden Verhaltens kann ernste Folgen haben, da die Angriffe häufig in gezieltes Beißen ausarten. Sobald dieses Stadium erreicht ist, ist die Katze hochgradig erregt, und wenn der Besitzer jetzt noch versucht, sich zurückzuziehen, wird sie ihn energisch verfolgen. Katzen, die ein solches dominierendes Verhalten zeigen, sind nicht scheu, sondern im Gegenteil selbstsicher und unabhängig – kurz: dominant.

Schon bei meinen ersten Fällen von Katzen mit durch Streicheln provozierter Aggression fiel mir auf, daß die Tiere daneben meist eine aggressive Zudringlichkeit an den Tag legten. So erzählte eine Frau, daß ihre Katze sie morgens nicht schlafen ließ, sondern aufs Bett sprang und in die Nase biß, bis sie aufstand. Eine andere berichtete, daß ihre Katze auf ihren Schoß zu springen und ihr die Zeitung aus der Hand zu schlagen pflegte. Noch andere bissen ihre Besitzer in die Knöchel, während diese ihr Futter vorbereiteten (vermutlich, weil sie die Dose nicht schnell genug öffneten), oder aber in die Hand, wenn sie im Sessel einschliefen. Dabei wurde mir klar, daß durch Streicheln bedingte Aggression nicht etwa eine katzenspezifische Aggression ist, sondern lediglich ein Element des umfassenderen Dominanzsyndroms. Die Parallelen zu dominanten Hunden waren schon fast unheimlich. Auch manche dominanten Hunde werden aggressiv, wenn man sie streicheln will oder mit dem Streicheln aufhört – genaugenommen handelt es sich dabei sogar um eines der typischen Kennzeichen des Dominanzsyndroms. Dabei hängt die Reaktion jeweils davon ab, in welcher Laune das Tier gerade ist. Wie dominante Katzen sind auch dominante Hunde herrschsüchtig und unabhängig. Ihre Besitzer wiederum neigen im allgemeinen dazu, sich unterzuordnen, auch in der Beziehung zu ihrem Tier. Ich war ganz sicher, daß ich bei Ashley auf der richtigen Spur war.

Da hierarchische Dominanz bei Katzen sehr viel seltener anzutreffen ist als bei Hunden, könnte man schließen, daß die gegen den Besitzer gerichtete Aggression bei Katzen ebenfalls seltener ist. Das scheint denn auch tatsächlich der Fall zu sein. Ich bin jedoch überzeugt, daß dieses Syndrom existiert, und gebrauche deshalb statt des Ausdrucks *durch Streicheln bedingte Aggression* die (an die bei Hunden übliche Terminologie angelehnten) Begriffe *Dominanz-Aggression bei Katzen* oder *Alpha-Katzen-Syndrom*. Dieser Ansatz hat vor allem heuristischen Wert und kann bei der Entwicklung eines umfassenden

Verhaltenstrainings helfen. Meine früheren Beobachtungen hatten mich auf die richtige Fährte gebracht, was Ashleys Verhalten anging; aus diesem Grund griff ich auf den Dominanz-Fragebogen für Hunde zurück. Ich war überzeugt, daß Ashley eine dominante Katze war. Allerdings machte mir die Eskalation seiner Aggressivität und ihre Unberechenbarkeit Sorgen.

Auf seiten der Besitzer wird solches Verhalten vor allem dadurch gefördert, daß sie die durch Streicheln provozierte Aggression überhaupt zulassen. Fast alle Katzenbesitzer, die dies tun, machen auf mich den Eindruck warmherziger, gefühlvoller, eher nachgiebiger Personen. Sie haben meist eine starke emotionale Bindung zu ihrem Tier und behandeln es offenbar als gleichwertigen Partner oder doch als vollgültiges Familienmitglied. Sie verlangen wenig Gegenleistung für ihre Zuneigung und Aufmerksamkeit, hoffen aber, wenigstens hin und wieder ein paar schöne Augenblicke mit ihrem Liebling verbringen zu dürfen. Ist es zuviel verlangt, daß der Gegenstand ihrer Liebe sich gelegentlich in ihrem Schoß zusammenrollt, ohne gleich aggressiv zu werden? Meiner Ansicht nach nicht, doch den Opfern der Überfälle von Katzen wie Ashley ist selbst dieses harmlose Vergnügen versagt. In den Lehrbüchern heißt es unbarmherzig, daß die Behandlung solcher Störungen darin besteht, nicht mehr mit dem Tier zu schmusen. Die meist hoffnungslos in ihre Lieblinge vernarrten Besitzer sollen sich in diesem Fall mit der Tatsache trösten, daß ihre Katze sie statt dessen auf andere Weise akzeptieren wird. Solche beruhigenden Kommentare sind zwar gut gemeint, die Behandlung bleibt aber dennoch eine bittere Pille für den Besitzer. Ich schlage deshalb meist einen Kompromiß vor: Die Besitzer sollen nicht ganz aufhören, ihre Katze zu streicheln, aber sie sollen ihre Aufmerksamkeit ihr gegenüber einschränken und vor allem auf die ersten Warnzeichen achten, so daß sie aufhören können, bevor es zur Eskalation kommt. Dieser modifizierte Rat bietet dem Besitzer einen gewissen Trost und wird trotzdem die Anzahl der aggressionsbedingten Zwischenfälle reduzieren, da schwerere Konfrontationen vermieden werden.

Nach meinem Gespräch mit Mr. Johnson vergingen die Wochen, ohne daß ich von ihm hörte. Ich fing schon an, mich zu fragen, ob alles gutgegangen war. Eines Tages rief er jedoch an und sagte mir, daß er Ashley gern so rasch wie möglich zu mir bringen würde. Mir war rätselhaft, warum er plötzlich so guten Mutes war, den Kater in den Katzenkorb zu bekommen, aber ich freute mich, daß er sich gemeldet hatte, und gab ihm noch am gleichen Tag einen Termin.

Ich hatte vor der Begegnung mit Ashley noch einiges zu tun und mußte mich beeilen, um rechtzeitig zum vereinbarten Termin um vierzehn Uhr fertig zu werden. Es wurde vierzehn Uhr fünfzehn – aber weit und breit kein Zeichen von Mr. Johnson. Jetzt machte ich mir ernstlich Sorgen. Da klingelte das Telefon. Mr. Johnson war am Apparat und gestand, daß er doch einige Schwierigkeiten gehabt habe, Seine Hoheit in den Transportkorb zu kriegen, daß es ihm aber schließlich gelungen sei. Er wollte wissen, ob er immer noch kommen könne. Natürlich sagte ich zu, und er fuhr gleich los.

Zehn Minuten später kam er an, lächelnd und relativ unverletzt, doch nach Ashleys angespannter Haltung im Hintergrund des Korbes zu urteilen war der Kater alles anderes als entzückt über die Aussicht auf einen Besuch beim Tierarzt. Ich geleitete Mr. Johnson ins Sprechzimmer und bat ihn, mir einen Überblick über die letzten Wochen zu geben. Er erzählte drei Episoden, bei denen Ashley extrem verstört reagiert hatte. Das eine Mal hatten Kinder vor der Wohnung der Johnsons gespielt und einen großen Lärm veranstaltet, als sie die Treppen auf und ab liefen und im Vorbeilaufen gegen die Türen schlugen. Das war zuviel für Ashley. Er ging in Verteidigungs-

33

stellung, die Pupillen erweitert, den Schwanz buschig gesträubt, die Ohren angelegt. Ein Fauchen blieb jedoch aus, und
das Ganze währte nur sehr kurz, nicht mehr als ein paar Sekunden. Ein ähnlicher Zwischenfall ereignete sich, als Mr.
Johnsons Stieftochter ums Haus lief und ziemlichen Krach
machte. Beim dritten Mal hatte Ashley gehört, wie ein dem
schnurlosen Telefon vorgeschaltetes Gerät laut gepiepst hatte.
Nach Mr. Johnsons Schilderung waren Ashleys Pupillen »groß
wie Teller« gewesen, und er hatte ein tiefes, leises Grollen aus-
gestoßen. Keines dieser Ereignisse klang nach Alpha-Katzen-
Syndrom. Es erinnerte mich vielmehr an ein völlig anderes
Phänomen, das ich ganz zu Anfang einen Augenblick lang hinter Ashleys Verhalten gewittert hatte: Angst, und zwar eine
Form von Angst, die mit einer besonderen Empfindlichkeit
gegen Gerüche und Geräusche einhergeht. Leider sind das
Verhalten betreffende Diagnosen meist keine Ausschlußdia-
gnosen, und auch Ashleys Aggressivität entpuppte sich als
Konglomerat aus verschiedenen Problemen. Vielleicht benahm sich Ashley ja so, weil er unsicher und ängstlich war, und
seine etwas eigenartige Reaktion auf die Angst kam ganz einfach daher, daß seine Dominanz ihn dazu trieb, seine Probleme aktiv anzugehen (und den ›schwarzen Mann‹ in die
Flucht zu schlagen).

Ich fragte Mr. Johnson, ob er den Eindruck habe, daß die
Medikation und das Verhaltenstraining eine Veränderung in
Ashleys Verhalten bewirkt hätten, doch es stellte sich heraus,
daß er mit keinem von beiden auch nur angefangen hatte. Mr.
Johnsons Tierarzt hatte sich statt dessen offenbar entschieden,
einfach die Valiumdosis zu erhöhen und erst einmal zu sehen,
ob das nicht half. Ich war so enttäuscht, daß ich den Tierarzt
gleich anrief und die Medikamentenumstellung mit seinem
Einverständnis selbst vornahm. Dann beschwor ich Mr. Johnson, es doch mit dem Verhaltenstraining zu probieren. Nach-

dem ich mir einige Minuten lang Klagen über seinen vollen Terminkalender angehört hatte, überzeugte ich ihn schließlich von der Notwendigkeit, die Zeit zu investieren.

Als nächstes stand die Untersuchung von Ashley und eine Blutprobe auf dem Programm. Mr. Johnson öffnete behutsam die Tür des Transportkorbes, und zu zweit starrten wir eine Weile in das Dunkel hinein, in der Hoffnung, daß er uns freiwillig mit der Gnade seiner Gegenwart beehren würde. Nichts zu machen. Wir wechselten die Strategie. Mr. Johnson kniete sich hin und versuchte, den kleinen, fauchenden und spuckenden Krieger an den Vorderbeinen aus dem Korb herauszuzerren. Ashley war alles andere als erfreut über diese Versuche und behauptete sich standhaft. Mit geducktem Kopf und ausgefahrenen Krallen ging er nur noch eigensinniger in Kampfposition.

»Junge, Junge, hat der aber Angst«, sagte ich zu Mr. Johnson, mich selbst alles andere als heldenhaft fühlend.

Vielleicht würde es einer unserer erfahrenen Tierpflegerinnen gelingen, ihn aus dem Korb zu schmeicheln, so daß ich ihm Blut abnehmen konnte. Ich rief rasch beim Empfang an, und eine der Pflegerinnen kam auch gleich ins Behandlungszimmer. Ich erzählte ihr von Ashleys schlechtem Betragen, empfahl ihr größte Vorsicht, und sie nahm den Korb und ging. Mr. Johnson und ich hatten kaum leicht verkrampft ein paar Minuten miteinander geplaudert, da war sie schon wieder da und faßte die Situation in zwei knappen Worten zusammen: »Keine Chance.« Mr. Johnson und ich sahen uns verdutzt an, als sie Bericht erstattete. Nicht einmal mit Handtüchern und dicken Schutzhandschuhen ausgerüstet war unser Team bereit, Leib und Leben zu riskieren, um eine Blutprobe von Ashley zu nehmen, solange er bei Bewußtsein war. Zwei zu null für Ashley, aber der Kampf war noch nicht vorbei.

In der folgenden Woche rief ich Mr. Johnson an, um mich

zu erkundigen, wie es gelaufen war. Ich freute mich zu hören, daß er das Valium schrittweise absetzte und Ashley, wie ich vorgeschlagen hatte, mit Anafranil behandelte. Er berichtete, daß der Kater sehr gut auf die neue Behandlung anspreche. Es hatte keine weiteren Angriffe gegeben, und Ashley war »nicht mehr so lästig« gewesen. Er hatte Mr. Johnson auch nicht mehr gebissen, um seinen Willen zu bekommen, und die problematische Reaktion auf Geräusche war ebenfalls nicht mehr aufgetreten. Ich war hocherfreut über diesen Stand der Dinge und ermutigte Mr. Johnson, die neue Behandlung fortzusetzen, damit Ashleys Besserung anhielt, auch wenn die Medikation schließlich abgesetzt wurde. Wir machten aus, daß er sich in einigen Wochen noch einmal bei mir melden würde.

Als ich Mr. Johnson zwei Wochen später anrief, meldete sich ein fünf- oder sechsjähriges Mädchen.

»Ist Mr. Johnson zu Hause?« fragte ich hoffnungsvoll.

»Nein, er ist nicht da«, piepste sie.

»Würdest du ihm bitte sagen, daß ich angerufen habe?« fragte ich, so höflich ich konnte. »Ich bin der Tierarzt. Ashleys Doktor.«

Einen Augenblick war Stille, dann sprach das Mädchen.

»Ashley geht es jetzt viel besser. Er knurrt und faucht nicht mehr und sieht viel zufriedener aus. Und er ist viel lieber. Sie wollten doch sicher wissen, wie es ihm geht, oder?«

»Genau das wollte ich«, antwortete ich und mußte lächeln, »und du hast es mir sehr schön gesagt. Vielen Dank für deinen Bericht.«

»Gern geschehen«, antwortete sie. »Möchten Sie trotzdem noch mit meinem Vater sprechen?«

»Das sollte ich wohl«, meinte ich. »Ich habe noch ein paar Fragen.«

»Okay, ich sage ihm, daß er Sie anruft. Tschüs.«

Ich war erstaunt, wie gut das kleine Ding mich verstanden

und wie souverän sie die Situation gemeistert hatte, und freute mich über ihren unvoreingenommenen Bericht über Ashleys Fortschritte. Mr. Johnson rief mich gleich zurück, als er erfuhr, daß ich angerufen hatte. Auch er hatte gute Nachrichten. Ashley ging es blendend. Es hatte keine Attacken mehr gegeben, das zudringliche Verhalten hatte sich nicht mehr gezeigt, und er machte einen sehr viel glücklicheren Eindruck. Jetzt blieb nur noch die Frage, ob überhaupt und wenn ja, wann das Medikament abgesetzt werden konnte. Da ich mich in dieser Hinsicht auf völligem Neuland bewegte, war ich mir über die richtige Antwort auf diese Frage keineswegs im klaren, versicherte Mr. Johnson aber, daß die Beibehaltung der Medikation, falls sie sich als nötig erweisen sollte, dem Tier meiner Ansicht nach höchstwahrscheinlich nicht schaden würde. Das neue Medikament war mit Sicherheit weniger schädlich als Valium. Natürlich wäre es wünschenswert, das Anafranil abzusetzen, aber man mußte erst einmal abwarten. Ob es irgendwann gelingen würde, hing in erster Linie von Mr. Johnsons Bereitschaft ab, das Verhaltenstraining fortzuführen. Mr. Johnson entschied sich dafür, die Medikation zunächst beizubehalten und mit mir in Kontakt zu bleiben. Der Schreck mit Ashley saß ihm doch noch zu stark in den Knochen, immerhin hätte er seinen Kater beinahe einschläfern lassen. Besser, mit Anafranil zu leben, als gar nicht zu leben.

Fast ein Jahr später kam Mr. Johnson zu einer langfristig angesetzten Kontrolluntersuchung in die Klinik. Ashleys Besserung war von Dauer gewesen, aber er bekam noch immer Medikamente. Das Alpha-Katzen-Verhalten und die geräusch- oder geruchinduzierten Angriffe waren nicht mehr aufgetreten. Diesmal gelang es uns, eine Blutprobe von Ashley zu bekommen, der sich jetzt sehr viel kooperativer zeigte, und es stellte sich heraus, daß er bei bester Gesundheit war. Ich erneuerte die Verschreibung, da Mr. Johnson sich nicht imstande fühlte, den einstigen Ashley noch einmal zu ertragen.

Das einzige an Ashleys Betragen, was mir jetzt noch rätselhaft war, war das Flehmen und der Zeitpunkt mancher der beschriebenen Attacken. Ich glaube noch immer, daß da außer dem Dominanzproblem noch etwas anderes gewesen war, vielleicht ein unbekannter Geruch, der den Kater gereizt hatte. Gerüche spielen für Katzen eine besondere Rolle, da die Feliden einen ganz hervorragenden Geruchssinn besitzen. Es kommt vor, daß Katzen nach einem Tierarztbesuch ihre besten Freunde angreifen, vor allem, wenn sie über Nacht bleiben oder narkotisiert werden mußten. Der Auslöser für einen solchen Verhaltensumschwung scheint meist ein bestimmter Geruch zu sein. Bei einer dominanten und zugleich so mißtrauischen Katze wie Ashley war nicht zu erwarten, daß sie sich einer Neuerung oder etwas Bedrohlichem in ihrem Umfeld gegenüber freundlich verhalten würde. Auch auffällige Geräusche von drinnen oder draußen haßte er sicherlich. Dies zusammen mit der Tatsache, daß Katzen geradezu Weltmeister darin sind, ihre Aggressionen an einem unschuldigen Objekt auszulassen, könnte eine Erklärung für die unheimlichen Angriffe sein.

Eine andere, allerdings weniger plausible Interpretation wäre, daß die Angriffe auf eine Art Anfälle oder eine bestimmte Form von Schizophrenie bei Katzen zurückgingen. In beiden Fällen kommt es bei Menschen bekanntermaßen zu Wahrnehmungsveränderungen, und beide können mit einem völlig unangemessenen Sozialverhalten einhergehen, unter anderem auch mit Aggression. Gegen die Schizophrenie-These spricht allerdings, daß Ashley so gut auf das verordnete Medikament ansprach. Aber wer weiß schon, welche biochemischen Vorgänge sich in einer Katze mit Geruchshalluzinationen abspielen? Ashley war dominant, dessen war ich sicher, aber mit der Nebendiagnose war ich nie so ganz zufrieden. Ob er an einer angstbedingten Aggressionsverschiebung, einem Anfallsleiden oder einer ausgefallenen, in der wissenschaftlichen Literatur noch nicht dokumentierten Psychose litt, werde ich wohl niemals wissen. Ich weiß aber, daß es Ashley mit seinem Medikament weiterhin gutgeht und daß Mr. Johnson bisher nicht die Absicht hat, es abzusetzen. Insofern hatte der Fall doch noch einen zufriedenstellenden Ausgang. Wie ich höre, ist Ashley nach wie vor viel entspannter als früher und auch längst nicht mehr so reizbar. So wurde aus einem Killer, der die Hand biß, die ihn fütterte, schließlich noch ein richtiger Schmusekater.

Kapitel 2
Gib dem Frieden eine Chance

Eine Kabbelei zwischen zwei Katzen zu schlichten ist eines. Ungleich schwieriger ist es jedoch, eine Beziehung zwischen zwei Katzen in Ordnung zu bringen, die von Anfang an nicht miteinander auskamen. Wir Menschen meinen oft, wenn wir zwei Katzen zusammenbringen, müßten sie sofort Gefallen an der gegenseitigen Gesellschaft finden, wo sie doch so viel gemeinsam haben – nämlich daß sie beide Katzen sind. Die Wahrheit sieht völlig anders aus. Katzen sind mindestens so heikel wie Menschen, wenn es darum geht, mit jemandem zusammenzuleben und das eigene Heim mit ihm zu teilen. Die wenigsten von uns wären begeistert, wenn plötzlich unangemeldet ein Fremder in unserer Wohnung auftauchte, um von nun an Eßtisch, Schlaf- und Badezimmer mit uns zu teilen. Katzen jedenfalls reagieren auf eine solche Invasion (oder auch nur ihre Androhung) alles andere als freundlich. Es stimmt zwar, daß Mensch und Katze den Eindringling vielleicht mit der Zeit schätzenlernen, doch die Gefahr tief verwurzelter Antipathie und eskalierender Feindseligkeiten steht immer im Raum.

Menschen wie Katzen fühlen sich am wohlsten in einer vertrauten Situation. Veränderung bedeutet immer Streß. Ich habe einmal gelesen, daß der Verlust eines geliebten Menschen durch den Tod, eine Ehescheidung und ein Wohnortwechsel die drei stärksten Streßsituationen im Leben eines Menschen darstellen. Es ist interessant, daß eine geographische Veränderung, die mit neuen Bekanntschaften und einer neuen, fremden Umgebung verbunden ist, sogar für den Menschen extrem belastend ist. Normalerweise bequemen wir uns nur zu Verhaltensänderungen, damit ansonsten alles beim alten bleibt oder um unser Eigentum zu schützen. Wir schützen unsere Familie, unser Zuhause und unser Land. Das gleiche gilt auch für Katzen, nur noch sehr viel stärker. Katzen haben ein außergewöhnlich empfindliches Gespür für Individualdistanz. In ihrer nächsten Umgebung stecken sie so etwas wie einen ›persönlichen Raum‹ ab, zu dem nur Lebewesen Zutritt haben, denen sie große Zuneigung entgegenbringen. Einander freundlich gesinnte Katzen dulden sich innerhalb einer bestimmten ›sozialen Distanz‹, doch längst nicht alle Katzen, die sich auf diese Weise vertragen, gewähren einander Zugang zu ihrem persönlichen Raum. Das Revier einer Katze wiederum ist ein sehr viel größeres Gebiet, das aktiv gegen Eindringlinge verteidigt wird. Diese Reviere können sich zwar überschneiden, doch daraus darf man noch lange nicht auf wechselseitige Toleranz schließen. Die friedliche Koexistenz mehrerer Katzen innerhalb eines Hauses ist grundsätzlich ein komplizierter Balanceakt, der nur mit viel Fingerspitzengefühl, einem guten Stück Glück und durch ein unbegrenztes Nahrungsangebot gelingt. Besonders launisch sind nicht-kastrierte Kater, da bei ihnen immer auch die Rivalität um Vorherrschaft und Rang eine Rolle spielt. Das Kastrieren ist in der Regel eine gute Lösung für dieses spezielle Problem. Die meisten Revierprobleme entstehen meiner Erfahrung nach jedoch unter bereits kastrierten Katzen, die in einem zuvor stabilen Haushalt mit mehreren Katzen zusammenleben. Die Konflikte brechen auf, wenn eine Katze, die eine Zeitlang abwesend war, in die Gemeinschaft zurückkehrt oder eine neue Katze auftaucht.

Nehmen wir zum Beispiel den Fall von Stormy und seinen Katzenmitbewohnern. Stormy war ein kastrierter Siamese, der drei Jahre seines sechsjährigen Daseins friedlich mit seinen siamesischen Gefährten Rusty, MJ und Penny und seinen liebevollen Besitzern Cynthia und John Piper zusammengelebt hatte. Das änderte sich durch den Anruf einer Freundin Cynthias, der Besitzerin von Pennys Geschwister Yoshiko. Die Freundin hatte Cynthia mitgeteilt, daß ihr Mann eine Stellung in England angenommen hatte und daß sie bald umziehen würden. In dem Gespräch war es darum gegangen, ob Cynthia Yoshiko adoptieren wollte. Die Freundin meinte, sie habe nach reiflicher Überlegung eingesehen, daß es nicht gut für Yoshiko wäre, sie in einem Katzenkorb um die halbe Welt zu transportieren und ihr dann zu allem Überfluß noch eine sechsmonatige Quarantäne zuzumuten.

Was macht schon eine Katze mehr, dachte Cynthia, schließlich konnte sie ja nicht ein Geschwisterchen von Penny im Stich lassen. Alles in allem schien es eine praktikable Lösung, deshalb erklärte sie sich bereit, Yoshiko zu sich nehmen. Eine Woche später früh am Morgen wurde Yoshiko bei den Pipers abgeliefert, mit Katzenfutter für sechs Monate, sauberem Katzenklo und ein paar Spielsachen. Cynthia brachte Yoshikos Korb in den offenen Wohnbereich ihres Hauses und öffnete ihn. Yoshiko spähte hinaus und fing an, den Boden vor dem Korb genauestens abzuschnüffeln. Dann wagte sie sich heraus, und ihre Erkundigungen wurden kühner. Stormy, Rusty, MJ und Penny sahen aus einiger Entfernung zu. Keiner von ihnen schien sich über den Neuankömmling groß aufzuregen. Stormy putzte sich ein wenig – eine Übersprunghandlung –, und Rusty und MJ schlenderten davon, nachdem ihre anfängliche Neugier befriedigt war. Alles ging gut, bis Yoshiko ihrer Schwester Penny von Angesicht zu Angesicht gegenüberstand. Offenbar erkannten sie einander nicht, oder wenn doch, waren es keine angenehmen Erinnerungen, denn Penny stürzte sich plötzlich auf Yoshiko, die erschrocken die Flucht ergriff. Es kam zu einer wilden Verfolgungsjagd, bei der Penny unausgesetzt laut kreischte. Stormy hatte so etwas noch nie gesehen und war völlig perplex angesichts dieser Wendung der Ereignisse. Er war weniger aufgeregt als vielmehr höchst interessiert. Es war, als habe sich ihm eine völlig neue Dimension aufgetan, was ja wohl auch stimmte.

Als Cynthia endlich zu sich kam, hatte Yoshiko sich an einen sicheren Zufluchtsort geflüchtet, und Penny stolzierte als Siegerin auf und ab. Der Zusammenstoß war ein Revierstreit, und Yoshiko, die Verliererin, war auf ein drittklassiges Plätzchen verwiesen worden. Fürs erste herrschte ein unheilschwangerer Friede im Hause Piper.

Der Mittag nahte, ohne daß es zu weiteren Zwischenfällen gekommen wäre, doch Cynthia merkte, daß Stormy und Yoshiko offenbar Gefallen aneinander gefunden und sich zusammengetan hatten. Penny hatte den größten Teil des Vormittags oben verbracht und kam heruntergeschlichen, als Cynthia gerade dabei war, in ein Sandwich zu beißen. Der Bissen blieb ihr im Halse stecken, als sie plötzlich wildes Fauchen hörte. Der Laut war nicht mißzuverstehen. Irgend etwas lief ganz fürchterlich schief. *O nein*, dachte sie, *Penny und Yoshiko sind sich schon wieder in die Haare geraten.* Falsch. Es war Penny, die fauchte, weil sie gnadenlos von Stormy in die Enge getrieben wurde. Er jagte sie zu diesem Zeitpunkt zwar noch nicht, beäugte sie aber bereits auf höchst unheilverkündende Weise. Selbst Cynthia begriff sofort, was die Stunde geschlagen hatte, obwohl sie noch nie einen dermaßen drohenden Ausdruck auf Stormys Gesicht gesehen hatte. Auch Penny war klar, was dieser Blick bedeutete, und offenbar hielt sie Einschüchterung durch Lärm für eine gute Strategie – Angriff ist die beste Verteidigung. Das Fauchen und Spucken hielt an. Als Stormy noch finsterer dreinblickte, steigerte Penny ihre lärmenden Einschüchterungsversuche zu einem ohrenbetäubenden Crescendo und floh schließlich. So ging es etwa ein Jahr lang weiter. Penny kam nicht mehr dazu, Yoshiko zu verfolgen; sie hatte genug mit sich selbst zu tun und schaute sich fortwährend mißtrauisch um. Stormy traktierte Penny jedesmal, wenn sie sich Yoshiko näherte, mit furchterregenden Blicken, und die feindseligen Begegnungen der beiden endeten grundsätzlich damit, daß Penny ihrem Unbehagen lautstark Ausdruck gab und floh.

Ein Jahr nach diesem turbulenten Anfang eskalierte die Auseinandersetzung. Stormy versuchte jetzt, die Nervensäge aktiv loszuwerden. Er jagte Penny erbarmungslos, bis sie sich in irgendeinem Schlupfwinkel des Hauses verkroch. Einer ihrer bevorzugten Zufluchtsorte befand sich auf einer Kommode in einem unbenutzten Schlafzimmer im Obergeschoß. Bei einer der erbittertsten Verfolgungen riskierte Stormy einen Mord, indem er Penny auf den Herd trieb und es irgendwie schaffte, einen der Schalter anzudrehen. Allmählich machten sich die Pipers ernsthaft Sorgen, aber sie wußten einfach nicht, wen sie um Hilfe bitten sollten. Es kam noch schlimmer. Im folgenden Sommer gelang es Stormy zum ersten Mal, Penny zu erwischen; er biß sie in die Hinterflanke und fügte ihr eine schwere Verletzung zu. Dieser Zusammenstoß machte einen Besuch beim Tierarzt nötig, der die Wunde säubern und versorgen und Penny eine Antibiotikumspritze geben mußte. Sechs Monate später lief eine weitere Horrorvorstellung ab, bei der Stormy Penny noch schwerer verletzte. Die Wunde mußte unter Vollnarkose versorgt und mit Drainagen versehen werden, und Penny mußte die Nacht in der Tierklinik verbringen. Nun hatten die Pipers endgültig genug. Sie hielten die beiden Katzen von da an streng getrennt, ein Vorgehen, das sich in einem Haus mit offener Raumeinteilung wie dem ihren als äußerst mühselig erwies.

Endlich sprachen sie ihren Tierarzt, Dr. Gary Stuart, bei einem Routinetermin auf das Problem an. Dr. Stuart, ein ehemaliger Mitarbeiter unserer Klinik, empfahl entgegen jeglicher Gepflogenheit eine Behandlung mit Valium. Die Pipers waren etwas skeptisch, entschlossen sich dann jedoch zu einem Versuch, denn wie schon Bob Dylan sang: »When you got nothing you got nothing to loose.« Das Valium wirkte etwa acht Tage lang recht gut, doch dann bekam Stormy Anfälle, bei denen sein Fell unausgesetzt von wellenartigen Zuckungen überlaufen wurde, und er fing an, sich wie rasend den Rücken zu lecken. Aus irgendeinem geheimnisvollen Grund hatte die Behandlung offenbar zu einer bestimmten Form von Anfallsleiden, einer gesteigerten Empfindlichkeit für Berührungsreize, geführt. Der Tierarzt riet den Pipers, das Valium abzusetzen, und überwies sie an mich.

Ich sprach zuerst nur am Telefon mit ihnen, doch als sie mir den Fall schilderten, schlug ich einen Hausbesuch vor. Dieser Vorschlag beruhte zum einen darauf, daß sie in der Nähe von unserem Institut wohnten und ein Besuch daher keinen großen Aufwand bedeutete, zum anderen aber auch darauf, daß ich es in Fällen wie diesem für ratsam halte, mir selbst ein Bild von der Situation zu machen. Ich hatte schon seit Jahren keinen Hausbesuch mehr gemacht und fühlte mich an längst vergangene Zeiten erinnert.

Es war ein kühler Frühlingsmorgen, als mein Auto die Auffahrt zum Haus der Pipers hochknirschte. Ich zog die Handbremse, blieb einige Augenblicke lang sitzen und sah mir die Umgebung an. Die Pipers wohnten in einem modernen Haus in einem sehr schönen Wohnviertel. Rasen und Fußwege waren sorgfältig gepflegt, über allem lag eine Atmosphäre der Sauberkeit und Ruhe. Ich wußte sofort, daß ich es mit höchst gewissenhaften, möglicherweise auch anspruchsvollen Leuten zu tun hatte.

Ich drückte auf den Klingelknopf und wartete – für mein Gefühl recht lange –, bis die Tür aufging. Cynthia spähte hinter der Tür hervor, lächelte und bat mich herein. John Piper saß an einem massiven Eßtisch in der Mitte des weiträumigen Wohnbereichs. Durch die großen Fenster drang das Licht ungehindert herein und verlieh dem Raum ein warmes, freundliches Flair. Auf Einladung der beiden setzte ich mich mit an den Tisch und machte es mir so gemütlich, wie das einem völlig Fremden nur möglich ist. Während Cynthia die lange, an Höhepunkten reiche Geschichte von Penny und ihrer Nemesis erzählte, ließ ich die Blicke schweifen. Eine Holztreppe führte zu einem breiten Absatz hinauf, von dem aus mehrere Türen in die Schlafzimmer abgingen. Da das Haus so offen angelegt war, konnte ich von dem Platz, an dem ich saß, jeden einzelnen Ort sehen, den Cynthia in ihrem Bericht erwähnte. Da war der Eßtisch, an dem alles angefangen hatte. Da war der Herd, auf dem es beinahe zum Großbrand gekommen war, und da war das im Obergeschoß gelegene Schlafzimmer, Pennys Zuflucht. Ich war selig. Normalerweise muß ich versuchen, mir diese Szenarien vor meinem geistigen Auge auszumalen.

Als Cynthias Erzählung sich dem Ende näherte, beehrten uns die Katzen höchstselbst mit ihrer Anwesenheit. Den Anfang machte Stormy in Form zweier tiefblauer Augen, die durch das Geländer oben auf dem Treppenabsatz spähten. Gleich hinter ihm kam Rusty. Die beiden glitten die Treppe herab und blieben in höflicher Entfernung stehen, sehr bemüht, nicht zu zeigen, wie groß ihr Interesse an den Vorgängen hier unten war.

»Wo schlafen die Katzen?« fragte ich.

»Stormy schläft meistens auf unserem Bett«, antwortete Cynthia, »ich glaube, weil er der Boß ist. Wenn er nicht zu uns kommt, schläft er dort drüben«, sie deutete auf ein Sofa im Wohnbereich.

»Und die anderen?« fragte ich.

»Wenn er auf dem Sofa schläft, gehen sie zu ihm – außer Penny natürlich, die ist ja verbannt. Wenn er bei uns im Bett schläft, schlafen die anderen auf dem Sofa oder auf den Stühlen, auf denen wir gerade sitzen. Keine Sorge«, meinte sie mit beruhigendem Lächeln»,«ich sauge sie jeden Morgen ab.»

Ich glaubte ihr aufs Wort.

»Sagen Sie«, begann ich, »kommt Stormy denn mit den anderen Katzen gut zurecht?«

»Ich glaube schon«, antwortete sie. »Er hat allerdings bestimmte Bereiche, die er als seine Privatdomäne betrachtet. Manchmal verjagt er die anderen oder schlägt nach ihnen, wenn sie in seinen Raum eindringen, aber es kommt nie zum Eklat, und im nächsten Augenblick liegen sie schon wieder alle zu einem großen Knäuel zusammengerollt beieinander.«

Yoshiko und MJ tauchten kurz auf, schlenderten aber weiter in die Küche, in der Hoffnung, dort etwas Eßbares aufzutreiben. Die beiden waren eher zart, ziemlich scheu, sehr anmutig und ungemein hübsch gezeichnet. Jetzt hatte ich alle gesehen, außer Penny.

»Wo ist denn Ihre Ladyschaft?« fragte ich.

»Ich habe sie oben in ein Zimmer gesperrt,« warf John ein. »Möchten Sie sie sehen?«

»Gern«, antwortete ich, und er ging die Treppe hinauf, um sie herauszulassen. Nach kurzer Zeit kam er zurück, und unser aller Augen richteten sich auf die jetzt offenstehende Zimmertür. Eine Weile geschah gar nichts, und wir plauderten, während wir auf das Erscheinen der Ausgestoßenen warteten. Endlich erblickten wir eine schlanke Gestalt, die forschen Schrittes auf den Treppenabsatz zumarschierte. Dort verharrte sie zunächst und machte sich dann vorsichtig an den Abstieg. Am Fuß der Treppe hielt die unfreiwillige Einsiedlerin wieder inne und schaute aufmerksam um sich. Vielleicht bildete ich es mir ja nur ein, aber ich meinte zu erkennen, daß sie Stormy einen besonders langen Blick zuwarf. Dann schlich sie ohne ein Zeichen der Begrüßung an uns vorbei in die Küche.

Die arme Penny war ein Paria geworden. Stormy ließ sie nicht aus den Augen, blieb aber sitzen.

»Jetzt haben Sie die traurige Geschichte gehört und die Bande kennengelernt. Was würden Sie uns raten? Was können wir tun, damit sie sich wieder vertragen?« fragte Cynthia.

»Ich will ganz offen mit Ihnen sein«, antwortete ich. »Es wird nicht gerade leicht werden, ja manche Verhaltensforscher würden es sogar glattweg für unmöglich erklären. Normalerweise würde man Ihnen empfehlen, für eine der beiden sich bekämpfenden Katzen ein neues Zuhause zu finden. Das ist natürlich eine praktikable Lösung, die den meisten meiner Klienten verständlicherweise sehr schwerfällt.«

»Wir würden alles tun, um Stormy und Penny behalten zu können«, meinte Cynthia. »Schlimmstenfalls leben wir weiter wie bisher und versuchen, sie nach Möglichkeit getrennt zu halten.«

John nickte langsam, machte allerdings einen sehr viel weniger entschlossenen Eindruck als seine Frau.

»Gut«, meinte ich. »Sie haben folgende Möglichkeiten. Allerdings werden Sie sehr viel Geduld aufbringen müssen, denn es wird ein langer Weg. Als erstes würde ich vorschlagen, Penny und Stormy in getrennten Zimmern mit einer geschlossenen Verbindungstür zu halten. Bis jetzt haben Sie Penny immer in ein leerstehendes Zimmer gesperrt, und Stormy durfte in Ihr Schlafzimmer. So hatten sie keinerlei Kontakt miteinander, und die Beschränkung der beiden auf ihre jeweils eigenen Bereiche förderte die Ausprägung des Revierverhaltens noch. Wir müssen dafür sorgen, daß jeder der beiden sich der Gegenwart des anderen auf der anderen Seite der geschlossenen Tür bewußt ist, und sie gleichzeitig in ihren Revieransprüchen verwirren, indem wir die Zimmer wechseln. Dieser Wechsel sollte täglich erfolgen, wobei Sie sorgfältig darauf achten müssen, daß Ihnen nicht einer der beiden Ausbruchsspezialisten durch die Finger schlüpft und so den ganzen Plan zunichte macht. Das kann leider leicht passieren. Und jetzt kommt der eigentliche Trick bei der Sache: Sie müssen die beiden gleichzeitig auf ihrer je eigenen Seite der Tür füttern, so daß sie einander hören und riechen können, während sie fressen. Gut wäre auch, sie zu streicheln und mit ihnen zu schmusen, wenn sie Lust dazu zeigen, so daß sie die Erfahrung machen, daß wunderschöne Dinge passieren können, während sie ganz nah beieinander sind. Hinter dieser Behandlung steht der Gedanke, die Wahrnehmung der Kontrahenten im Hinblick auf das, was geschieht, während sie zusammen sind, zu ändern. Haben Sie mich soweit verstanden?«

»Ja«, sagte John, »aber wie sieht die Phase der Wiederzusammenführung aus?«

»Der erste Schritt besteht darin, die Tür zwei Zentimeter weit zu öffnen und mit einem Türstopper oder Haken zu fixieren. Dieser Schritt darf jedoch erst erfolgen, wenn mindestens zwei Wochen lang absoluter Friede auf beiden Seiten der geschlossenen Tür herrschte.«

»Verstanden«, meinte John.

»Dann haben Sie eine Weile Geduld, bis die beiden anfangen, einander durch den Türspalt zu beobachten. Wenn das soweit gutgeht, öffnen Sie die Tür zehn bis fünfzehn Zentimeter, schieben aber eine schmale Trennscheibe dazwischen, so daß es zu keinem Körperkontakt kommen kann. Es ist wie beim Bergsteigen. Wenn alles gut läuft, geht man zur nächsten Stufe über. Wenn nicht, geht man einen Schritt zurück. Rückschläge sind unvermeidlich und haben nichts zu sagen, solange die Sache prinzipiell vorangeht. Sie müssen einfach nur konsequent sein, bis sich der Erfolg einstellt.«

»Der nächste Schritt ist dann, die Tür zu öffnen?« vermutete John.

»Genau, aber auch das nur mit Trennscheibe. Ich habe

meine eigenen Katzen mit Hilfe einer solchen Trennwand ohne die vorhergehenden Schritte, die ich Ihnen empfohlen habe, gegen einen in der Nachbarschaft streunenden Kater desensibilisiert, diese Phase ist also sehr wichtig. Und vergessen Sie nicht, lassen Sie den Katzen Zeit, sich wirklich aneinander zu gewöhnen, bevor sie den nächsten Schritt angehen.«

»Das klingt ja recht vielversprechend«, sagte Cynthia. »Ich kann es kaum erwarten, damit anzufangen.«

»Eine Phase fehlt noch, bevor Sie das Programm starten können«, fiel ich ihr ins Wort. »Schließlich wollen Sie ja nicht, daß die beiden hinter einer Trennwand zusammenleben. Der nächste Schritt wäre, sie eine kurze Zeit *im gleichen Zimmer* zusammenzusperren. Dabei sollten sie anfangs mit Hilfe von Geschirren oder in Katzenkörben voneinander getrennt gehalten werden, je nachdem, wie sicher der neue Friede Ihrer Einschätzung nach bereits ist, und gleichzeitig zu fressen bekommen. Lassen Sie sie – vorausgesetzt, es bleibt alles friedlich – jeden Tag ein wenig näher zusammenkommen, und verlängern Sie zugleich die Zeit, die die beiden auf diese Weise miteinander verbringen. Das Ziel ist, daß sie nebeneinander fressen. Dann sollte einer von ihnen aus dem Geschirr oder dem Korb freigelassen werden, damit wir sehen, woran wir wirklich sind. Das wird dann der Augenblick der Entscheidung. Am besten wäre es, die passive Katze zuerst freizulassen, in diesem Fall also Penny. Wenn alles gutgeht, können Sie das nächste Mal versuchen, Stormy freizulassen, Penny dazu aber wieder einsperren. Achten Sie genau auf etwaige Anzeichen von Unmut. Zu guter Letzt werden dann beide zusammen freigelassen, und Sie können nur beten, daß sie einander ignorieren und weiterfressen.«

»Ich verstehe«, sagte Cynthia. »Es ist also eigentlich eine Frage der Überwachung während ständig längerer Zeiten der Zusammenführung, bis sie schließlich allein miteinander bleiben dürfen.«

»Genau«, antwortete ich. »Aber denken Sie daran: Von dem Zeitpunkt an, an dem die beiden in die Unabhängigkeit entlassen werden, müssen Sie sie weiter loben und streicheln, wann immer Sie sie zusammen erblicken. Ich nehme an, bisher haben Sie sich etwas anders verhalten.«

»Das kann man wohl sagen«, meinte John. »Wenn sie sich schlecht benehmen, schimpfen wir sie meistens, und wenn sie brav sind, ignorieren wir sie.«

»Da sind Sie nicht die einzigen«, sagte ich.

Die Wochen vergingen, und ich führte noch mehrere Gespräche mit den Pipers über die Feinabstimmung des Planes. Es entwickelte sich eigentlich alles recht gut, wenn auch Rückschläge nicht ausblieben, so daß John allmählich seine anfängliche Begeisterung verlor. Cynthia mußte plötzlich feststellen, daß nur sie das Programm gewissenhaft einhielt. Sie war bereits in dem Stadium angelangt, bei dem sie das gegnerische Paar eine kurze Weile allein lassen konnte und die beiden nach ihrer Rückkehr trotzdem noch heil vorfand. Das Problem war, daß Stormy Penny nach wie vor gelegentlich wütend anfunkelte oder sogar einige drohende Schritte auf sie zu tat, als wolle er sie einschüchtern. Insgesamt machte es den Eindruck, als glühten da schon noch ein paar Funken unter der Asche. Cynthia war an sich zufrieden mit diesen Fortschritten, fragte mich aber, ob man nicht noch etwas Zusätzliches tun könnte, um den Fortgang zu beschleunigen und das Erreichte zu stabilisieren. »So etwas wie Valium«, schlug sie vor, »aber natürlich kein Valium.«

Das klang nach unlösbarer Aufgabe, aber ich wußte eine Lösung: das angstreduzierende Buspirone (Bespar). Bespar ist eine Designerdroge, die praktisch keine Nebenwirkungen und keine Toxizität hat, nicht abhängig macht und ein höchst wirksames Medikament zur Angstbehandlung ist. Daneben hat es aggressionsdämpfende Eigenschaften. Meiner Ansicht nach war es ein ratsamer und harmloser Ersatz für Valium. Cynthia war einverstanden, und für Stormy wurde die zweite Runde der Medikation eingeläutet.

Nach einigen Dosierungsschwierigkeiten gebärdete sich der Kater weit weniger feindselig. Ich führte diesen raschen Fortschritt in erster Linie auf das Bespar zurück; allerdings kann man das nie sicher wissen. Inzwischen war auch John wieder motiviert, unseren Plan zu unterstützen, und froh, daß er Stormy eine Chance gegeben hatte. Stormy war zwar auch jetzt noch kein Engel, aber er zeigte sich Penny gegenüber doch sehr viel duldsamer, und inzwischen muß keiner von beiden mehr eingeschlossen werden, wenn die Pipers für ein paar Stunden das Haus verlassen.

Nicht immer stellt eine revierbedingte Aggression ein so langwieriges Problem dar wie im Fall von Stormy, und nicht immer ist es nötig, Medikamente zu verabreichen; allerdings scheinen Medikamente die Fortschritte bei der Versöhnung zu beschleunigen. Einmal überraschte ich eine Katzenbesitzerin und mich selbst damit, daß ich ein schon jahrelang bestehendes Aggressionsproblem zwischen zwei Katzen in zwei Tagen löste, nachdem ich der Frau zuvor des langen und breiten erklärt hatte, wie schwierig und langwierig sich das Vorhaben gestalten würde. Die Klientin war dafür, von Anfang an zusätzlich ein Medikament zu verabreichen, und ich verschrieb auch in diesem Fall Bespar. Diesmal bekamen beide Katzen das Mittel, mit dem Ziel, den Aggressor weniger aggressiv und das Opfer weniger ängstlich (und damit selbstsicherer) zu machen. Nach zwei Tagen gelang es einer der Katzen, zur Fütterungszeit zu entwischen und die Trennung zu durchbrechen. Die Besitzerin mußte entsetzt zusehen, wie die beiden Katzen schnurstracks aufeinander zugingen, doch statt der erwarteten Katastrophe kam es zwischen den beiden Antagonisten zu einer freundlichen Begrüßung und ein wenig gegenseitiger Fellpflege, bevor sie sich gemeinsam zu einem Schläfchen zusammenrollten. Ich wünschte mir, alle derartigen Probleme wären so leicht zu lösen. Ich habe diese beide Beteiligten einbeziehende Behandlungsstrategie seither mehrmals ohne ähnlich spektakulären Erfolg versucht, aber sie scheint die Aggression in den meisten Fällen doch immerhin zu reduzieren.

In einem anderen Fall von Revierstreitigkeiten kehrte ich die Angreifer-Opfer-Situation durch Gaben zweier verschiedener Medikamente vollständig um, schoß also praktisch über das Ziel hinaus. Die Katzen gehörten zwei Tiermedizinstudentinnen, die zusammen in einem Haus in Grafton wohnten, nur einen Steinwurf von der Klinik entfernt. Das Problem begann, als die eine von ihnen in die Wohnung ihrer Freundin einzog. Der Kater der Erstbewohnerin, Arnold, verwandelte sich dabei zum Aggressor, der wie ein hungriger Löwe durch die Räume schlich. Die Katze der anderen Studentin, Tammy, war der Paria, der ins Schlafzimmer seiner Besitzerin gesperrt werden mußte, um das Schlimmste zu verhüten. Allerdings zeigte sie unter den gegebenen Umständen auch nicht die leiseste Lust, das schützende Zimmer zu verlassen. Die jungen Frauen hatten erfolglos versucht, die beiden Gegner allmählich aneinander zu gewöhnen, und konsultierten schließlich mich, weil sie es als letzte Möglichkeit mit einem Medikament versuchen wollten. Ich schlug vor, Tammy, der Ängstlichen, Bespar zu geben, um ihr Selbstvertrauen zu stärken, und Arnold Prozac (Fluctin), um ihn weniger feindselig zu machen. Es funktionierte nach Wunsch – aber leider zu gut. Tammy fing nämlich an, völlig furchtlos das Haus zu erkunden, und wurde zur Löwin, während Arnold seine ganze Selbstsicherheit verlor und seine Zeit im Schlafzimmer seiner Besitzerin verbrachte und Fellpflege trieb. Die Rollen hatten sich fast vollständig umgekehrt. Deshalb Vorsicht bei Fluctin!

Revierbewußtsein ist ein zweischneidiges Schwert. Man

kann nicht mit ihm und nicht ohne es leben, das gilt offenbar auch für uns Menschen. Denken wir nur an den Mittleren Osten, den Balkan oder Nordirland: Ständig bekämpfen sich die Menschen wegen irgend etwas, an das sie glauben. In den meisten Fällen geht es um irgendeinen Besitz, der ihnen so viel bedeutet, daß sie bereit sind, dafür zu sterben. Zivilisierte Menschen werden zu Bestien, wenn ihr Land oder ihre Kultur bedroht ist. Den nicht Eingeweihten, nicht Bedrohten, nicht in Mitleidenschaft Gezogenen erscheinen diese Kämpfe als der pure Wahnsinn, was sie in gewisser Weise auch sind, doch wenn jemand *ihre* Freiheit und *ihre* Familie bedrohen würde, würden sie sich mit Sicherheit ebenfalls gezwungen sehen, sich gegen die Unterdrücker zu erheben, und man würde sie für ihre Tapferkeit als Helden feiern.

Allen Träumern von einem utopischen Zustand der Brüderlichkeit verkündete John Lennon einst, daß es ohne Länder und Religionen nichts mehr gäbe, wofür wir töten und sterben müßten. Meiner Ansicht nach hat er damit den Nagel auf den Kopf getroffen, nur ist sein Gedanke leider nicht praktikabel. In der Realität haben wir nun einmal ein Vaterland, und Patriotismus und der Stolz auf die eigene Kultur prägen uns vom Augenblick unserer Geburt an – was sowohl ein Segen wie auch ein Fluch sein mag. Solange keine radikale Änderung dieses Status quo eintritt, müssen Brüderlichkeit und Weltfrieden nach wie vor schrittweise ausgehandelt werden.

Bei Katzen ist es nicht anders. Sie entstammen einem uralten Geschlecht von Einzelgängern und Jägern, deren Überlebenschance darin bestand, ihren Besitz zu schützen – vor allem ihr Revier. Heute, ein paar tausend Jahre später, finden sich diese perfekten, unabhängigen Jagdmaschinen plötzlich in einer sicheren Umgebung, versorgt und verhätschelt von einem Besitzer, der ihnen alles abnimmt. In dieser künstlichen Umwelt ist die Katze nicht mehr genötigt, sich umzutun, wo sie die nächste Mahlzeit herbekommt; andererseits ist ihre Welt jetzt voller neuer Spannungsherde mit Artgenossen, und alte Verhaltensweisen sind schwer auszurotten. Die Anlässe zur Entzweiung sind vielfältig: ein neues Haushaltsmitglied, die Verteidigung der eigenen Jungen oder ein rücksichtsloser Kollege, der plötzlich einen bereits besetzten Lieblingsplatz für sich requirieren möchte.

So gesehen ist es erstaunlich, daß es in Haushalten mit mehreren Katzen doch noch so friedlich zugeht, wie man es häufig antrifft. Diese Harmonie wird nicht zuletzt durch ein ausgeklügeltes Time-Sharing-Programm, was die begehrtesten Plätze im Haus betrifft, erreicht, gleichsam ein politischer Kompromiß, der vom Sozialverhalten wild lebender Katzen abgeleitet ist, deren Reviere sich an der Peripherie häufig überschneiden. Der entscheidende Faktor ist dabei ein korrektes Timing. Aus diesem und ähnlichen Gründen herrscht in einem Haushalt mit mehreren Katzen häufig ein äußerst heikles Gleichgewicht, und die Eintracht wird lediglich durch ein Überangebot an Futter und eine Unterversorgung mit Hormonen erhalten. Sie ist jedoch jederzeit zu erschüttern, wie die Pipers leidvoll feststellen mußten. Auf jeden Fall nimmt der Streß proportional zur Anzahl der Katzen im Haus zu. Nach Ansicht mancher Leute sind bei mehr als zwölf Katzen in einem Haushalt die Probleme auch für Revierkonflikte vorprogrammiert. Ich selbst habe Familien mit mehreren Katzen kennengelernt, die die typische ›despotische‹ Sozialstruktur zeigten: ein tyrannischer Anführer, eine breitere Mittelschicht und ein Paria. Die Kämpfe zwischen Despot und Paria lassen sich dabei mit dem Begriff des Territorialismus fassen. In der freien Natur würde der Paria vertrieben werden, eine Lösung, die manche Verhaltenswissenschaftler auch im Blick auf häusliche Auseinandersetzungen für geraten halten. Doch manchmal können selbst so schwierige Situationen durch eine Modifizierung der Umwelt zumindest bis zu einem gewissen Grad entschärft werden. In einem Fall verschlimmerten die Besitzer mehrerer Katzen eine bereits bestehende Despoten-Paria-Situation, indem sie alle Katzenklos im Keller aufstellten. Der Despot saß vor der Kellertür und griff den Paria jedesmal an, wenn das arme Geschöpf aus einem sicheren Hafen die Treppe herunterkam, um das Katzenklo zu benutzen. So mußte das Tier jedesmal, wenn ein natürliches Bedürfnis es dazu zwang, mit voller Blase einen wahren Spießrutenlauf durchstehen. Der Gedanke, daß das im Untergeschoß befindliche Katzenklo dem Paria das Leben nicht wenig erschwerte, lag auf der Hand. Daß die derart gepiesackte Katze nicht auf einen der Teppiche urinierte, bis sie endlich ein eigenes Katzenklo bekam, ist erstaunlich. Sie hätte eigentlich eine Medaille verdient.

Lösungen für Revierprobleme reichen von Umsiedelung bis zu völliger Trennung (mit oder ohne allmähliche Zusammenführung); manchmal ist zusätzlich eine Medikation nötig. Es wäre doch eigentlich schön, wenn diese Prinzipien auch bei sich gegenseitig bekriegenden Völkern greifen würden. Damit meine ich, daß es interessant wäre zu sehen, was durch die Trennung der gegnerischen Parteien und eine allmähliche Wiederannäherung erreicht werden könnte, aber wenn ich es recht überlege, wurde diese Methode in der Geschichte immer wieder angewandt: der Hadrianswall, die Berliner Mauer, die Chinesische Mauer, die Mason-Dixon-Linie ... die Reihe ließe sich fortführen. Aus dieser Sicht können internationale Ereignisse wie zum Beispiel die Olympischen Spiele, bei denen die Menschen aus einem friedlichen, freudigen Anlaß zusammenkommen, geradezu als Gegenkonditionierung gelten.

Ganz gleich, wie man zu Revierkämpfen stehen mag, es gibt sie nun einmal, und wir müssen einen Weg finden, damit zu leben. Die Schlichtung von Revierstreitigkeiten zwischen Menschen wie zwischen Katzen ist nicht einfach. Auf jeden Fall ist hier ein Gramm Vorsorge sehr viel wirksamer als ein Pfund Heilung. Wenn es jedoch erst einmal zu Auseinandersetzungen gekommen ist – und das ist in vielen Fällen unvermeidlich –, sollten wir uns zu ihrer Beilegung der oben beschriebenen grundlegenden Prinzipien bedienen. Eines ist sicher: Man sollte nicht vorschnell aufgeben – nach dem guten alten Spruch: Probieren geht über studieren. Ich bin immer dafür, dem Frieden eine Chance zu geben.

Kapitel 3
Dr. Jekyll und Mr. Hyde – ein Fall von Persönlichkeitsspaltung

Mein Piepser meldete sich schon zum zweiten Mal innerhalb weniger Minuten und rief mich dringend in die Ambulanz. Ich hatte mich etwas verspätet, aber meine neue Assistenzärztin, Dr. Jean DeNapoli, hatte den Termin für mich übernommen, also war noch nicht alles verloren. Auf dem im Laufschritt zurückgelegten Weg ins Sprechzimmer fiel mir wieder ein, daß der nächste Patient eine aggressive Katze war, mehr wußte ich nicht.

Als ich das Zimmer erreichte, war die Konsultation bereits in vollem Gang. Als erstes bemerkte ich die ungewöhnlich große Zahl von Menschen, die sich in dem kleinen Raum drängten. Die beiden Besitzer der Katze saßen nebeneinander, Jean thronte hinter meinem Schreibtisch, neben sich zwei Veterinärstudenten im zweiten Semester, und an der Wand lehnte einer unserer Forschungsstipendiaten, Dr. Uchida. Für mich war kein Stuhl mehr frei, aber ich wollte nicht noch einmal weggehen und mir einen holen, also verzichtete ich auf eine Sitzgelegenheit und kauerte mich in einer ziemlich ungemütlichen, halb sitzenden Stellung ebenfalls gegen die Wand. Da ich zu spät gekommen war, beschloß ich, mich zunächst nicht einzumischen, sondern erst einmal zuzuhören, worum genau es ging. Ich erfuhr, daß die Katzenpatientin extrem nervös sei und andere Katzen noch nie hatte leiden können. Während ich auf weitere Informationen wartete, fiel mein Auge auf einen geschlossenen Katzenkorb auf der anderen Seite des

Zimmers. Alles, was ich erkennen konnte, war eine weiß-bunte Gestalt, fest an die hintere Wand des Korbes gedrückt. Es war meine erste Begegnung mit Miranda, einer zehnjährigen sterilisierten Hauskatze, Anlaß dieser Versammlung und im Augenblick Gegenstand der ungeteilten Aufmerksamkeit aller Anwesenden. Gerade, als ich anfing, mich zu wundern, daß Miranda immer noch eingesperrt war, setzte Jean mich kurz ins Bild, worum es bei diesem Fall ging, und stellte mich den Besitzern, Linda und Michael Smith, vor. Linda war etwa fünfundzwanzig und wirkte tiefernst. Als sie mich ansah, merkte ich, daß ihr hinter den großen Brillengläsern Tränen in den Augen standen. Mir wurde klar, daß wir es offenbar mit einem echten Problem zu tun hatten. Auch Michael, Lindas Mann, war sichtlich angespannt und schien ebenfalls aufrichtig bekümmert.

Ich erfuhr, daß Miranda Linda zweimal angefallen hatte, das erste Mal vor neun Tagen, nachdem sie durchs Fenster eine Nachbarskatze erblickt hatte, und dann noch einmal kurze Zeit später, nachdem sie mit angehört hatte, wie Lindas Schwester mit lauter, hoher Stimme eine Nachricht auf dem Anrufbeantworter hinterließ. Unmittelbar vor den Attacken hatte Miranda jedesmal Anzeichen höchster Erregung erkennen lassen, hatte gefaucht, gespuckt und sich aufgeplustert, so daß sie doppelt so groß aussah wie sonst und wahrlich furchteinflößend wirkte. Davor war es – anläßlich neuer, unbekannter Situationen oder beim Besuch von Fremden – bereits mehrmals zu ähnlichen, wenn auch nicht so drastischen Reaktionen gekommen. Miranda war schon immer eine nervöse, ängstliche und launische Katze gewesen, doch seit dem letzten, oben beschriebenen Zwischenfall traten diese Eigenschaften in nicht mehr tolerierbarem Maße hervor. Die Smiths machten sich große Sorgen um sie, denn sie liebten sie sehr, aber Linda hatte auch schreckliche Angst vor ihren Attacken.

Jean unterbreitete ihnen ihre vorläufige Diagnose und entwarf einen Behandlungsplan.

»Mirandas Anfälle beruhen wahrscheinlich auf einer Aggressionsverschiebung«, begann sie. »Das ist eine der möglichen Reaktionen auf ein extrem erregendes, aversives Ereignis. Ein Tier, das sich bedroht oder herausgefordert fühlt, hat nur die Wahl zwischen Kampf, Flucht, Erstarren oder Verlagerung des Angriffs. Die Situation am Fenster, die Sie beschrieben haben, also ein angstauslösender Anblick draußen auf der Straße, in Verbindung mit der Unmöglichkeit, den Feind direkt anzugreifen, ist bei Katzen einer der klassischen Auslöser für eine Reaktionsverschiebung. Miranda hat ihre Animosität auf Sie übertragen und verbindet Sie jetzt möglicherweise mit einer Erfahrung, die sie in Angst versetzte. Vielleicht hat die Stimme Ihrer Schwester am Telefon sie an Ihre Stimme bei dem Zwischenfall erinnert. Sie haben doch sicher geschrien, als Sie angegriffen wurden.«

»Und wie«, meinte Linda.

»Eines ist allerdings zusätzlich zu bedenken«, fuhr Jean fort. »Mirandas Reaktion war zwar typisch für eine Aggressionsverschiebung, doch wenn eine ältere Katze wie sie auf einmal neue Verhaltensweisen zeigt, muß immer auch eine pathologische Veränderung in Betracht gezogen werden. Zum Beispiel kann auch ein Hirntumor Aggressivität und Verhaltensänderungen zur Folge haben. Ich schlage deshalb zunächst eine gründliche Untersuchung einschließlich eines Blutbilds vor, damit wir systemische Probleme ausschließen können, bevor wir es mit einer Verhaltenstherapie versuchen.«

Jetzt waren Linda und Michael ernstlich besorgt. Die Erwähnung eines Hirntumors hatte sie völlig aus der Bahn geworfen. Jean hatte zwar recht, es bestand immer die Möglichkeit einer latenten physischen Ursache für die Aggression, aber ich wollte die Smith's nicht mit dieser Perspektive nach Hause schicken. Deshalb fragte ich, ob wir Miranda nicht noch kurz aus dem Käfig lassen könnten, um uns ein Bild von ihr zu machen.

»Ich halte das für keine so gute Idee«, meinte Linda nervös. »Sie ist sowieso schon böse, weil wir sie hierhergebracht haben, zu Fremden, an einen unbekannten Ort. Sie würde doch bloß fauchen und spucken, vielleicht sogar jemanden im Zimmer angreifen.«

Wenn Miranda im Käfig blieb, konnte ich ihre Besitzer zwar nicht über eine mögliche Krankheit beruhigen, aber ich beschloß trotzdem, diesmal nicht darauf zu bestehen. Die Vorstellung, jetzt mit Miranda konfrontiert zu werden, war offensichtlich zuviel für Linda. Dieser Punkt mußte später noch näher besprochen werden.

»Dr. DeNapolis These der Aggressionsverschiebung ist wohl die plausibelste Erklärung für Mirandas Verhalten. Das ist bei Katzen keine Seltenheit, und Sie haben einige der Situationen beschrieben, die dieses Verhalten hervorrufen. Vor allem ängstliche Katzen neigen, wenn sie provoziert werden, zu einer solchen Reaktionsverschiebung. Sie können sich durch das bloße Herunterfallen eines Hutes in furchterregende Bestien verwandeln, Lauerhaltung einnehmen, mit Katzenbukkel, wild fauchend und spuckend. In solchen Fällen werden sie ihre Frustration am nächstbesten Objekt in ihrer Nähe auslassen. Offenbar standen Sie die letzten Male, als Miranda sich aufregen mußte, gerade neben ihr.«

Linda und Michael schauten zuerst sich und dann wieder mich an. Sie waren immer noch skeptisch, und ihrem Gesichtsausdruck nach hatten sie keine allzu große Hoffnung, daß wir ihnen helfen konnten. Geduldig schilderte ich ihnen einen weiteren Fall von Aggressionsverschiebung, der ohne größere Probleme durch konsequentes Verhaltenstraining von seiten der Besitzerin gelöst werden konnte.

Es ging dabei um einen ängstlichen und noch jungen, aber bereits ausgewachsenen, kastrierten Kater namens Tigger. Die Besitzerin von Tigger, eine junge Frau um die Dreißig, bekam eines Tages Besuch von einer Freundin, die ihr erst kurz zuvor geborenes Töchterchen mitbrachte. Die beiden Frauen plauderten kurz im Flur miteinander und gingen dann ins Schlafzimmer, wo die junge Mutter den Säugling aufs Bett legte. Tigger hatte sich mit ihnen ins Zimmer geschlichen und blieb ihnen weiterhin dicht auf den Fersen. Als sie sich beide über das Baby beugten, sprang er aufs Bett, plusterte sich auf und fauchte. Tiggers Besitzerin merkte, daß sich da etwas ganz Schreckliches anbahnte, und handelte sofort: Eiligst komplimentierte sie ihre Freundin samt Baby und Zubehör aus dem Haus und rief ihr noch nach, sie würde sie später anrufen und ihr alles erklären. Als sie zurück in die Wohnung kam, blickte Tigger geradezu dämonisch drein und ging drohend auf sie zu. Sie lief in die Küche und bewaffnete sich mit einem Besen. Das half zwar fürs erste, doch jetzt war sie in einer Ecke der Küche gefangen, mit einem Besen als einzigem Schutz. Erst nach sieben endlosen Stunden verkrümelte Tigger sich schließlich in eine stille Ecke, wo er dumpf vor sich hin brütete. Am nächsten Tag schien alles wieder ganz normal, doch die Frau beschloß trotzdem, einen Verhaltensspezialisten um Rat zu fragen, und so kam ich ins Spiel.

Ich erklärte ihr, daß es sich bei Tiggers Verhalten wahrscheinlich um einen Fall von Aggressionsverschiebung handle, und riet ihr, es mit einer systematischen Desensibilisierung zu versuchen. Tigger mußte ganz einfach lernen, daß kleine Kinder keine Bedrohung für ihn darstellten. Zunächst bat ich seine Besitzerin, den Kater unter für ihn angenehmen Umständen mit älteren Kindern zusammenzubringen, bis er sich in ihrer Gegenwart vollkommen wohl fühlte. Ich verschwieg ihr nicht, daß dieser Prozeß Wochen dauern konnte. Dann sollten allmählich etwas jüngere Kinder hinzukommen und so weiter, bis Tigger eines Tages sogar die Gesellschaft von Säuglingen mögen würde. Um den Kater dazu zu bringen, Kinder und Babys mit angenehmen Gefühlen zu assoziieren, arbeiteten wir vor allem mit Leckerbissen. Außerdem mußte er während der Desensibilisierung einen Kragen oder ein Geschirr mit einer leichten Leine tragen, damit seine Besitzerin eine gewisse Kontrolle über ihn hatte. Ich riet ihr, sich darauf einzustellen, ihn urplötzlich packen zu müssen, falls es ihm gelingen sollte, sich loszureißen. Tigger zeigte jedoch weder während noch nach dem Rehabilitationsprozeß erneut irgendeine Aggressionsverschiebung, auch nicht in der Gegenwart von Säuglingen. Für mich war das ein befriedigendes Ergebnis. Um kein Risiko einzugehen, behielt Tiggers Familie ihre Katze auch weiterhin im Auge, wenn Kinder in der Nähe waren.

Als ich die Geschichte zu Ende erzählt hatte, wirkten Linda und Michael etwas hoffnungsvoller. Ein echtes Problem war natürlich Lindas Angst und das Mißtrauen, das sie Miranda inzwischen entgegenbrachte. Sie fühlte sich nicht mehr sicher, wenn sie mit der Katze allein zu Hause war, so daß Michael Miranda jedesmal in den Keller sperren mußte, bevor er fortging. Und sogar wenn Michael da war, trug Linda zur Abschreckung gegen eventuelle weitere Angriffe die ganze Zeit eine Harke mit sich herum. Es würde eine Weile dauern, bis sie wieder Vertrauen gefaßt hatte. Ich mußte unbedingt einen Therapieplan entwickeln, der ihr gleich ein besseres Gefühl gab, doch leider waren die Umstände von Mirandas unvermitteltem Persönlichkeitswechsel nicht so klar umrissen und auch nicht so leicht zu behandeln wie die von Tiggers Verhaltensstörung.

Als erstes besprach ich die Desensibilisierung. Ich erklärte den Smith's, wie verschiedene Elemente von Furcht und Angriff zusammengewirkt und so zu Mirandas Verhaltensstörung geführt hatten. Ich erläuterte ihnen, daß das klassische

Vorgehen für eine Verhaltensänderung in diesem Fall in der Desensibilisierung Mirandas gegen ihre ganz persönlichen Racheobjekte – unbekannte Katzen und laute Stimmen – bestand. Stimmen konnten zum Beispiel auf Band aufgenommen und mit zunehmender Lautstärke vor Miranda abgespielt werden, während sie fraß. Natürlich gab es auch einige logistische Schwierigkeiten. Damit die Desensibilisierung wirkte, durfte Miranda auf keinen Fall mit den ursprünglichen Auslösern ihres Verhaltens – Katzen und hohen Stimmen – in unmittelbare Berührung kommen, ausgenommen natürlich die Situationen, in denen sie kontrolliert mit ihnen konfrontiert wurde. Das erwies sich vor allem im Blick auf die fremden Katzen als schwierig, da die Smith's schließlich nicht sämtliche Fenster ihrer Wohnung verdunkeln konnten. Ich machte ihnen trotzdem einige Vorschläge, wie sie die Wahrscheinlichkeit einer Begegnung mit anderen Katzen zumindest reduzieren konnten. So empfahl ich halb zugezogene Vorhänge oder lichtdurchlässige Rollos, so daß Miranda ihre Feinde zumindest nicht deutlich sah; ich riet ihnen, die Tür zum Speisezimmer, von dem aus eine Verandatür auf einen Hinterhof hinausführte, geschlossen zu halten; und ich schlug vor, einen bisher am Fenster stehenden Sessel tiefer ins Zimmer zu schieben, weil Miranda mit Vorliebe von diesem Plätzchen aus die Geschehnisse in der Welt draußen zu verfolgen pflegte. Schließlich kamen wir noch überein, den Anrufbeantworter leiser zu stellen, was die Liste der stimulusvermeidenden Einzelstrategien vervollständigte.

Der nächste Punkt betraf die Desensibilisierung selbst. Damit diese therapeutische Strategie wirken konnte, mußten die angstauslösenden Stimuli kontrollierbar sein, so daß sie Miranda in unterschiedlicher Intensität – von sehr milder bis hin zu stärkster Provokation – vorgeführt werden konnten. Das war vor allem im Hinblick auf die Katzen draußen vor dem Fenster nicht ganz einfach. Ich hatte aber eine Idee, wie man Miranda gegen den ursprünglichen Auslöser – die Nachbarkatze – desensibilisieren könnte. Mit der Herausforderung durch andere fremde Katzen würden wir uns dann später befassen. Ich schlug vor, die Nachbarn miteinzubeziehen und wiederholte Begegnungen der beiden Katzen auf neutralem Boden zu arrangieren, bei denen die Tiere in Transportkörben oder durch Katzengeschirre gesichert sein sollten. Linda verlor allmählich den Mut.

»Aber Dr. Dodman, ich weiß wirklich nicht, ob wir die Zeit für eine so aufwendige Therapie haben. Und außerdem kann ich mir nicht vorstellen, daß unsere Nachbarn bei so etwas mitmachen werden«, meinte sie.

»Und was ist, wenn andere Katzen am Fenster vorüberstrolchen und Miranda erschrecken?« setzte Michael noch eins drauf.

»Ihre Einwände sind durchaus berechtigt«, gab ich zu. »Desensibilisierungen sind schon unter den günstigsten Umständen aufwendig und schwer durchführbar. Wenn Sie eine Zeitlang mit mehreren verschiedenen Katzen arbeiten würden, bestünde Hoffnung, daß Miranda eine veränderte, freundlichere Haltung gegenüber fremden Katzen entwickeln würde. Es kann aber immer auch passieren, daß Sie lange auf die beschriebene Weise mit ihr üben, und bei der ersten wirklichen Herausforderung stellt sich die ganze Arbeit dennoch als vergeblich heraus.«

»Gibt es denn nicht noch einen anderen Weg?« fragte Michael. »Wir brauchen unbedingt eine schnelle Lösung. Ich glaube nicht, daß Linda noch so eine Attacke aushält. Das Programm, das Sie da beschreiben, klingt nach riesigem Arbeitseinsatz, und der Erfolg ist zudem auch nicht sicher.«

»Das ist richtig«, räumte ich ein. »Solche Therapien können sehr wirksam sein, aber eben nicht bei jedem Tier. Außerdem ist das Problem mit der Katze vor dem Fenster ziemlich nebulös und deshalb kaum gezielt zu bearbeiten.«

»Was könnten wir denn sonst noch tun?« fragte Linda. Sie klang allmählich erschöpft.

»Wir könnten es mit einer Medikation versuchen«, antwortete ich. »Das richtige Medikament könnte Mirandas allgemeine Ängstlichkeit reduzieren, und in ihrem neuen, ausgeglicheneren Zustand würden sich ihre konkreten Ängste vermutlich von selbst abschwächen.«

»An welches Medikament denken Sie dabei?« fragte Michael. »Wir wollen sie nicht ruhigstellen, falls Sie das meinen.«

»Nein, dazu würde ich Ihnen auch nicht raten«, entgegnete ich. »Das hat man früher gemacht. Heute ist es möglich, Tiere mit spezifischen Drogen, die lediglich die Stimmung beeinflussen, auf relativ unschädliche Weise zu beruhigen.«

»Sie meinen Fluctin?« fragte Linda überrascht.

»Warum nicht«, sagte ich ein wenig schüchtern. »Fluctin oder ein verwandtes Präparat wäre durchaus denkbar. Aber es gibt auch noch andere Medikamente, die wir ohne weiteres ausprobieren können, falls es nicht wirkt.«

Die beiden wechselten erneut einen Blick und sahen dann mich an.

Ich fuhr fort. »Sie sind in einer schwierigen Lage. So, wie es ist, kann es auf keinen Fall weitergehen. Sie, Linda, haben offenbar wirklich Angst vor Miranda, und das erschwert Ihnen das Leben nicht unbeträchtlich. Eine Desensibilisierung allein kommt für Sie nicht in Frage. Also bleibt Ihnen meiner Ansicht nach keine andere Wahl. Sie müssen mir vertrauen oder ein neues Zuhause für Miranda suchen. Und wenn meine Therapie ein Medikament für Miranda sinnvoll einbezieht, dann müssen Sie das auch akzeptieren.«

Beide betonten sofort, daß es für sie nicht in Frage komme, Miranda wegzugeben, und sahen ein, daß eine Medikation unter diesen Umständen wohl doch die beste Lösung war. Ich merkte, wie wild entschlossen sie waren, ihrer Katze zu helfen, Michael mindestens ebenso nachhaltig wie Linda. Das ist durchaus nicht das Übliche. Die meisten Ehemänner – sofern sie sich überhaupt zu einem Besuch bei einem Tierpsychologen bereit erklären – beschränken sich auf die Chauffeurrolle. Die Smith's baten jedenfalls um weitere Informationen über das zum Einsatz kommende Medikament, insbesondere über dessen konkrete Wirksamkeit. Wie immer kleidete ich die Information in ein Fallbeispiel:

Die einschlägige Geschichte, die mir sofort in den Sinn kam, handelte von einem meiner Star-Patienten, einem dreijährigen, kastrierten Abessinier namens Rubles, der dem Ehepaar Jessica und Peter Goodman aus Hartford gehörte. Auch hier ging es um Aggressionsverschiebung, die sich gegen ein Familienmitglied richtete, in diesem Fall gegen Peter. Peter und Rubles waren Jessicas liebste männliche Wesen, Rubles war sogar so etwas wie ein Sohn-Ersatz. Der ständig schwelende Konflikt zwischen den beiden forderte bereits seinen Tribut von ihr, so daß rasche Hilfe not tat. Drei Monate zuvor war Rubles noch eine ganz normale, wenn auch äußerst sensible reine Wohnungskatze gewesen, deren luxuriöses Dasein allerdings fast unwirklich anmutete. Es fehlte ihm an nichts – so schien es zumindest. Selbst der Chinchilla-Kater aus der Werbung, der aus einer gestielten Kristallschale diniert, hatte ihm nichts voraus. Eines Tages jedoch, als Jessica und Peter nicht zu Hause waren, kam es zu einer Katastrophe, die bei Rubles eine Persönlichkeitsveränderung im Stil von Dr. Jekyll und Mr. Hyde bewirkte. Glücklicherweise hatte ihre Putzfrau den Vorfall beobachtet. Andernfalls hätten wir wohl nie gewußt, was eigentlich geschehen war. Der Zwischenfall, der Rubles' Wesen so völlig umkrempelte, mag einem Menschen vielleicht gar nicht so schrecklich vorkommen, für eine Katze aber mußte er dem Überfall auf die Schweinebucht in nichts nachstehen. An jenem schicksalhaften Tag faulenzte Rubles wie üblich vor sich hin, nahm hin und wieder ein Delikateßhäppchen und trieb ein wenig Fellpflege, als plötzlich ein pirouettierender Cockerspaniel auf dem Plan erschien. Rubles konnte die Faxen des Hundes durch zwei hohe Glasschiebetüren neben dem Wohnzimmertisch gleichsam auf ›Großleinwand‹ beobachten. Wie gelähmt starrte er auf das Schreckensbild, komplettiert mit Geräuscheffekten von Winseln über Hecheln bis hin zu lautem Bellen im Dolby-Sound. Vor den Augen der erstaunten Putzfrau vollzog sich nun seine Metamorphose in Mr. Hyde. Zu allem Überfluß tauchte auch noch der Besitzer des Hundes auf, ein schlanker Herr mit Bart, und fing an, den Hund vor den Augen von Rubles tüchtig zu versohlen. Daraufhin nahm Rubles die klassische Halloween-Haltung ein und blickte wild um sich. Kurz darauf stolperte der Mann aus dem Bild, den geprügelten Hund hinter sich herzerrend, und es herrschte wieder Frieden – nicht aber in Rubles' Gemüt. Als die Putzfrau eine halbe Stunde später die Wohnung verließ, war der Kater nach den folgenden Ereignissen zu urteilen offenbar immer noch bereit, jeden potentiellen Angriff nach Kräften zu parieren.

Zwei Stunden später kam Peter nach Hause. Wie immer betrat er die Wohnung und wollte zum Wohnzimmertisch gehen. Doch schon nach drei oder vier Schritten in diese Richtung stürzte sich ein fliegender Ball aus Fell und Zähnen auf ihn – Rubles. Das Ganze erinnerte an eine Szene aus dem Horrorfilm *Gremlins*. Peter hechtete die Treppe hinauf und stellte erleichtert fest, daß er nicht verfolgt wurde. Kurz nach dem Überfall kam auch Jessica heim und fand Peter oben, erschüttert und völlig ratlos über das Erlebte nachgrübelnd. In dem folgenden Gespräch und mit Hilfe eines Anrufs bei der Putzfrau rekonstruierten Peter und Jessica die Abfolge der Ereignisse, aber Rubles' Verwandlung bei Peters Erscheinen blieb ihnen nach wie vor ein Rätsel. Nach dieser Initialzündung kam es zu weiteren aggressiven Zwischenfällen. Alle bezogen sich auf Peter, alle spielten sich in der Nähe des Wohnzimmertisches ab. Je weiter Peter von Tisch und Fenster entfernt war, desto sicherer war er. Das obere Stockwerk war ein Bollwerk des Friedens; hier war Rubles Verhalten ohne Fehl und Tadel.

Der Tierarzt schloß eine körperliche Ursache für das Verhalten des Katers aus und erklärte dem Ehepaar ganz zutreffend, daß es sich um einen Fall von Aggressionsverschiebung handle. Er behandelte Rubles mit einer Kombination aus Vermeidung, Desensibilisierung und Medikation. Das Medikament (ein Antidepressivum mit Namen Elavil) war für eine Therapie durchaus angebracht. Leider kam es dennoch zu weiteren Angriffen, wenn auch nicht mehr ganz so häufig. In ihrer Verzweiflung wandten Peter und Jessica sich schließlich an mich. Ich hörte mir ihre Geschichte aufmerksam an und bestätigte die Diagnose des Tierarztes. Ein paar Dinge schienen mir allerdings besonders interessant. So fiel mir auf, daß Peter groß und schlank war und einen Bart trug, ganz wie der Mann mit dem Hund. Konnte es sich vielleicht um einen Fall von Verwechslung handeln? Nicht weniger faszinierte mich die lokale Begrenztheit des Problems, die mich schließlich auf die Idee brachte, ein Desensibilisierungsprogramm zu entwickeln, dessen entscheidende Variable der Ort war. Bevor die beiden gingen, riet ich Peter, die Umgebung des Wohnzimmertisches zu meiden, wenn Rubles in der Nähe war, zum einen aus Gründen seiner persönlichen Sicherheit, zum anderen aber auch, um den Fortschritt der Behandlung nicht zu gefährden.

Ich setzte das Antidepressivum, das der Tierarzt Rubles verordnet hatte, ab und verschrieb ihm ein ganz ähnliches Präparat, das jedoch spezifischer in seiner Wirkung ist, Anafranil (Wirkstoff: Clomipramin), vergleichbar mit Fluctin. Rubles bekam das Medikament einmal täglich, und schon nach wenigen Tagen begann sich sein Verhalten zu verändern. Die Besserung machte Fortschritte und erreichte nach drei Monaten ein stabiles Plateau; von da an war das Verhalten des Katers wieder fast normal. Bis auf wenige leichte Schwankungen in den beiden letzten Jahren blieb es bei dem Erreichten. Ich versuchte daraufhin mehrmals, Jessica und Peter zu einem Absetzen des Medikaments zu bewegen, weil Rubles meiner Ansicht nach jetzt keine Gefahr mehr für Peter darstellte, aber Jessica wollte nicht. Sie fragte, ob es einen Grund gebe, die Medikation nicht fortzusetzen, und ich mußte zugeben, daß mir keiner bekannt war. Also bekommt Rubles bis heute Anafranil, und es schadet ihm nichts (er fühlt sich im Gegenteil sehr viel wohler damit). Ich vermute, Jessica war von der ganzen Geschichte dermaßen mitgenommen, daß sie sich unter keinen Umständen der Gefahr aussetzen wollte, noch einmal Ähnliches zu erleben.

Als ich mit meinem Bericht fertig war, beobachtete ich die Smith's und wartete auf ihre Reaktion. Immerhin schienen sie mittlerweile eher interessiert als beunruhigt. Nach kurzer Beratung erklärten sie sich mit einer Anafranil-Behandlung als Ergänzung der situativen Modifikationen und des Verhaltenstrainings, die ich vorgeschlagen hatte, einverstanden. Die übrigen Anwesenden begannen miteinander zu plaudern, und Jean brachte Miranda zur Untersuchung und Blutentnahme auf die Krankenstation. Miranda blieb ganz ruhig und war sehr artig. Die Smith's waren froh, als sie wieder bei ihnen war, und verabschiedeten sich, das Rezept in der Hand. Sie wollten sich am nächsten Tag nach den Ergebnissen der Blutuntersuchung zu erkundigen. Wie vorauszusehen, war alles in Ordnung. Also konnte mit der Therapie begonnen werden.

Die Wochen vergingen, und Miranda schien gute Fortschritte zu machen, kam aber nie ganz zur Ruhe. Immer, wenn alles besonders gut zu laufen schien, kam es wieder zu einem kleinen Rückfall. Bei einem Kontrolltermin entschloß ich mich deshalb, Mirandas Behandlung leicht abzuwandeln, um zu sehen, ob ich ihr Befinden nicht noch weiter stabilisieren konnte. Meine Wahl fiel auf ein Muskelrelaxans, Phenobarbital, ein Präparat aus einer Medikamentengruppe mit ebenfalls antiaggressiver Wirkung. Das Resultat war spektakulär. Im Laufe der nächsten drei Wochen schwand Mirandas Aggression völlig, es kam zu keinen Angriffen mehr oder auch nur zu heiklen Situationen. Lindas Vertrauen wuchs, und im Hause Smith fand man zur Normalität zurück. Mirandas überraschende Wandlung unter der neuen Medikation brachte mich auf den Gedanken, daß ihre ursprüngliche Aggressionsverschiebung vielleicht auf ein latentes Anfallsleiden zurückzuführen gewesen war, doch ohne weitere teure Tests würde ich das nie herausfinden können.

Vorläufig habe ich Miranda als Fall von Aggressionsverschiebung bzw. angstinduzierter Aggression klassifiziert, der wider Erwarten nicht so gut auf die Therapie mit einem Antidepressivum ansprach. Ich warte auf weitere, ähnliche Fälle und mit ihnen auf die Gelegenheit für die notwendigen diagnostischen Untersuchungen, bevor ich mich näher mit der erwähnten Zusatzannahme befasse. Was immer die korrekte Erklärung für ihr feindseliges Verhalten war – das Ergebnis, das ich in Mirandas Akte festhalten konnte, war für alle Beteiligten gleich erfreulich.

Wenn Katzen wie Miranda, Tigger und Rubles ihre Aggression gegen ein Familienmitglied richten, kann das das Leben für alle Beteiligten zur Hölle machen. Der Aggressionsverschiebung liegt stets eine ursprüngliche Aggression zugrunde, die nicht ausgelebt werden konnte. Der wütende Mensch, der mit der Faust auf den Tisch haut, ist ein gutes Beispiel dafür. Auch hier handelt es sich um eine Form von Aggressionsverschiebung. Ich habe einmal von einem Hund gehört, der jedesmal, wenn ein Auto in die Auffahrt einbog, ein Pferd anfiel. Auch das ist nichts anderes als Aggressionsverschiebung! Im Grunde richtete die Wut des Hundes sich gegen das Auto, das er jedoch nicht anzugreifen wagte, also mußte das arme Pferd herhalten. Ein anderer Hund lief jedesmal, wenn er einen Schlag von einem Elektrozaun bekommen hatte, fast einen Kilometer, um wütend über sein Geschwister herzufallen; ein anderer biß sein Geschwister, wenn die Türklingel ertönte.

Auch Artgenossen können Opfer der Aggressionsverschiebung einer Katze werden, ja eigentlich ist diese Form sogar weiter verbreitet als die Angriffe gegen eine andere Spezies. Sie kann einen vormals friedlichen Haushalt an den Rand des Chaos bringen. Das Paradoxe an diesem Aggressionstypus bei Katzen ist, daß er in der Regel zwischen Tieren auftritt, die sich normalerweise sehr gern mögen oder doch zumindest voll akzeptieren. Manchmal, aber leider nur sehr selten werden die Besitzer Zeugen des Augenblicks, in dem der Kampf ausbricht. Häufiger allerdings wachen sie morgens auf bzw. kommen abends nach Hause oder drehen ihren Katzen auch nur kurz den Rücken zu und müssen plötzlich feststellen, daß die beiden von einem Augenblick auf den anderen entschlossen scheinen, sich gegenseitig den Kopf abzureißen. Ein untrügliches Merkmal dieser Form von Aggressionsverschiebung zwischen Katzen ist ihr völlig unvermitteltes Auftreten. Ich war selbst einmal Beobachter der Auslösung einer Aggressionsverschiebung zwischen meinen eigenen Katzen. Die beiden – Mutter und Tochter – sind normalerweise so ängstlich, daß sie beim Anblick einer resolut dreinblickenden Maus wahrscheinlich auf einen Stuhl sprängen. Einander aber sind sie innig zugetan und verbringen ihr halbes Leben mit gegenseitiger Fellpflege; die andere Hälfte liegen sie aneinandergekuschelt auf dem Sofa, zu einem Kreis zusammengekringelt, so daß sie aussehen wie ein Paar einfache Anführungsstriche oben und unten. Deshalb war das Ereignis auch ein totaler Schock für mich selbst.

Es war neun Uhr an einem schönen Sommerabend. Cinder und Monkey lümmelten vor der Verandatür herum und genossen die würzige Nachtluft. Plötzlich tauchte wie eine Erscheinung ein fremder Kater im Garten auf. Cinder plusterte sich zu ihrer doppelten Größe auf und ließ ein leises, drohendes Grollen hören. Normalerweise sollte man meinen, daß sie dadurch versuchte, den Eindringling einzuschüchtern, doch weit gefehlt. Sie stürzte sich im Gegenteil völlig unvermittelt auf die arme Monkey, ihre eigene Tochter, eine völlig unschuldige Zuschauerin. Innerhalb von Bruchteilen von Sekunden rollten beide Katzen im Clinch auf dem Fußboden des Arbeitszimmers meiner Frau herum, kreischten und fauchten aus Leibeskräften und setzten alles daran, sich gegenseitig die Augen auszukratzen. Ich sprang auf, um mich dazwischenzuwerfen, und tatsächlich gelang es mir, die beiden ins Eßzimmer unter den Tisch zu scheuchen, der eine Art Engpaß bildete. Inzwischen waren sie hochgradig erregt und fauchten einander unablässig mit riesenhaft erweiterten Pupillen und zornig schlagenden Schwänzen an. Ich näherte mich der jüngeren, Monkey, in der – wie sich herausstellte völlig abwegigen – Hoffnung, sie auf den Arm nehmen zu können. Die sonst ruhige, eher scheue Katze fauchte auch mich an und zeigte mir ein Mäulchen voller nadelspitzer Zähne. Mir wurde blitzartig klar, daß ich das nächste Objekt einer Aggressionsverschiebung in diesem Hause sein würde, wenn ich jetzt einschritt, und ich schwenkte zu einer alternativen Strategie um. Da das Scheuchen so gut funktioniert hatte, versuchte ich es gleich noch einmal. So gelang es mir tatsächlich, Cinder durch die Tür zu bugsieren, die zur Hintertreppe führt. Ich schloß die Tür und hatte die beiden Streitenden damit vorerst getrennt. So beließ ich es für diese Nacht. Am nächsten Morgen ging ich hinunter und öffnete vorsichtig die Tür zur Hintertreppe. Mutig schritt ich zu der doppelten Futterschale der beiden und klopfte mit ihr auf den Boden – das Signal, daß das Frühstück fertig war. Zu meiner Erleichterung kamen beide Katzen aus unterschiedlichen Richtungen herbeigeeilt und strichen mir mit leisem Maunzen um die Beine. Dann nahmen sie ihre Plätze auf ihrer jeweiligen Seite der Futterschüssel ein und begannen zu fressen, als sei nichts geschehen. Und das war auch schon das Ende des Zwischenfalls; seither herrscht wieder Frieden – toi, toi, toi. In diesem Fall half der Arzt sich selbst – bzw. seinen Katzen.

Ich habe einmal gelesen, wenn es gelingt, zwei Katzen unmittelbar nach (oder besser noch vor) einem Anfall von Aggressionsverschiebung zu trennen, besteht die Aussicht, daß das Ganze ohne Folgen bleibt. So war es sicher auch bei meinen beiden. Bei meinen Patienten dagegen hat sich, wenn ich dann endlich konsultiert werde, das Verhältnis zwischen den Gegnern meist schon so verschlechtert, daß die Behandlung sich als äußerst schwierig erweist. So war es jedenfalls bei Harriets beiden dreijährigen, sterilisierten Katzen, Fluffy und Tuffy, die sich nach Jahren friedlicher Koexistenz von heute auf morgen bis aufs Blut bekämpften. Harriet, eine ältere Klientin aus Berlin/Massachusetts, hatte persönlich miterlebt, wie das Problem entstand, das sie und ihre Katzen sechs Monate lang in Atem halten sollte. Beide Katzen saßen auf der Fensterbank und beobachteten das Treiben draußen, als sich plötzlich eine fremde Katze in nicht mehr tolerierbare Nähe heranwagte. Tuffy regte sich fürchterlich auf, Fluffy machte einen Katzenbuckel und sträubte das Fell. Noch bevor Harriet einschreiten konnte, fielen die beiden bereits als ineinander verschlungenes Fellknäuel auf den Boden, und es hagelte Backpfeifen. Ob nun Tuffy ihre vereitelte Aggression gegen die erschreckte Fluffy richtete oder ob Fluffy Tuffys Absicht mißverstand und sie angriff, war schwer zu sagen. Beides hätte jedoch zu dem gleichen Ergebnis geführt: einem plötzlichen Ausbruch von Aggression zwischen zwei Katzen, provoziert durch einen Eindringling, der als Katalysator wirkte. Harriet gelang es zwar, ihre Katzen relativ rasch zu trennen, aber offenbar doch nicht schnell genug, denn immer dann, wenn sie den Versuch wagte, die beiden wieder zusammenzubringen, flammte der Kampf von neuem auf. Schließlich verlor sie den Mut und wollte schon alles verloren geben. So kam sie zu mir.

Als ich Fluffy und Tuffy zu Gesicht bekam, hatte Harriet bereits mehrere Versuche der Trennung und Wiederzusammenführung, jeweils in einem Zeitraum von zwei bis drei Wochen, hinter sich, doch das Ergebnis war immer das gleiche: Aggression und Kampf. Ich erklärte ihr, daß ein solcher Plan seine Zeit braucht, und empfahl einen allmählicheren, systematischeren, sehr, sehr langsamen Zusammenführungsprozeß, zu dem sie sich mehrere Monate Zeit lassen sollte. Ich erinnere mich noch gut, wie enttäuscht sie über meine Einschätzung des Zeitfaktors war. Doch die Tatsache, daß es ein Licht am Ende des Tunnels gab, machte ihr Mut, und sie ging mit dem festen Vorsatz nach Hause, noch am gleichen Tag mit dem Training zu beginnen.

Die Wiederzusammenführung sollte nach folgendem Schema durchgeführt werden: Zunächst sollten die Katzen in getrennten Bereichen im Haus gehalten werden, so wie meine beiden, nur sehr viel länger. Wie den Pipers riet ich auch Harriet, beide Katzen gleichzeitig zu füttern, aber jeweils in ihrem eigenen Zimmer, mit einer geschlossenen Verbindungstür dazwischen, um auf diese Weise zumindest manche ihrer zeitweilig grenzüberschreitenden Begegnungen mit angenehmen Assoziationen zu verbinden. Zusätzlich sollte sie sich Spiele und beliebte Aktivitäten einfallen lassen, die sie mit jeder der beiden Katzen auf jeweils ihrer Seite der ›Berliner Mauer‹

75

durchführen konnte, damit diese allmählich mehr als nur die Mahlzeiten mit der Gesellschaft der anderen assoziierte. Sie konnte zum Beispiel zwei Spielzeuge mit einer Schnur aneinanderbinden und sie unter der Trenntür durchführen, so daß jedesmal, wenn die eine Katze spielte, sich auch das Spielzeug der anderen bewegte und eine Reaktion hervorrief. Auf diese Weise kann man zwei durch eine geschlossene Tür getrennten Katzen gemeinsamen Spielspaß ermöglichen. Auch in Harriets Fall sollte das Zimmer täglich getauscht werden, damit gar nicht erst so etwas wie Revierdenken aufkam. Der Rest des Trainings glich dem für die Katzen der Pipers entwickelten Programm, da die Bedingungen sich sehr ähnelten.

Harriet hatte begriffen, worum es ging, und blieb die folgenden vier Monate in engem Kontakt mit mir. Nach Ablauf dieser Zeit fraßen ihre beiden Katzen in nebeneinanderstehenden Transportkörben, die Tür von Fluffys Korb war sogar bereits geöffnet. Doch an diesem Punkt begannen die Probleme erneut. Fluffy zeigte Interesse an Tuffys Korb, Tuffy ging in Verteidigungsposition, und Harriet kam vom Regen in die Traufe. Sie trennte die beiden sofort und rief mich an. Das Endergebnis war, daß wir noch einmal ganz von vorn anfangen mußten. Beim zweiten Durchgang half ich jedoch nach, indem ich Fluffy und Tuffy das angstreduzierende Medikament Buspirone (Bespar) verordnete, das, wie ich hoffte, auch eine Reduzierung der Aggression bewirken würde. Ich hatte viel Zeit in diesen Fall investiert, und sowohl Harriet als auch ich hatten einen therapeutischen Sieg bitter nötig. Während ich auf Neuigkeiten von Harriet wartete, stieß ich im *Journal of the American Veterinary Medical Association* auf einen Artikel über den Einsatz der Verhaltenstherapie bei Streitereien und Kämpfen zwischen Katzen. Der Behandlungsvorschlag entsprach dem Programm, das ich für Fluffy und Tuffy aufgestellt hatte – und das Ergebnis war das gleiche wie bei meinem ersten Versuch. Auch hier schlug die Therapie gegen Ende der Wiederzusammenführungsphase fehl, und die Besitzer mußten ganz von vorn beginnen. (Leider wurde in dem Artikel nicht erwähnt, ob die Schlichtung am Ende doch noch gelang.)

Die Wochen vergingen. In Gedanken beschäftigte ich mich immer wieder mit Harriets Katzen und fragte mich, ob ihre Bemühungen wohl diesmal von Erfolg gekrönt gewesen waren. Schließlich rief Harriet mich an. Sie hatte gute Nachrichten, ja mehr als gute, sogar hervorragende: Fluffy und Tuffy waren wieder die besten Freundinnen! Ich freute mich wie ein Schneekönig, wußte aber, daß der Erfolg in erster Linie Harriets Geduld und bis zu einem gewissen Grad dem Bespar zu verdanken war. Alles in allem hatte es sechs Monate gedauert, und viel Glück gepaart mit harter Arbeit von Harriet waren nötig gewesen, den Frieden wiederherzustellen, aber es hatte sich trotz allem gelohnt.

Der Fall von Fluffy und Tuffy bestätigte meinen Verdacht, daß eine Aggressionsverschiebung zwischen Katzen, wenn sie nicht durch sofortige Trennung verhindert werden kann, auf eine Verhaltenstherapie allein nicht mehr anspricht. Die Verhaltensforscher empfehlen in diesem Fall gewöhnlich, für eine der beiden streitenden Parteien ein neues Zuhause zu suchen. Meiner Ansicht nach ist jedoch mittlerweile – vor allem auf Grund der neuen angstreduzierenden Medikamente – eine optimistischere Sicht angebracht. Das soll nicht heißen, daß die Desensibilisierung nicht funktioniert, sondern daß sie eben nicht immer wirkt und die Prognosen sich deutlich verbessern, wenn man eine Kombination aus Verhaltenstherapie und Medikament anwendet. Seit ich mich näher mit den medikamentösen Möglichkeiten befaßt habe, bin ich jedenfalls sehr viel zuversichtlicher, wenn es um chronische Streitereien und Kämpfe zwischen Katzen geht. In vielen Fällen empfehle ich zunächst zwar noch immer eine reine Verhaltenstherapie (wie ich sie bei meinen eigenen Katzen durchführte), doch wenn sich im Laufe der Behandlung so massive Schwierigkeiten einstellen, daß der Besitzer am Erfolg verzweifelt, verschreibe ich gewöhnlich zusätzlich ein Medikament. Auf diese Weise bin ich bereits mehrfach zum Lebensretter geworden, und das ermutigt mich, auf diesem Weg weiterzumachen.

Miranda, Tigger, Rubles, Fluffy und Tuffy sind zu dem Zeitpunkt, an dem ich dieses Buch schreibe, alle noch am Leben; es geht ihnen gut, und sie leben in einem friedlichen Umfeld – ein Beweis für den Erfolg der Verhaltenstherapie. Wenn ich mir die Folgen einer fehlgeschlagenen Therapie anschaue, bin ich sicher, daß die Katzen, falls sie ein Mitspracherecht hätten, unser Programm ebenfalls begrüßen würden. Ich weiß, wie froh und erleichtert die Besitzer sind, wenn der elende Zustand in ihrem Haus ein Ende hat. Leider ist die hier beschriebene Behandlung nicht sehr bekannt, und ich fürchte, daß viele Fälle von Aggressionsverschiebung zur Abschiebung der betroffenen Katzen zu neuen Besitzern oder gar Schlimmerem führen. Es wird Zeit, daß die Menschen erfahren, daß man in solchen Fällen durchaus nicht ohnmächtig ist. Aggressionen gegen den Besitzer oder zwischen Katzen müssen von keinem der Beteiligten einfach hingenommen werden, und die leider auch oft als letzter Ausweg gewählte Euthanasie ist hier in keinem Fall zu rechtfertigen.

Kapitel 4

Der Teufel, den man nicht kennt

Es kommt nicht oft vor, daß die Ärzte an unserem Institut Gelegenheit bekommen, mit dem Dekan persönlich zu sprechen, ja genaugenommen ist ein Ruf von ›Seiner Hoheit‹ sogar eine seltene Auszeichnung. Deshalb fiel ich aus allen Wolken, als eines Tages die Privatsekretärin des Dekans bei mir anrief und mich bat, am Apparat zu bleiben, weil sie mich mit dem Dekan Dr. Frank Loew persönlich verbinden wollte. Ich wartete geduldig und fragte mich, welchem Anlaß ich diese Ehre wohl zu verdanken hatte. Dann hörte ich ein Klicken, ein Rascheln von Papieren. Wir waren verbunden.

»Morgen, Nick, hier ist Frank«, begrüßte er mich jovial. »Wie läuft's so bei euch in der Welt der Verhaltensforschung? Ich hoffe, ihr verhaltet euch wenigstens selbst so, wie ihr es von euren Tieren erwartet?«

Ich lachte höflich über den Scherz. Natürlich erwartete er auf diese Frage keine Antwort.

»Ich brauche Ihre Hilfe«, fuhr er fort, »und zwar in einer Angelegenheit, die ziemlich wichtig für mich und für unser Institut ist. Heute morgen rief mich eine Frau namens Jane Waring an, die Haushälterin von Mrs. Amelia Pike. Mrs. Pike ist eine sehr nette alte Dame in den Neunzigern, eine große Tierfreundin und Gönnerin von Tufts. Ihr verstorbener Ehemann, ein Arzt, machte ein paar medizinische Entdeckungen und verdiente ein Vermögen, als er seine Firma verkaufte. Mrs. Pike besitzt ein wunderschönes Haus, wahrscheinlich eines der schönsten in Boston. Sie lebt dort zusammen mit ihrer

Haushälterin und ihrem Kater Jonathan. Ich habe Mrs. Pike in den letzten Jahren des öfteren besucht und ihr von der Arbeit am Institut erzählt, und sie unterstützt uns mit nicht unbeträchtlichen Summen. Und damit sind wir schon bei meinem Problem. Jane meint, daß mit dem Kater etwas nicht stimmt. Er verhält sich merkwürdig und verliert Gewicht. Jetzt möchte sie, daß *ich* runterfahre und ihn mir einmal ansehe. Es steht außer Frage, daß wir auf ihren Hilferuf reagieren müssen. Nur kann ich heute hier nicht weg und habe selbst seit Jahren keine Hausbesuche mehr in meiner Eigenschaft als Tierarzt gemacht. Wie sieht Ihr Terminplan für heute aus? Könnten Sie an meiner Stelle hinfahren, sich ein Bild von der Lage machen und mir Bericht erstatten?«

Was soll man schon auf so eine Bitte sagen? »Tut mir leid, ich habe heute zuviel zu tun – fragen Sie doch jemand anderen.« Unmöglich. »Natürlich, das mache ich gern.« Das klang schon angemessener. Im übrigen war ich heute wirklich flexibel, und ein Abstecher nach Boston, um einer netten alten Dame behilflich zu sein, war wahrscheinlich weitaus anregender und erfreulicher als ein normaler Büroalltag. Ich erklärte mich also einverstanden und erfuhr, daß der stellvertretende Dekan, Brian Lee, mich begleiten würde. Ich kannte Brian gut und war höchst angetan von dem Gedanken, bei dem bevorstehenden heiklen Besuch moralische Unterstützung zu haben. Außerdem war Brian schon dort gewesen und kannte den Weg.

Etwa eine Stunde später traf ich mich mit Brian vor der Kleintierklinik, und wir stiegen in seinen Wagen. Ich hatte mein Handwerkszeug dabei: Kassettenrekorder, Stethoskop und Thermometer. Brian stellte seine Kreditkarte zur Verfügung, und wir genossen unterwegs ein köstliches Mahl in einem teuren thailändischen Restaurant. (Ach ja, das Leben der anderen Hälfte der Menschheit ist nicht übel, mußte ich denken.)

Durch unseren Asien-Abstecher kamen wir etwas verspätet bei der Pike-Residenz an. Die Straßen waren allmählich immer schmaler geworden, bis wir am Schluß in einen engen Fahrweg einbogen, der zu einem märchenhaften Haus führte. Es war das reinste Idyll. Ein großes, von hohen Bäumen umgebenes, schindelverkleidetes Giebelhaus mit Bleiglasfenstern und roten Schornsteinen. Es war weniger ein Wohnhaus als ein einladendes Chalet. Das Auto rumpelte die lange, kopfsteingepflasterte Auffahrt hinauf und kam vor dem Eingangsportal zum Stehen. Als wir ausstiegen, öffnete sich die Vordertür. Jane hieß uns freundlich willkommen. Wir entschuldigten uns für unser Zuspätkommen, aber es schien ihr nichts auszumachen. Sie nahm uns die Mäntel ab und führte uns ins Haus, bereits mitten in ihrem Bericht über Jonathans seltsames Verhalten. Ich hörte nur mit halbem Ohr zu, hatte ich doch das Gefühl, als sei ich unvermittelt in Alibabas Höhle geraten, so daß ich kaum wußte, wo ich zuerst hinschauen sollte. Die Wände waren mit Eichenholz getäfelt, die weiß verputzten Decken von riesigen Holzbalken durchzogen. Das antike Mobiliar in den Räumen hätte bei Sotheby's einen mittleren Aufruhr verursacht, und die Ölgemälde an den Wänden sahen so verdächtig nach alten Meistern aus, daß ich lieber gar nicht erst fragte. Meine Füße versanken knöcheltief in Orientteppichen. Als wir ins Wohnzimmer kamen, das von einem gewaltigen offenen Kamin beherrscht wurde, erhaschte ich den ersten Blick auf Jonathan oder ›Baby‹, wie er liebevoll genannt wurde. Er zog sich jedoch rasch zurück, und ich merkte, daß er Gesellschaft nicht gewöhnt war und auch nicht mochte. Die grazile Gestalt glitt lautlos ins Speisezimmer. Ich konnte nur noch ausmachen, daß es sich um eine ungewöhnliche schöne, schlanke Tigerkatze aus der Gattung der simplen Hauskatze handelte. Jane schloß die Tür hinter ihm und meinte: »Gut so, da haben wir ihn nachher gleich bei der Hand.« Während Jane erzählte, daß sie persönlich Hunde lieber möge als Katzen, wurde mir klar, daß Baby eine Art Freigeist war. Wir zählten auf drei und betraten dann alle gleichzeitg das Speisezimmer. Danach schlossen wir die Tür rasch wieder hinter uns. Der Raum war womöglich noch hübscher als die anderen. Auf zwei Seiten gingen große Fenster auf einen gepflegten Garten hinaus, auf einer dritten Seite schloß sich eine verglaste Veranda an, die wiederum auf einen kleinen Hof führte. Brian und ich setzten uns auf die rustikalen Stühle, die einen Eßtisch aus schimmerndem Walnußholz umringten, und Jane bot uns Tee und selbstgebackenen Kuchen an. Der Tee war vorzüglich, nur konnten wir leider nicht soviel essen, wie wir gewollt hätten, weil uns das soeben genossene Mahl noch recht schwer im Magen lag. Baby thronte auf der Fensterbank eines Erkers und beäugte uns mit tiefstem Mißtrauen, unterbrochen von der gelegentlichen Übersprungshandlung des Putzens. Ein- oder zweimal steuerte er die Tür oder auch die Verandatür an, kehrte jedoch auf seinen Fensterplatz zurück, als er entdeckte, daß er ausgetrickst worden war und ihm kein Fluchtweg offenstand.

»Ich bin Ihnen so dankbar, daß Sie gekommen sind«, fuhr Jane fort. »Eigentlich weiß ich nicht einmal, ob ihm wirklich etwas fehlt. Vielleicht war es ja nur falscher Alarm. Wie ich schon sagte, Baby fing plötzlich an, uns ohne irgendeinen ersichtlichen Grund anzugreifen. Die meiste Zeit ist er völlig in Ordnung, doch dann dreht er auf einmal durch und rast wie ein D-Zug durchs ganze Haus. Während dieser Anfälle ist die Gefahr, daß er uns angreift, am allergrößten. In den letzten Wochen hat er sich auf mich und auf eine der Nachtschwestern gestürzt. Einmal hat er sogar Mrs. Pike angegriffen. Sie hat ihm natürlich verziehen, weil sie ihn über alles liebt, aber eigentlich paßt dieses Verhalten überhaupt nicht zu ihm. Ich wüßte gern, was dabei in ihm vorgeht. Die Angriffe sind durchaus ernst gemeint, nicht nur Show. Einige Male ist sogar Blut geflossen.«

»Sind Ihnen noch andere Veränderungen in seinem Verhalten aufgefallen?« fragte ich.

»Nur was ich schon zu Frank Loew gesagt habe: Er frißt wie ein Scheunendrescher und nimmt trotzdem nicht zu. Ich vermute sogar, daß er eher Gewicht verliert, aber ich traue mich nicht, ihn zu wiegen. Er haßt es, hochgenommen zu werden. Ich bin sicher, daß er mich dann beißen würde.«

Ich blickte zu dem kleinen Übeltäter hinüber, der sich mittlerweile hingelegt hatte und vorgab, ein Schläfchen auf der Fensterbank zu halten. Auf mich wirkte er völlig normal, aber schließlich sah ich ihn heute zum ersten Mal und hatte keinerlei Vergleichsmöglichkeit. Während ich noch überlegte, ob es mir gelingen würde, ihn allein zu packen und festzuhalten, sagte Jane, daß Mrs. Pike auf keinen Fall den Zweck meines Besuches erfahren dürfe. Wir müßten uns einen anderen Grund überlegen, zum Beispiel, daß Frank uns zu einem Höflichkeitsbesuch vorbeigeschickt habe. Mrs. Pike war zwar eine große Tierfreundin, aber auch eine entschiedene Fatalistin. Sie würde ein medizinisches Eingreifen in den Lauf der Natur nicht billigen. Ich erklärte mich damit einverstanden, daß meine tierärztlichen Maßnahmen unser Geheimnis blieben; dabei tröstete ich mich mit dem Gedanken, daß Jane ja ermächtigt war, solche Angelegenheiten für Mrs. Pike zu regeln. Wie sich herausstellte, war der Aktionsradius der alten Dame fast ganz auf ihr Zimmer begrenzt, so daß sie höchstwahrscheinlich nicht mitbekam, was wir hier taten, und sich folglich auch keine Sorgen darüber machten mußte. Ich schaute prüfend Brian Lee an und fragte mich, ob ich ihn wohl einspannen konnte, Baby festzuhalten, eine Aufgabe, bei der mir Jane, wie ich nun wußte, keine große Hilfe sein würde. Aber Brian war Dekanstellvertreter, und ein Blick auf seinen Nadelstreifenanzug und sein gestärktes weißes Hemd belehrte mich rasch, daß ich ganz auf mich allein gestellt war. Plötzlich kam mir eine Idee. Ich würde versuchen, Babys Fluchtmöglichkeiten zu verringern, indem ich ihn in die verglaste Veranda lotste. Dort konnte ich ihn dann packen. Ich unterbreitete Jane den Plan, und sie fand ihn gut. Sie war fast sicher, daß Baby, wenn wir das Fenster zur Veranda öffneten, durchspringen würde. Und so geschah es auch. Jetzt befand er sich in einem 5,50 mal 2,50 Meter großen Raum. Der nächste Schritt war, daß er mich als Freund akzeptierte. Nur für den Fall, daß er einen Koller bekam, bat ich um ein Handtuch, in das ich ihn zur Not einwickeln konnte.

Ich öffnete die Tür zur Veranda und schob mich vorsichtig hinein. Drinnen setzte ich mich für einige Augenblicke auf ein Sofa, um Baby Zeit zu geben, sich an den Eindringling zu gewöhnen. Zu meiner großen Überraschung rührte er sich nicht, sondern blieb still auf einem Zweisitzersofa am anderen Ende des kleinen Raums sitzen. Ich hielt auf Grund seines Alters und seines Gewichtsverlustes eine Untersuchung für unumgänglich, auch wenn Jane gemeint hatte, daß Babys Verhalten vielleicht auf eine Art Platzangst wegen seiner abgeschiedenen Existenz zurückzuführen sei. Manche Katzen, die wie Baby eingesperrt sind und keine oder wenig Möglichkeiten haben, sich abzureagieren, leiden unter solchen Anfällen. Trotzdem war ich entschlossen, die Untersuchung gleich hier und jetzt durchzuführen, koste es, was es wolle.

Ich erhob mich vom Sofa und ging langsam mit ausgestreckter Hand auf Baby zu. Er blieb ruhig sitzen und erlaubte mir, näher zu kommen und mich neben ihn zu setzen. Mit dem Gefühl, als entschärfte ich eine Bombe aus dem zweiten Weltkrieg, schob ich eine Hand unter ihn und hob ihn vorsichtig auf meinen Schoß. Ich merkte, daß Brian und Jane mich mit einer Mischung aus Erstaunen und Bewunderung angesichts des ausbleibenden Widerstands des kleinen Quecksilbers durch das Fenster beobachteten.

Ich setzte Baby auf ein neben mir stehendes Klapptischchen und begann vorsichtig mit der Untersuchung. Zuerst das Mäulchen, den Eingang zum Körper, der oft schon auf den ersten Blick so manches Geheimnis preisgibt. Behutsam bog ich Babys Kopf zurück, so daß sein Unterkiefer herabfiel, und sah hinein und stieß tatsächlich auf die erste Überraschung. Die Schleimhaut von Babys Maul zeigte nicht das übliche gesunde Rosa, sondern schimmerte bläulich. Das war ein besorgniserregender Befund, der auf eine Herz- oder Lungenkrankheit schließen ließ. In diesem Fall war es besonders wichtig, daß Baby sich nicht aufregte, da jede Anstrengung sich in seinem Zustand schädlich auswirken konnte. Als nächstes fiel mir auf, daß die Zähne des Katers dick mit Zahnstein belegt waren und dringend der Behandlung bedurften. Während ich noch über diese Entdeckungen nachgrübelte, ging ich zur zweiten Phase der Untersuchung über, dem Abhorchen des Brustkorbes mit dem Stethoskop. Die Lungen schienen in Ordnung, doch das Herz machte bei jedem Schlag ein zischendes Geräusch. Ich hatte ein Herzgeräusch festgestellt, und in Verbindung mit dem bläulich verfärbten Zahnfleisch war dies der Beleg für ein schweres Herzleiden. Der Rest der Untersuchung, die Baby geduldig über sich ergehen ließ, erbrachte keine weiteren Auffälligkeiten, aber ich hatte genügend herausgefunden, um eine Hypothese zu formulieren und eine vorläufige Diagnose zu stellen. Die auftretende Verhaltensauffälligkeit im Verein mit dem Zustand des Herzens bei einer Katze in Babys Alter legte den Verdacht auf eine Überfunktion der Schilddrüse nahe. Dabei produziert die Schilddrüse zu viele Hormone, die den Stoffwechsel beschleunigen, das Aktivitätsniveau heraufsetzen und zu gesteigertem Appetit bei gleichzeitigem Gewichtsverlust sowie zu starker Reizbarkeit führen.

Jane und Brian sahen, daß ich fertig war, und kamen ebenfalls auf die Veranda. Ich erklärte ihnen, was ich festgestellt hatte. Jane war entzückt bei der Vorstellung, daß Babys Aggressivität jetzt behandelt werden konnte.

»Und wie geht's jetzt weiter?« fragte Brian.

»Ich brauche eine Blutprobe, um die Diagnose zu bestätigen«, sagte ich, »und es wäre ratsam, eine Ultraschalluntersuchung des Herzens vorzunehmen, um zu sehen, wieweit es bereits in Mitleidenschaft gezogen ist.«

»Können Sie das hier machen?« fragte Jane. »Wir können Baby auf keinen Fall in die Klinik bringen. Mrs. Pike würde mit Sicherheit merken, daß er fort ist.«

»Jetzt gleich geht es nicht«, überlegte ich, »wir haben nicht die nötige Ausrüstung dabei, aber vielleicht könnte ich einen Besuch von Dr. Rush, unserem Herzspezialisten, arrangieren.«

»Ach ja, würden Sie das tun?« bat Jane. »Es täte mir wirklich leid, wenn Baby etwas zustieße. Und die Reaktion von Mrs. Pike stelle ich mir lieber gar nicht erst vor.«

Ich erklärte mich einverstanden. Brian und ich verließen das Haus und machten uns auf den Heimweg in die Welt des Alltags. Mrs. Pike bekamen wir nicht zu Gesicht, da sie gerade ihren Mittagsschlaf hielt, aber ich hoffte, sie bei einer späteren Gelegenheit noch kennenzulernen.

Etwa eine Woche später stattete Dr. Rush Baby einen Besuch ab, entnahm ihm eine Blutprobe und führte eine Ultraschalluntersuchung durch, für die der Kater leicht sediert wurde. Meine Diagnose wurde bestätigt, und die Behandlung mit einem Schilddrüsenmedikament eingeleitet. Nach ein paar Wochen rief ich Jane an, um mich nach Babys Zustand zu erkundigen. Sie war hocherfreut über seine Fortschritte. Sein Verhalten und sein Appetit waren wieder völlig normal. Jane bedankte sich noch einmal inständig für unsere rasche Hilfe, die Baby ihrer Ansicht nach das Leben gerettet hatte. Es war für uns alle ein großer Erfolg.

Ich fuhr einige Zeit später noch einmal zur Pike-Residenz

hinaus, um bei der Zahnbehandlung zu assistieren, die ich als dringend nötig empfohlen hatte. Diesmal kam ich in meiner Funktion als Anästhesist und fungierte gleichzeitig als moralischer Beistand für Jane. Nach allem, was wir durchgemacht hatten, wäre es ein schwerer Schlag gewesen, wenn wir Baby durch die Narkose verloren hätten, zumal Jane das Ganze Mrs. Pike niemals hätte erklären können. Glücklicherweise ging wie gewöhnlich alles glatt. Ich stellte während der Betäubung zudem fest, daß das Herzgeräusch verschwunden war. Meine Belohnung für diesen Besuch war ein Gespräch mit Mrs. Pike persönlich (wobei ihr der Grund für meine Anwesenheit natürlich verheimlicht wurde – ich wurde als Dekan Loews Assistent vorgestellt, der gerade in der Gegend zu tun hatte).

Ich muß zugeben, daß ich, nach allem, was ich gehört hatte, mit einer gebrechlichen alten Frau im Rollstuhl gerechnet hatte. Statt dessen stand ich nun vor einer eleganten, vornehmen Dame, die aussah wie eine Diva aus einem Humphrey-Bogart-Film.

»Kommen Sie doch herein und nehmen Sie Platz«, sagte sie herzlich. »Ich bekomme nicht mehr viel Besuch und freue mich sehr.«

Ich entsprach ihrer Bitte und machte es mir gemütlich. Sie selbst ließ sich auf der Kante ihres aufgedeckten Bettes nieder und fing an zu erzählen.

»Ich habe Tiere immer geliebt«, begann sie, »und habe immer versucht, ihnen zu helfen. Es ist eigentlich seltsam, daß ich nicht mehr mit ihnen zu tun hatte, aber ich hatte ein sehr arbeitsreiches, erfülltes Leben, vor allem, als mein Mann noch lebte. Wir gingen überall gemeinsam hin, machten alles zusammen. Aber jetzt habe ich ja Jonathan. Er bedeutet mir sehr viel. Wenn ihm etwas zustoßen würde ...« Ihre Stimme verlor sich, und sie blickte sich suchend um.

»Wo steckt Jonathan eigentlich?« fragte sie. »Haben Sie ihn gesehen?«

»Er war unten und schlief«, antwortete ich völlig ehrlich.

»Dieser Kater, nie ist er da, wenn man ihn braucht«, sagte sie und erzählte weiter.

Grade noch mal gut gegangen, dachte ich.

Staunend lauschte ich, während sie eine interessante Episode nach der anderen aus ihrem ereignisreichen Leben Revue passieren ließ. Ich hörte von ihrem verstorbenen Mann, von ihren gemeinsamen Abenteuern und von ihrer großen Tierliebe. Zu gern hätte ich ihr von Baby erzählt, aber ich hatte nun einmal Stillschweigen gelobt. Mir war nicht ganz wohl dabei, aber für die alte Dame war es wohl das beste.

Gegen Ende meiner Audienz sah Mrs. Pike mich direkt an. Dann sagte sie langsam und sorgfältig akzentuierend: »Sie haben freundliche Augen. Sie verstehen mich, nicht wahr? Ich weiß es.«

Ihr durchdringender Blick gab mir das Gefühl, daß sie in mir las wie in einem offenen Buch. Zum Glück hatte ich im Augenblick nur gute Gedanken! Ich bewunderte sie für ihre Contenance und konnte mir gut vorstellen, was für ein aufregendes Leben sie geführt hatte. Gleichzeitig tat es mir bitter leid, sie in diesem den Dienst versagenden Körper gefangen zu sehen. Doch sie trug ihr Schicksal mit großer Würde, klagte nicht und war sich wohl bewußt, daß es ihr sehr viel besser ging als den meisten anderen alten Menschen. Ich konnte es kaum fassen, daß die Frau, die da vor mir saß, seit den dreißiger Jahren in den höchsten Kreisen verkehrt hatte – sie hatte alle gekannt, Politiker, Filmstars, Schriftsteller, Künstler, Dichter. Mit allen hatte sie gefeiert und Champagner getrunken. Und jetzt saß sie hier, eingesperrt in ihrem Zimmer, angewiesen auf die Dienste einer Krankenschwester. Ein grausames Schicksal, dachte ich erst, und doch war ihr Leben einschließlich der letzten Jahre ein glückliches gewesen. Gelebt zu haben wie ein Filmstar, gesund, reich und klug, und nun immerhin fast hundert Jahre alt zu sein ist genau besehen doch kein so schweres Los.

Ich sah auf meine Uhr. Die Zeit war vergangen wie im Flug, so gebannt war ich gewesen. Ich mußte aufbrechen. Jane hatte mir eingeschärft, darauf zu achten, daß Mrs. Pike sich nicht überanstrengte. Ich erhob mich also und dankte ihr für die anregende Stunde.

»Sie werden mich doch wieder besuchen?« fragte sie.

Ich habe bei meinen Besuchen im Haus von Mrs. Pike viel gelernt. Wieder einmal wurde mir deutlich, wie wichtig eine sorgfältige körperliche Untersuchung und wie eng der Zusammenhang zwischen physischem Zustand und Verhalten ist. Darüber hinaus war ich einer außergewöhnlichen Persönlichkeit begegnet, deren Charisma auch im Alter von über neunzig noch keineswegs erloschen war. Mrs. Pike mußte früher wirklich eine hinreißende Frau gewesen sein.

Auch andere organische Probleme können sich als Verhaltensauffälligkeiten tarnen. So ist mir einmal bei einem Kater eine Fehldiagnose unterlaufen, wobei man mir zugute halten muß, daß mein Patient über siebzig Kilometer von mir entfernt saß und ich um eine telefonische Diagnose gebeten worden war. Die Besitzerin war eine ältere Dame, Mrs. Blake, die in Cape Cod lebte. Sie rief unsere Beratungs-Hotline an und bat um einen Rat wegen ihres sechsjährigen reinweißen, mandeläugigen Katers namens Casper. Mein Assistent riet ihr, einen Termin bei uns zu vereinbaren, aber sie hatte kein Auto und konnte sich auch unser Honorar nicht leisten, deshalb erklärte ich mich zu einer Telefonkonsultation bereit. Unser Gespräch ergab, daß Casper, ein kastrierter Kater, sie häufig biß, wenn sie ihn streichelte. Ich stellte ihr eine Menge Fragen, aber keine ihrer Antworten ließen mich hellhörig werden, und so kam ich zu der für dieses Verhalten offensichtlichsten Diagnose: durch Streicheln provozierte Aggression bzw. eine Aggressionsform, die ich heute für einen Bestandteil des Dominanzsyndroms halte. Aus diesem Grund riet ich ihr zur Vermeidungsstrategie: Sie sollte lernen, die ersten Anzeichen – das Zucken der Schwanzspitze und die Seitenblicke – richtig zu deuten, und sich dann gleich zurückziehen. Am Ende der Konsultation bat ich sie, mich in ein paar Wochen noch einmal anzurufen und über den Stand der Dinge zu unterrichten.

Auf den Tag genau zwei Wochen später rief sie an und erzählte, wie gut sie und Casper jetzt zurechtkämen. Anscheinend hatte Casper sie nicht mehr gebissen, während sie ihn streichelte, da sie ihre Zuneigungsbeweise stark reduziert und gelernt hatte, die ersten verräterischen Zeichen von Aggression während der jetzt weniger häufigen Streichelphasen zu erkennen. Trotzdem zeigte er bei anderen Gelegenheiten nach wie vor ein aggressives Verhalten. Leider konnte ich kein klares Bild gewinnen, wodurch diese Aggression hervorgerufen wurde, und schrieb sie deshalb ebenfalls Caspers Dominanz zu. Dabei übersah ich, daß Caspers Anfälle erst seit etwa einem Jahr auftraten, ein Dominanzsyndrom sich jedoch bereits seit der Pubertät gezeigt hätte, also fünfeinhalb Jahre früher. Da mir diese wichtige Information entgangen war, riet ich Mrs. Blake, fortzufahren wie bisher und mich in einigen Wochen nochmals anzurufen.

Es war jedoch nicht Mrs. Blake, die mich als nächste anrief, sondern Caspers Tierarzt, der sie an mich verwiesen hatte. Es war schon einige Monate her, seit ich mit Mrs. Blake gesprochen hatte. Der Tierarzt war sehr freundlich: Er wollte mir lediglich zu Informationszwecken mitteilen, daß Casper vor kurzem begonnen hatte, im Kreis zu torkeln, und vermutlich an einem Gehirntumor litt. Als ich das hörte, krampfte sich mir der Magen zusammen. Sofort war mir klar, daß ich eine falsche Diagnose gestellt hatte. Hundertmal kann eine solche Ferndiagnose gutgehen, aber immer wieder einmal stellt sich heraus, daß eine persönliche Konsultation und Untersuchung unumgänglich gewesen wären. Dies war ein solcher Fall. Wenn ich Casper gesehen hätte, wäre mir vielleicht aufgefallen, daß seine Pupillen geweitet waren, daß er eine leichte Schräglage hatte oder sogar bereits zu diesem Zeitpunkt taumelte. Heute schicke ich die Klienten, die sich an unseren *Petfax-Service* wenden, auf alle Fälle noch zu ihrem örtlichen Tierarzt, der den Patienten auf Symptome hin untersuchen soll, die ich aus einem Fax nie herauslesen könnte. Diese Form der Zusammenarbeit funktioniert in der Regel sehr gut, und ich habe seither keinen solchen schweren Fehler mehr begangen.

Eine weitere relativ unwahrscheinliche, aber mögliche Diagnose, die Verhaltensforscher niemals unberücksichtigt lassen dürfen, wenn sie es mit Aggressivität zu tun haben, ist Tollwut. Die Tollwutimpfung bietet zwar einen fast hundertprozentigen Schutz gegen diese tödliche Krankheit, aber eben doch nur fast, und man kann in dieser Hinsicht gar nicht vorsichtig genug sein. An Tollwut sollte vor allem bei streunenden und wilden Tieren gedacht werden, deren Impfgeschichte unbekannt ist und deren Verhalten auffällig erscheint. Diese Tiere müssen sofort in Quarantäne, alles andere wäre viel zu riskant.

Weitere organische Ursachen für Verhaltensstörungen können epileptische Anfälle, Vitamin-B-Mangel, Diabetes und fortgeschrittene Leber- oder Nierenleiden sein. Epileptische Anfälle äußern sich sehr unterschiedlich, meist kommt es jedoch zu Muskelzuckungen, Erregungszuständen und aggressivem Verhalten. Früher hielt man solche Anfälle, die manchmal mit Wahnvorstellungen einhergehen, für Besessenheit durch böse Geister. Vitamin-B-Mangel bei Katzen tritt bei einseitiger Ernährung mit Fisch auf und führt ebenfalls zu Verhal-

tensänderungen sowie ungewöhnlich starker Hautempfind-
lichkeit.

Die Lehre, die Sie als Katzenbesitzer aus diesen medizinischen Ausführungen ziehen sollten, lautet: Es ist grundsätzlich
am besten, mit Ihrer Katze zum Tierarzt zu gehen, wenn sie
Verhaltensauffälligkeiten zeigt. Wenn sie auf einmal die Nachbarskatze anfaucht oder Ihre Pflanzen auffrißt, hat das höchstwahrscheinlich keinen pathologischen Grund, aber es ist stets
ratsam, dies überprüfen zu lassen. Ich jedenfalls habe das auf
die harte Tour lernen müssen und verstehe jetzt sehr viel besser, warum das von unserer Berufsbezeichnung *Veterinär* ab-
geleitete Verb ›to vet‹ im Amerikanischen zum Synonym für
›sorgfältig untersuchen‹ wurde. Da unsere Patienten nicht
sprechen können, haben wir gar keine andere Wahl.

Kapitel 5
Spielschule

Immer wieder einmal kommt es vor, daß mich jemand anruft und steif und fest behauptet, seine Katze sei psychotisch. Nachfragen ergeben in der Regel, daß das Tier noch sehr jung, eine Einzelkatze (bzw. ohne gleichaltrigen Gefährten) oder eine reine Wohnungskatze ist. Weiteres Nachbohren fördert dann zutage, daß das Urteil ›psychotisch‹ in den meisten Fällen auf Grund plötzlicher und unerklärlicher Stimmungsumschwünge, verbunden mit gegen den Besitzer gerichteten Ausbrüchen von Aggression gefällt wurde. Die unseligen Eigentümer versuchen, sich dem über sie hereinbrechenden Hagel aus ausgefahrenen Krallen und nadelscharfen Zähnen irgendwie zu entziehen, was jedoch selten gelingt, so daß sie fast immer völlig zerkratzt und mit zahllosen Bißwunden bedeckt aus der Begegnung hervorgehen. Ein lautes ›Nein!‹, der Versuch, die Katze wegzustoßen oder Hände und Füße aus der Kampfzone in Sicherheit zu bringen, regen das Tier nur noch mehr auf, zumal ein wild um sich schlagender Besitzer ein höchst interessantes Beuteobjekt für die Katze ist. Das arme Opfer ist verständlicherweise außer sich und sucht vergeblich nach einer Erklärung für diesen ›Wahnsinn‹. ›Jekyll-und-Hyde-Syndrom‹, ›besessen‹, ›dämonisch‹, ›schizophren‹ und ›psychotisch‹ sind nur ein kleiner Auszug aus den Populär-Diagnosen für solche *Terminator*-Katzen, die mir nachher unterbreitet werden.

Es gibt zwei besonders typische Manifestationsformen dieser Art von Aggression. Entweder zeigt die Katze eine unverhoffte, eskalierende Aggression gegen die Hände des Besitzers, häufig im Anschluß an eine ausgedehnte Streichelorgie. Dabei beißt oder kratzt sie die streichelnde Hand und kämpft mit ihr, als sei diese ein Feind mit Eigenleben. Hin und wieder geht dieses Verhalten so weit, daß das Tier sich regelrecht in den Unterarm des zu Tode erschrockenen Besitzers verbeißt, die Ohren flach angelegt, die Augen wild aufgerissen, als sei es … nun ja, eben ›besessen‹. Oder aber die Katze lauert dem unglücklichen Opfer auf und stürzt sich auf seine Füße oder Knöchel, wenn es um die Ecke biegt oder aus der Dusche steigt. Auch in diesem Fall empfindet der so Attackierte das Etikett ›psychotisch‹ als durchaus angemessene Bezeichnung für eine Katzenpersönlichkeit, die zu solchen scheinbar völlig irrationalen, sprunghaften Stimmungsumschwüngen neigt. Die richtige Erklärung ist jedoch sehr viel einfacher: Das Ganze ist schlicht ein Spiel – ein Spiel, bei dem der Besitzer zur Zielscheibe wird und das manchmal etwas außer Kontrolle gerät.

Wer schon einmal mit jungen Kätzchen zusammenkam, konnte mit Sicherheit beobachten, daß die Winzlinge manchmal wie Schwachsinnige herumrasen, sich auflauern, sich gegenseitig anspringen und ineinander verknäult auf dem Fußboden herumkugeln. Wir alle wurden schon Zeugen, wie sie um ein Objekt herumjagen und urplötzlich die Richtung wechseln, so daß der Verfolger mit einem Mal zum Verfolgten wird – was für ein aufregendes Fangspiel! Man kann sich nicht vorstellen, daß die Kleinen nach diesen heftigen Kabbeleien jemals wieder Freunde werden, doch Minuten später liegen sie bereits wieder eng aneinandergeschmiegt da und schlummern friedlich. Das Spiel – so lautet die wichtigste Spielregel – wird von den Spielenden niemals ernst genommen. Wenn es ernst wird, ist es kein Spiel mehr.

Zum Spiel gehören zufällig sich ergebende Abläufe normalen Verhaltens sowie verschiedene andere Komponenten, die sich willkürlich wiederholen. Nicht zu wissen, was der Gegner als nächstes tun wird, scheint den Spaß nicht unwesentlich zu steigern. Jahrelang glaubten die Experten, das Spiel junger Tiere (und Kinder) diene lediglich der Entspannung und Erholung auf dem anstrengenden Weg zum Erwachsenwerden. Das mag teilweise auch stimmen, doch wahrscheinlich steckt noch mehr dahinter, als man auf den ersten Blick vermuten würde. So gibt es, zumindest bei bestimmten Spezies, Indizien dafür, daß das Spiel wesentliche Bedeutung für die normale Entwicklung hat und einen notwendigen, unverzichtbaren Bestandteil der ernsten Aufgabe des Erwachsenwerdens bildet. Eine seiner Hauptfunktionen scheint das Einüben und Vervollkommnen lebenserhaltender Verhaltensweisen des erwachsenen Tieres zu sein, wie zum Beispiel Jagd und Selbstverteidigung. Im Spiel werden Geist und Körper trainiert und dabei wichtige Lektionen verinnerlicht. Es fördert Körperkraft und Koordination und unterstützt die Ausbildung und Feinabstimmung wichtiger Verhaltensweisen. Katzen, denen solche interaktiven Spiele verwehrt blieben, scheinen in sozialer Hinsicht weniger funktionstüchtig als die in der Gruppe aufgewachsenen Artgenossen, eine Theorie, für die der wissenschaftliche Beweis allerdings noch aussteht. Kurz und gut, Spielen scheint wichtiger zu sein, als wir bisher gedacht haben. Deshalb sollten wir in der Lage sein zu erkennen, bei welchem Verhalten es sich um Spiel handelt und was es zu bedeuten hat. Und wir sollten das Spielen fördern und bewußt in die richtigen Bahnen lenken.

Ganz deutlich wird die wichtige Rolle des Spiels in einem Bericht über das Spielverhalten einer Gruppe gemeinsam aufgezogener Affenkinder. Dabei wurde das Spielverhalten junger Rhesusäffchen von der Geburt bis zum vierten Lebensjahr, also bis ins junge Erwachsenenalter, anhand von Kurven graphisch aufgezeichnet. Da gab es zum Beispiel Kurven, die die ansteigende und wieder abfallende Häufigkeit spielerischen Kämpfens und Kletterns beschrieben. Die so aufgezogenen Affen wuchsen zu ganz normalen erwachsenen Tieren mit speziestypischem Sozial- und Sexualverhalten heran. Hingegen entwickelten Affen, die isoliert, das heißt ohne die Möglichkeit zum Spiel mit gleichaltrigen Artgenossen, aufwuchsen, dysfunktionale Verhaltensweisen und richteten ihre überschießende Endergie nach innen. Die Folge waren unangemessenes Sozialverhalten und Selbstverstümmelung.

Mangelnde soziale Interaktion während der Entwicklungsjahre kann auf Menschenkinder ebenso schädliche Auswirkungen haben wie auf Tierkinder. Umgekehrt scheinen sich ausreichende und angemessene Spielmöglichkeiten für Kinder im Blick auf die soziale Anpassung und die körperliche Entwicklung ebenso günstig auszuwirken wie für Tiere und beide in ihren kognitiven und sozialen Fähigkeiten zu fördern. Kurz und gut: Ob Mensch oder Tier, Spielen macht klüger und befähigt dazu, später im Leben besser zurechtzukommen.

Ich saß in meinem Büro, als eine Veterinärstudentin im zweiten Jahr, Gail Laviolette, den Kopf durch die Tür steckte und fragte, ob ich einen Augenblick Zeit für sie hätte. Es ging um ein sechs Monate altes Kätzchen, das sie und ihre Wohnungsgenossin Pam aufgenommen hatten. Leider griff Sam, ein noch nicht kastrierter, orange-weißer Kater, sie nun aber ständig an, wenn sie ihn streicheln wollten, und ließ sich durch nichts davon abhalten. Das klang nur allzu vertraut. Sam sprang seinen Herrinnen auf den Schoß, das liebste Kätzchen der Welt, und wenn sie sich dann breitschlagen ließen und mit ihm schmusten, fing der Ärger an. Zuerst kamen die Seitenblicke, dann das unwillige Schwanzzucken, dann ein, zwei halbherzige Bisse. Danach war der kleine Kerl nicht mehr zu bremsen und verwandelte sich innerhalb von Minuten in ein wildes Knäuel aus Fell, Krallen und Zähnen. Die Verletzungen, die er seinen Besitzerinnen dabei zufügte, waren zwar nicht gefährlich, hinterließen aber doch deutliche Spuren. Gail krempelte die Ärmel ihrer Bluse hoch und zeigte mir ihre Unterarme. Sie sahen aus, als hätte sie in einen Mülleimer voller Stahlwolle und Stacheldraht gefaßt. Zu allem anderen war Sam ein Guten-Morgen-Nasen-Beißer. Gail und Pam brauchten in der Tat dringend Hilfe. Sams spielerische Aggression schien sich zu einem Alpha-Katzen-Syndrom auszuwachsen, das ihnen später viel Mühe und Kummer machen würde.

Ich holte tief Luft und wollte gerade mit meinen üblichen Erklärungen und Ratschlägen loslegen, wie sie dem Problem beikommen könnten, doch Gail hatte noch weitere Geschichten über Sam auf Lager. Offenbar waren auch Pams Knöchel ein beliebtes Ziel für Sams Aggressionen, und das stellte nun allerdings ein sehr viel schwerwiegenderes Problem dar. Wenn Pam ins Badezimmer wollte, pflegte Sam ihr aufzulauern und sich mit der Wildheit eines wütenden Waschbären auf ihre Knöchel zu stürzen – ein Verhalten, das Pam schon des öfteren zu Tränen gebracht und ihr Kratzer und Narben an Füßen, Knöcheln und Waden beschert hatte. Auch wenn sie im Bett lag, waren Überfälle auf Pams Füße Ausdruck von Sams spielerischem Beutcfangverhalten. Das war nicht weiter schlimm, solange ihre Füße unter der Bettdecke steckten, aber wehe, die Decke verrutschte einmal und die Füße schauten heraus! All diese Spielchen besagten nicht etwa, daß Sam Pam und Gail nicht trotzdem heiß und innig liebte, doch das half den beiden wenig. Immerhin hatten sich die Angriffe inzwischen von gelegentlichen Überfällen auf bis zu zehn Attacken täglich gesteigert.

Gail und Pam hatten noch zwei andere Katzen, sterilisierte ältere Kätzinnen, die den größten Teil des Tages mit behaglichen Nickerchen und Träumen von vergangenen, glorreichen Tagen verbrachten. Die beiden waren natürlich keine Sparring-Partner für Sam und machten sich meist schleunigst aus dem Staub, wenn er auf sie zugesprungen kam. Wichtig für seine Entwicklung waren sie allenfalls in ihrer Funktion als Opfer seines spielerischen Sexualverhaltens. Wenn sie wegliefen, jagte er sie nämlich, stürzte sich auf sie und biß sie in den Nacken. Das machte Sam nicht etwa zum Kandidaten für eine Sehhilfe, sondern zeigte, daß es höchste Zeit wurde, ›den Schnitt‹ an ihm vorzunehmen. Seine Hormone fingen allmählich an, sein Leben zu bestimmen und das seiner Besitzerinnen zu ruinieren. Hinzu kam die Tatsache, daß er bereits verschiedentlich Markierungen in der Wohnung angebracht hatte, und dies beschleunigte sein unausweichliches Schicksal: Der Kastrationstermin wurde noch auf denselben Tag gelegt. Nachdem ich diesen längst überfälligen Schritt in die Wege geleitet hatte, wandte ich mich der Verhaltensproblematik selbst zu.

»Die Aggressivität Sams gegen Sie und Pam fällt in die Kategorie Spielverhalten«, begann ich. »Es gibt zwei Formen von Spiel. Das erste läuft unter spielerischem Sozialverhalten, das zweite unter spielerischem Beutefangverhalten. Was Sie mir als durch Streicheln provozierte Aggression geschildert haben, gehört zum sozialen Spiel, das Nasenbeißen ist eine dominanzbedingte Erweiterung dieses Verhaltens. Die andere Aggressionsform, die sich gegen Pams Knöchel richtet, ist spielerisches Beutefangverhalten.«

»Das dachte ich mir schon beinahe«, meinte Gail, »aber ich wollte es doch noch von Ihnen hören. Was sollen wir also tun?«

»Was das soziale Spiel und die sich herausbildende Dominanz angeht, so müssen Sam hier vor allem Grenzen gesetzt werden. Sie müssen die Aufmerksamkeit und die Zeit, die Sie ihm widmen, streng rationieren. Erlauben Sie ihm nicht jedesmal, wenn er es versucht, auf Ihren Schoß zu springen, und streicheln Sie ihn nicht immer, wenn er es will. Schmusen Sie mit ihm hin und wieder für kurze Zeit, vorzugsweise wenn er etwas getan hat, um es sich zu verdienen. Auf die ersten Anzeichen von Wildheit hin sagen Sie laut ›aua‹, stehen auf und gehen weg. Außerdem würde ich ihn ein paar Wochen lang nicht ins Schlafzimmer lassen; statt dessen soll er für sein Futter arbeiten. Lassen Sie ihn auf Ihr Zeichen hin – etwa indem sie mit dem Futternapf auf den Boden klopfen – zu sich kommen und befehlen ihm, ein paar Sekunden zu warten. Dann loben Sie ihn und stellen ihm das Futter hin. Er muß lernen, daß er nicht alles bekommt, was er will und wann er es will. Das mag Ihnen grausam erscheinen, ist aber nicht mehr, als Sie von einem wohlerzogenen Kind erwarten würden; auch das Kind muß sich zuerst ordentlich hinsetzen, bevor es anfängt zu essen. Und überfüttern Sie Sam nicht, dann wird er immer gern einen Leckerbissen in Empfang nehmen.«

Gail machte sich eifrig Notizen. Ich räusperte mich und wandte mich dem zweiten Problem zu.

»Das Beutefangverhalten hängt mit Sams allmählich sich entwickelndem Trieb zur Jagd auf Beutetiere oder in diesem Fall auf Ersatzbeute – Pams Füße – zusammen; es ist ein Teil seiner ganz normalen Entwicklung. Die Überfälle und Attacken sind also Ausdruck eines wichtigen Bedürfnisses und müssen in geeignete Bahnen gelenkt, keinesfalls aber dürfen sie unterdrückt werden. Zu diesem Zweck müssen Sie Sams Aufmerksamkeit von sich selbst auf ein anderes Ziel lenken (zum Beispiel ein Spielzeug). Denken Sie daran, daß Bewegung ein wesentliches Merkmal eines guten Beuteobjektes ist und daß unbewegliche Spielzeuge (wie etwa Spielzeugmäuse) ihn nicht lange fesseln können. In diesem Punkt ist also Kreativität gefragt, aber ich hätte da ein paar Ideen.

Zum Beispiel den guten alten Angelrutentrick. Sie binden eine Schnur an eine Angelrute aus Fiberglas und befestigen einen Lederball, eine Spielzeugmaus oder einen Flaschenkorken an ihrem Ende. Morgens und abends oder wann immer Sam in Spiel- und Toblaune verfällt, holen Sie die Angelschnur und lassen sie fünf oder zehn Minuten vor ihm tanzen. Ziehen Sie sie über den Boden, um Ecken herum, auf Möbel hinauf usw. Viele Katzen werden ganz buchstäblich die Gelegenheit zu diesem Spiel ergreifen und das Objekt anspringen, überfallen und angreifen, bis sie völlig erschöpft sind. Dasselbe Resultat, allerdings ohne Ihre Beteiligung, erzielen Sie, wenn sie die Angel an einer Tür oder Wand befestigen, so daß das Objekt etwa dreißig Zentimeter über dem Fußboden hängt. Mit etwas Glück wird Sam den Gegenstand immer mal wieder anspringen und so einen Teil seiner überschüssigen Energie abreagieren. Pingpongbälle und hohle, mit einem Glöckchen gefüllte Bälle, die es in jeder Kleintierhandlung zu kaufen gibt, sind ebenfalls geeignete Spielobjekte für einen kleinen Möchtegern-Jäger, vor allem wenn die Böden in der Wohnung weich und eben sind. Um das Interesse der Katze zu erregen, kann man den Gegenstand das erste Mal in Katzenminze legen. Irgendwann sollte Sam diesem Verhalten dann entwachsen, oder es sollte doch zumindest stark nachlassen. Das kann allerdings bis zum Alter von eineinhalb oder zwei Jahren dauern, deshalb müssen wir jetzt gleich etwas unternehmen.«

Gail nickte begeistert. Ihr Lächeln bei dem Gedanken an meine Vorschläge wich jedoch plötzlich einem Stirnrunzeln.

»Und was ist mit Strafe?« fragte sie. »Ich weiß, daß Sie im allgemeinen gegen Bestrafung sind. Aber wäre nicht wenigstens, wenn er uns beißt, ein kleiner Klaps angebracht?«

»Ein Schlag ist nie gut. Sie sollten es mit einem weniger persönlichen Abschreckungsmittel versuchen. Sie könnten zum Beispiel eine Dose mit Pfennigstücken schütteln oder ihn in dem Augenblick, in dem er zubeißen will, mit einem Pflanzenbefeuchter ansprühen.

Aber es gibt noch eine weitere Möglichkeit für Sie, wenn sie Ihnen vielleicht auch etwas aufwendig erscheinen mag. Sie könnten sich ein zweites Kätzchen etwa im gleichen Alter anschaffen, damit er einen Spielgefährten hat. Das würde Ihre Probleme nicht etwa verdoppeln, wie Sie vielleicht glauben mögen, sondern im Gegenteil völlig aus der Welt schaffen. Sam und das neue Kätzchen würden zusammen Dampf ablassen und es Ihnen dadurch ermöglichen, Ihr eigenes Leben unbehindert und unbedroht fortzusetzen. Es ist dasselbe, wie wenn ein Einzelkind Nachbarskinder hat, mit denen es spielen kann. Die Gleichaltrigen leisten einander Gesellschaft, beschäftigen und vergnügen sich selbständig und lenken so die Aufmerksamkeit der Kinder von den Eltern ab.»

Gail schaute ein wenig zweifelnd drein, aber sie notierte sich auch das und blickte dann hoch.

»Gut, ich glaube, jetzt haben wir genügend Sachen, die wir ausprobieren können. Ich werde das Ganze Pam vortragen. Sie wird froh sein zu hören, daß Sam nicht verrückt ist, und noch mehr freuen wird sie sich, wenn es uns tatsächlich gelingt, ihn davon abzuhalten, sich auf ihre Füße zu stürzen. Vielen Dank, daß Sie sich Zeit für mich genommen haben. Sie haben doch nichts dagegen, wenn ich Sie in ein paar Wochen wieder anspreche und Ihnen berichte, wie es uns ergangen ist?«

»Ganz im Gegenteil, ich bestehe sogar darauf«, antwortete ich. »Es interessiert mich immer, ob meine Ratschläge Früchte tragen. Ohne Rückmeldung würde ich ja nichts dazulernen.«

Als sie ging, fragte ich mich, welcher meiner Vorschläge sich bei Sam wohl am besten bewähren würde, und freute mich schon jetzt, bald von Fortschritten zu hören. Ein paar Wochen vergingen, ohne daß Gail sich meldete, aber schließlich rief sie doch an.

»Dr. Dodman, ich habe Neuigkeiten für Sie«, sagte sie munter.

»Lassen Sie hören«, meinte ich, »hoffentlich nur gute.«

»Und wie«, antwortete sie entzückt. »Zunächst einmal haben wir Sam kastrieren lassen, und seither scheint er sein Mütchen nicht mehr an den anderen Katzen kühlen zu müssen. Er ist auch insgesamt sanfter geworden. Wir haben seine Streicheleinheiten stark reduziert, wie Sie uns empfohlen haben, und es hat wunderbar funktioniert. Wenn wir sehen, daß er mit dem Schwanz zu zucken oder gar zu schlagen beginnt, stehen wir auf und gehen weg, und wenn er uns folgt, hat sich die Behandlung mit dem Pflanzensprüher als äußerst wirksam erwiesen. Außerdem haben wir die Schlafzimmertür geschlossen gehalten und uns so vor morgendlichen Überfällen geschützt. Meiner Ansicht nach hat er dadurch begriffen, daß wir es ernst meinen. Auch das Training hat gut geklappt. Wir haben ihm beigebracht, sich hinzusetzen, wenn er etwas zu fressen haben will, und ich glaube, seither respektiert er uns. Dazu haben wir einen Klicker eingesetzt: Wir stellten uns vor ihn hin und haben gewartet, daß er sich hinsetzt. Wenn er saß, haben wir sofort einmal geklickt und ihm das Futter hingestellt. Jetzt hat er das begriffen und tanzt die ganze Zeit um uns herum, während wir die Futterschüssel füllen, und wartet darauf, sein Kunststück vorführen zu dürfen. Ich glaube es gefällt ihm, sich sein Futter erarbeiten zu müssen. Er springt uns auch so gut wie nie mehr an, was ich auch darauf zurückführe, daß wir mit ihm spielen. Wir benutzen dabei eine Feder, einen Milchflaschenverschluß und einen Pingpongball. Die Feder und den Flaschenverschluß haben wir an einer Angel befestigt, und seit ich bei Ihnen war, spielen wir jeden Morgen und jeden Abend mit ihm. Die Feder liebt er besonders. Mit dem Pingpongball scheint er vor allem nachts zu spielen, wir hören ihn oft damit herumjagen, wenn wir schon schlafen gegangen sind. Zuerst wollten wir uns kein zweites Kätzchen zulegen, weil sein Verhalten uns solche Angst gemacht hat, aber jetzt hätten wir große Lust, ihm einen gleichaltrigen Spielkameraden zu beschaffen. Sind das nicht gute Nachrichten?!«

»In der Tat«, antwortete ich. »Ich glaube, Sie haben das Problem gelöst. Das Beste an der ganzen Geschichte ist aber sicherlich, daß Sie von jetzt an in der Lage sein werden, ratlosen Katzenbesitzern, die mit dem gleichen Problem zu Ihnen kommen, zu helfen. Wenn man das nötige Selbstvertrauen erwerben will, um anderen helfen zu können, gibt es nichts Besseres, als das Problem selbst gelöst zu haben. Lassen Sie wieder einmal von sich hören.«

Etliche Wochen später besuchte Gail mich erneut, um mich über Sams Fortschritte auf dem laufenden zu halten. Da ich nicht im Büro war, hinterließ sie mir folgende Nachricht:

Lieber Dr. Dodman,

ich wollte Ihnen nur mitteilen, daß es Sam gutgeht, obwohl er uns eine Zeitlang gelegentlich wieder gebissen hat. Gleichzeitig wurde er ziemlich unsozial und wollte die ganze Zeit nur raus – deshalb haben wir ihm eine Gefährtin beschafft. Die beiden kommen bestens miteinander aus. Sie spielen zusammen und treiben gegenseitige Fellpflege, und alle vier Katzen fressen ohne Streit miteinander aus einer einzigen großen Futterschüssel. Sam zeigt keinerlei Aggressivität mehr, und er scheint Pam und mich sehr ins Herz geschlossen zu haben.

Nochmals vielen Dank für Ihre Hilfe
Gail

Ich war einst selbst ein Opfer spielerischer Aggression, vielleicht ist das der Grund für mein tiefes Mitgefühl mit allen, die etwas Ähnliches durchmachen. Es war vor vielen Jahren, kurz vor meinem Abschluß an der Glasgow University Veterinary School. Ich war ein junger Assistenzarzt und hatte Bianca bei mir aufgenommen, eine schneeweiße Katze mit kobaltblauen Augen, ein wirklich bildschönes Tier. Eines Abends lag ich mit einem Buch auf dem Bett, als Bianca plötzlich zu mir hochsprang und anfing, an mir herumzuschnüffeln. Es war eine wirklich herzerwärmende Szene – ein Mann, sein Buch und seine Katze. Weniger schön war, daß Bianca allmählich immer aufdringlicher wurde, genauestens mein Gesicht erkundete, meine Nase und dann – autsch! Ich sprang auf, als sei ich von einer Wespe gestochen worden, und genauso weh tat meine Nase auch. Der Biß trieb mir förmlich die Tränen in die Augen. Ich war völlig verdattert. Als mir klar wurde, was passiert war, fühlte ich mich richtiggehend verraten. Ich hatte ihr vertraut, und sie hatte mich verletzt. Ich befühlte meine pochende Nase und stellte fest, daß sie blutete. *Bianca, du Teufelchen*, dachte ich. Bianca war durch mein impulsives Aufspringen in hohem Bogen auf den Fußboden katapultiert worden und sah selbst ganz erschrocken aus. Dies war der letzte einer Reihe ernsthafter Zwischenfälle zwischen Bianca und mir, weil wir an diesem Tag beide etwas übereinander lernten. Bianca lernte, daß ich mich, wenn sie mich biß, schnell bewegte und laut schrie. Ich lernte, Bianca nicht mehr in die Nähe meiner Nase zu lassen.

Das Gute an der spielerischen Aggression ist, daß sie sich weitgehend selbst Grenzen setzt. Sie sollte mit der Zeit von selbst verschwinden und bei einer etwa zweijährigen Katze kein Problem mehr darstellen. Das ist jedoch nicht immer der Fall. Meine Frau hat eine ältere Klientin, die allmählich zum wehrlosen Opfer der heftigen spielerischen Aggression ihres dreieinhalbjährigen Katers wird. Ein Kollege von mir, ein Verhaltensforscher, führt diese anhaltende spielerische Aggression auf eine zu frühe Kastration zurück. Er ist der Ansicht, daß Kater, die spät (oder gar nicht) kastriert werden, im Erwachsenenalter selten ins Spielverhalten zurückfallen, da sie sich normal entwickeln und heranreifen und solche Anfälle nicht mehr nötig haben. Eine frühe Kastration hingegen führt zum Peter-Pan-Syndrom mit Spielverhalten bis ins junge Erwachsenenalter. Eine endgültige Bestätigung dieser Vermutung steht zwar noch aus, aber die These ist immerhin bedenkenswert.

In der Zwischenzeit werden wir alle es immer wieder mit dem Problem des Spielverhaltens zu tun bekommen und gehen am besten auf die oben beschriebene Weise damit um. Es dürfte interessant sein, Sams Entwicklung weiter zu verfolgen. Wird er, wenn er erwachsen ist, seine Lektion gelernt haben, so daß Gail und Pam nicht mehr auf der Hut zu sein brauchen, oder wird er immer wieder versuchen, seine Spielchen mit ihnen zu treiben? Meiner Ansicht nach wird er sich unter der neuen, konsequenten Behandlung zu einem ganz feinen, lieben Kater entwickeln, und falls er doch jemals wieder in die alten Verhaltensweisen zurückfallen sollte, wird er sich schneller im Grundausbildungslager wiederfinden, als man ›Alpha-Katze‹ sagen kann.

Teil II
Emotionales Verhalten

Kapitel 6
Geistererscheinungen

Der Winter des Jahres 1989 war für meine Frau Linda und mich außerordentlich arbeitsintensiv. Wir waren gerade in ein altes Haus gezogen, an dem noch viel gerichtet werden mußte, arbeiteten beide voll als Tierärzte und bereiteten uns auf die Ankunft unseres ersten Kindes vor. Wir hatten buchstäblich keine freie Minute am Tag. Als wir eines Abends beim Essen saßen, fragte Linda auf einmal schüchtern: »Meinst du, wir könnten ein Paar Katzen aufnehmen?«

Ich hielt im Kauen inne, um erst einmal zu schlucken, was sie da gesagt hatte. Wir waren beide große Katzenfreunde, hatten aber seit Jahren keine mehr besessen. Die Argumente dafür und dagegen rasten durch meinen Kopf. Endlich wieder eine Katze um mich zu haben schien mir sehr verlockend, aber war jetzt wirklich der richtige Zeitpunkt, unseren Hausstand um eine oder gar zwei Katzen zu erweitern? Würden die neuen Familienmitglieder überhaupt glücklich bei uns sein, wenn wir sie viele Stunden am Tag allein ließen? Sollten sie auch nach draußen dürfen, oder sollten es reine Wohnungskatzen werden? Und die verkehrsreiche Hauptstraße direkt vor unserem Haus? (Mit diesem Gedanken erledigte sich die Drinnen-oderdraußen-Frage.) Was war mit der Toxoplasmose, jener Katzenkrankheit, an die man auf jeden Fall denken muß, wenn jemand in der Familie schwanger ist? Während sich in meinem Kopf noch die Gedanken jagten, spann Linda ihren Vorschlag schon weiter aus.

»Ich frage nur, weil ein Paar Katzen aus unserer Klinik

dringend ein Zuhause braucht. Es handelt sich um Mutter und Tochter. Die Mutter ist gefunden worden und wurde mit ihrem ganzen Wurf zu uns gebracht. Bis auf sie selbst und das letzte Kätzchen haben wir alle untergebracht. Sie tut mir so leid. Wenn ihr letztes Kätzchen auch noch vermittelt ist, ist sie ganz allein, und wenn keiner sie haben will ...«

Sie brauchte nicht weiterzusprechen. Die Kaminuhr hinter mir tickte vernehmlich, während ich krampfhaft nach der richtigen Antwort suchte. Linda beendete gelassen ihr Abendbrot, und mich beschlich das dumpfe Gefühl, daß die Entscheidung bereits gefallen war.

»Wie sieht die Mutter denn aus?« fragte ich schließlich.

»Sie ist wunderschön«, antwortete Linda. (Woher hatte ich bloß gewußt, daß sie genau das sagen würde?) »Sie hat langes, lackschwarzes Fell und grüne Augen und scheint sehr lieb zu sein, obwohl sie in der Tierklinik große Angst hat. Das Kätzchen ist genauso hinreißend. Ein Tigerchen, acht Wochen alt. Sie sieht ihrer Mutter überhaupt nicht ähnlich.«

Ich überlegte immer noch hin und her. Linda schien meine Unentschlossenheit zu spüren und versuchte es auf einem anderen Weg.

»Weißt du was«, meinte sie. »Ich bringe die beiden einfach morgen mal mit nach Hause, und du schaust sie dir an. Wenn sie dir gefallen, behalten wir sie, wenn nicht, nehme ich sie wieder mit.«

Ich habe in meinem Leben schon die tollsten Geschichten gehört, aber diese setzte allen die Krone auf. Trotzdem erklärte ich mich einverstanden, weil mir klar war, daß ich im Augenblick in dieser Sache sowieso nichts mehr zu sagen hatte.

Der nächste Tag war mörderisch. Mein enger Terminplan in der Klinik ließ mir keine Zeit, auch nur einen Gedanken an die neuen Katzen zu verschwenden, und ich war heilfroh, als ich am Abend heimfahren konnte. Mein ganzes Sinnen und

Trachten war nur noch auf ein bißchen Ruhe gerichtet. Ich kam als erster nach Hause und öffnete gerade die Post, als ich hörte, wie Lindas Auto in die Einfahrt bog. Die Autotür wurde zugeschlagen, und ein paar Minuten später ging die Küchentür auf. Mit fliegenden Mantelschößen, das Stethoskop noch um den Hals, einen riesigen Pappkarton auf dem Arm, versuchte sie sich zur Seitentür hereinzuschieben – nicht ganz einfach für jemanden, der im achten Monat schwanger ist.

»Hilf mir doch bitte mal und sitz nicht einfach bloß so rum«, sagte sie, als ich auf meinem Stuhl erstarrte wie Rotwild, das den Jäger wittert, und blitzschnell zu erfassen versuchte, was da gespielt wurde.

Ohne daß sich der Nebel in meinem Kopf entscheidend gelichtet hätte, sprang ich hoch und hielt ihr die Tür auf, während sie sich mit ihrer süßen Last hereinquetschte. Sie stellte den Karton auf den Küchenfußboden und ging sofort zur Spüle, um sich auf den Abwasch zu stürzen. Ich starrte noch immer leicht benommen den Karton an, aus dem leise Geräusche drangen.

Ach so. Mit einem Schlag fiel mir unser Gespräch von gestern abend wieder ein, und vorsichtig schlug ich den Deckel hoch. Linda war sofort neben mir, und wir starrten gemeinsam die beiden unschuldigen Wesen an, die mit großen Augen zurückstarrten. Linda schloß die Tür zum Wohnzimmer, damit die Neuankömmlinge nicht fliehen und in unserem Irrgarten von Haus verlorengehen konnten, und dann warteten wir erst einmal ab. Nicht lange, und die Mutter kletterte heraus und huschte geschmeidig in die entfernteste, dunkelste Ecke der Küche, wo sie unter einem Heizkörper Zuflucht suchte. Gleich darauf hüpfte das Kätzchen aus dem Karton und fing an, mit furchtloser Zutraulichkeit die neue Umgebung zu erkunden.

»Na, was sagst du?« fragte Linda. »Sind sie nicht entzük-kend?«

»Das Kätzchen schon«, entgegnete ich, »aber die Mutter scheint ein bißchen scheu zu sein.«

»Sie wird sich eingewöhnen«, meinte Linda zuversichtlich, und das entschied die Sache.

Lindas Optimismus zum Trotz mußten wir bald feststel-len, daß die Katzenmutter, die wir Cinder tauften, von einem tief eingewurzelten Mißtrauen beseelt war. Im Grunde hatte sie Angst vor allen Menschen, auch vor uns. Sie kam praktisch nicht mehr unter den Möbeln hervor und trat so gut wie nie in Erscheinung, außer wenn sie gerade von einem Versteck ins andere flitzte. Ihr Kind hielt sich dabei immer dicht neben ihr und kam uns oft wie ein kleiner grauer Schemen vor. An man-chen Tagen konnten wir die Tatsache, daß wir Katzen hatten, nur aus den Hinterlassenschaften im Katzenklo ableiten und daraus, daß das Fressen, das wir hinstellten, irgendwann ver-schwunden war. Natürlich machte Cinder dicht neben das Klo statt hinein – ein Verhalten, das wir als Aversion gegen das Kat-zenklo deuteten und schleunigst abstellten, indem wir zu ei-nem offenen Klo, ohne Abdeckung, wechselten (mehr zu die-sem Thema im folgenden Kapitel). Doch wie auch immer, Cinder war – gelinde gesagt – keine freundliche Katze, und wir fragten uns allmählich, ob sie wohl irgendwann einmal nor-maler werden würde. Der traurige Schluß drängte sich auf, daß sie schlimm mißhandelt worden sein mußte, weil sie so große Angst vor Menschen hatte. Unserer Ansicht nach war sie nicht geschlagen worden, aber irgendwie war ihre Sozialisa-tion danebengegangen, sie war vernachlässigt worden oder hatte irgendeine traumatische Erfahrung gemacht. In meiner Terminologie war sie eine dysfunktionale Katze. Ihre Resozia-lisierung stellte eine echte Herausforderung dar. Ihr Töchter-chen dagegen war völlig normal, sehr verspielt und so mutwillig, daß sie sich in kürzester Zeit den Spitznamen ›the monkey‹ (›das Äffchen‹) einhandelte, der schließlich sogar zu ihrem Namen wurde.

Für Cinder faßten wir allmählich das verhaltenstherapeutische Verfahren der systematischen Desensibilisierung ins Auge. Bei diesem Ansatz zur Angstreduktion wird der Patient dem angstauslösenden Stimulus stufenweise ausgesetzt, während gleichzeitig die Spannung reduziert wird, indem man die negativen Konsequenzen, die ursprünglich damit verbunden sind, vermeidet. Noch wirksamer ist es, jede Phase der Desensibilisierung mit einer angenehmen Assoziation zu koppeln. Die Vorbedingung für ein erfolgreiches Umlernen ist, daß der angstauslösende Stimulus bekannt ist und damit vermieden werden kann. Darüber hinaus muß sichergestellt werden, daß die Katze während der gesamten Dauer der Behandlung nicht unbewacht dem angstauslösenden Stimulus ausgesetzt wird. Das kann unter Umständen recht schwierig sein; fast unmöglich ist es, wenn man nicht sicher ist, was genau die Angst auslöst. Cinder hatte Angst vor Menschen; wir wußten also, wogegen wir sie desensibilisieren mußten. Außerdem wußten wir, daß wir den Grad, in dem sie unserer Gegenwart ausgesetzt war, auf Grund ihres selbstgewählten Eremitendaseins leicht modifizieren konnten, da auf keinen Fall zu erwarten war, daß es zu plötzlichen, unkontrollierten Begegnungen mit anderen Menschen kommen würde. Kurzum, alle wesentlichen Voraussetzungen für ein erfolgreiches Resozialisierungsprogramm waren gegeben.

Es gibt zwei Möglichkeiten, eine Desensibilisierung durchzuführen. Entweder wird die Katze ihrer Nemesis ganz allmählich immer stärker ausgesetzt – das ist der aktive Weg –, oder man gestattet ihr, das Tempo selbst zu bestimmen – das ist der passive Ansatz. Ich bezeichne den letzteren Vorgang als Selbstdesensibilisierung, in der Regel taucht er unter der Bezeichnung Habituation auf. Der aktive Ansatz erfordert es, die Katze in einen Drahtkäfig zu setzen oder ihr ein Geschirr anzulegen, damit das Geschehen kontrollierbar bleibt. Beim passiven Ansatz ist keine solche Einschränkung erforderlich, und das entspricht in der Regel eher dem unabhängigen Wesen von Katzen. Beide Wege können beschleunigt werden, wenn das stufenweise Gewöhnen an den angstprovozierenden Stimulus mit angenehmen Erfahrungen gekoppelt wird. Schmackhaftes Futter kann in dieser Situation zum mächtigen Verbündeten werden.

Für Cinder war die Desensibilisierung die Methode der Wahl. Das Programm selbst ist im Grunde kinderleicht, wenn auch recht zeitaufwendig. Unser Plan war zu warten, bis Cinder sich an ihren Lieblingsplatz in einem der Zimmer im oberen Stock verkrochen hatte. Dann würden wir uns ebenfalls in dieses Zimmer begeben und die Tür hinter uns schließen. Wir würden uns auf ein Sofa in einer entfernten Zimmerecke setzen, jeder bewaffnet mit einem guten Buch und einer Tüte voller Leckerbissen für Cinder. Die wichtigste Vorbedingung war, daß Cinder Hunger hatte. Dafür sorgten wir, indem wir ihre Futterschüssel einige Stunden vorher fortnahmen. Hunger ist der beste Koch, pflegte meine Großmutter zu sagen. Der erste Schritt bestand darin, Cinder in ihrer Zuflucht unter dem Schrank gegen unsere Anwesenheit zu desensibilisieren. Da saßen wir also und lasen, Stunde um Stunde, Abend für Abend. Am Anfang jeder dieser Sitzungen ließ ich ein Leckerli über das Parkett in Richtung Cinder schlittern, das aufreizend etwa dreißig Zentimeter vor ihrem Versteck zu liegen kam. Mit der Zeit entwickelte ich ein beachtliches Geschick in diesem Leckerli-Bowling, so daß die Versuchung praktisch jedesmal in der anvisierten Zone landete. Das Ganze war ein überaus gemütliches und friedvolles Verhaltensmodifikationsprogramm. Das einzige Geräusch im Zimmer war das gelegentliche Umblättern der Buchseiten. Ich fühlte mich an die vielen Stunden erinnert, die ich zusammen mit meinem Vater beim Fischen verbracht hatte, wo wir in aller Ruhe darauf warteten, daß etwas geschah.

Nach etwa einer Woche dieser Nachtwachen wurden wir zum ersten Mal belohnt: Unter dem Schrank kam eine Pfote hervor, und das Leckerli verschwand. Das war der erste Riß in Cinders Panzer, der erste zögernde Schritt in Richtung auf ein Nachlassen der Angst und zur Entwicklung von Vertrauen. Nach mehreren Wochen wurde Cinder allmählich mutiger. Zuerst hangelte sie nur nach den Bissen, die direkt vor ihr gelandet waren. Dann wagte sie sich ein Stückchen vor und holte sich Bissen, die das Ziel nicht ganz erreicht hatten, zog sich jedoch, sobald sie die Beute in ihrem Besitz hatte, sofort wieder zurück. Am Ende verschwendete sie keinen Gedanken mehr auf den Rückzug und wurde so zutraulich, daß sie sich die Leckerbissen von dem Sofa neben uns abholte und sie schließlich sogar aus unseren Händen entgegennahm. Dazu mußte sie zu uns aufs Sofa springen, und von da an war es nur noch eine Frage der Zeit, bis sie auf den Schoß kletterte, um sich streicheln zu lassen. Insgesamt nahm dieser Prozeß mehrere Monate in Anspruch, wobei zwischen den einzelnen Phasen jedesmal fast ein ganzer Monat lag: das Aufnehmen des Bissens vom Fußboden, dann vom Sofa, dann aus unserer Händen und schließlich das Auf-den-Schoß-Klettern. Ohne Leckerli hätte es noch beträchtlich länger gedauert.

Cinder an uns zu gewöhnen war die erste Hürde, der noch viele andere folgten. Noch jahrelang lief sie um ihr Leben, wenn Fremde ins Haus kamen. Die Behandlung dieser Angst verlief ähnlich: Wir setzen sie allmählich dem angstinduzierenden Reiz aus und koppelten ihn mit positiven Konsequenzen. Niemals zwangen wir sie, bei jemandem zu bleiben, den sie nicht mochte, sie selbst bestimmte das Tempo, und jeder einzelne Schritt wurde belohnt. Während Cinder gut auf die Behandlung reagierte und heute eine fast normale Katze ist, machte ihre Tochter Monkey seltsamerweise eine umgekehrte Entwicklung durch und wurde scheu. Wenn wir diesem Problem, das ganz allmählich auftrat, ebensoviel Aufmerksamkeit geschenkt hätten wie Cinders Störung, wäre es wahrscheinlich nicht so weit gekommen, doch das taten wir nicht, und später mußten wir feststellen, daß Monkey leider nicht so gut wie Cinder auf Verhaltenstherapie ansprach. Woran konnte das liegen? Das kann man nie mit Gewißheit sagen, aber die genetische Disposition spielt sicherlich eine Rolle. Möglicherweise hatte sie bestimmte Charakterzüge von ihrem Vater geerbt, doch das können wir leider nicht nachprüfen. Denkbar wäre auch, daß sie ihre Ängstlichkeit in der frühen Kindheit gelernt hat. Meiner Ansicht nach geht ihre Nervosität auf Beobachtungslernen bei ihrer Mutter während einer wichtigen Entwicklungsphase zurück, in der die jungen Katzen besonders prägbar sind. Das Beobachtungslernen ist ein bekanntes Phänomen, und es gibt bestimmte Entwicklunsstadien, in denen diese Form des Lernens unauslöschbare Spuren hinterläßt.

Die entscheidende Lernphase bei Katzen liegt zwischen zwei und acht Wochen. In dieser Zeit empfangen sie die ersten und dauerhaftesten Eindrücke von der Welt um sie herum. Allerdings findet das dabei Gelernte nicht unbedingt sofort seinen Ausdruck im Verhalten. Schlechte Erfahrungen, vor allem im letzten Teil dieser Entwicklungsphase, haben tiefgreifende Auswirkungen und werden für immer im Gedächtnis der Katze gespeichert. Auch Vereinzelung oder die verfrühte Trennung von Mutter und Geschwistern kann zu Angst führen; deshalb ist eine richtige, von positiven neuen Eindrücken begleitete Sozialisation so wichtig für die Aufzucht von zutraulichen, gut angepaßten Kätzchen. Angst vor dem Unbekannten ist eine angeborene Reaktion, deshalb kommt es zu Vermeidungsverhalten oder angstbedingter Aggression, wenn unzureichend oder falsch sozialisierte Kätzchen jenseits eines bestimmten Alters zum ersten Mal mit Menschen in Berührung kommen. Im Grunde genommen hat man es hier mit wilden Katzen zu tun. Die Reaktionen von ängstlichen bzw. wilden Katzen sind unterschiedlich, laufen jedoch meistens auf die Meidung von bedrohlich oder unkontrollierbar erscheinenden Situationen durch Kampf, Flucht, Erstarren oder Aggressionsverschiebung hinaus, falls gerade ein geeignetes Objekt zur Hand ist.

Wilde Kätzchen stellen den, der sie der Gemeinschaft zuführen will, aus Gründen, die auf der Hand liegen, vor eine schwere Aufgabe. Diese nicht sozialisierten Katzen wachsen in der wilden Ursprünglichkeit ihre Wurfs auf; für sie ist alles und jeder außerhalb ihrer Welt unvertraut und eine potentielle Gefahr. Und drohenden Gefahren begegnet man mit Argwohn, meidet sie oder bekämpft sie. Bei näherer Betrachtung ist die tiefsitzende Angst vor dem Unbekannten durchaus sinnvoll für ein Tier, das für ein Leben in freier Wildbahn bestimmt ist. Ein Kätzchen ohne Angst wäre eine leichte Beute für jedes Beutetier, und wenn es erst aus der Erfahrung lernen müßte, wen und was es fürchten muß, würde dies seine Überlebenschancen drastisch reduzieren. Deshalb ist die Entwicklung eines grundlegenden Mißtrauens gegenüber unbekannten Geschöpfen für das Überleben auf alle Fälle ein Vorteil.

Bei Katzen kam es zu keiner so stark selektiven Zucht wie bei Hunden, und zudem sind sie erst seit kürzerer Zeit domestiziert, das heißt, sie stehen vom Wesen her ihren wilden Vorfahren noch sehr viel näher. Ohne angemessene Sozialisation und Bindungserfahrungen in der ersten Lebenszeit zeigen sie daher häufig deutliche Merkmale aus dem Verhaltensspektrum wilder Katzen, und die sind in der Regel nicht gerade Kuscheltiere. Auf den Galapagosinseln gibt es noch wilde Katzen, die von den ehemaligen Schiffskatzen abstammen. Diese Tiere haben sich innerhalb weniger Generationen ganz an ihre Umwelt angepaßt und fast vollständig zu einem echten Typus wilder Katzen zurückentwickelt. Es sind schlanke, topfitte Jäger, die sich von Grillen und Eidechsen ernähren. Als Schoß- und Schmusekatzen gehalten, würden sie einem nicht viel Freude machen.

Die Frage ist also, ob eine Möglichkeit besteht, wilde Katzen der ersten Generation zu resozialisieren. Die Antwort ist ein vorsichtiges Ja. Der Erfolg hängt davon ab, wie lange die Katze wild gelebt hat und wieviel Zeit und Aufmerksamkeit man ihrer Umerziehung widmen kann. Entscheidend sind außerdem unsere Erwartungen, denn eine wilde Katze wird niemals so domestiziert werden können wie eine Katze, die ihre prägenden Monate in freundschaftlichem Verkehr mit Menschen verbracht hat. Der Einfluß der frühen Sozialisation ist so stark, daß ein Kätzchen, das gemeinsam mit seinem Erzfeind, der Maus, aufgezogen wird, den Spielgefährten weiterhin für einen Freund halten und niemals als Frühstück betrachten wird. Die ersten Lernerfahrungen haben also so tiefgreifende Auswirkungen, daß sie die eigentlich fest in der Natur verankerte Tendenz, das kleine Geschöpf als Beute zu sehen, überlagern. Die Wahrnehmung einer Katze kann zwar nachträglich verändert werden, aber nur durch einen langsamen, kontinuierlichen Lernprozeß. Man kann einer alten Katze durchaus neue Tricks beibringen, aber es braucht seine Zeit. Leider bringen viele potentielle Adoptiveltern wilder Katzen weder die erforderliche Zeit noch die Geduld dafür mit. Angst jedoch, die nicht behandelt wird, verstärkt sich selbst. Schon die Tatsache, daß die Katze Angst hat, sorgt dafür, daß sie sich schlecht fühlt. Das hat zur Folge, daß sie beim nächsten Mal, wenn sie in die angstbestimmte Situation kommt, zwei Gründe hat, diese zu fürchten: den ursprünglichen und die Erinnerung an das unbehagliche Gefühl dabei. Manchmal habe ich in solchen Fällen mit dem angstreduzierenden Medikament Bespar Erfolg gehabt. Eine wilde Katze, die bei mir in Behandlung war, verwandelte sich auf diese Weise nach dreiwöchiger Therapie in ein liebenswürdiges, Menschen zugeneigtes, extravertiertes Individuum. Ich setzte das Medikament ab, und die Besserung des Verhaltens hielt an; vermutlich hatte während der Medikation ein Lernprozeß stattgefunden. Ich habe diese Strategie seither mehrmals ausprobiert, und die Rückmeldung von den Besitzern war in der Regel positiv.

Eines beherrschen wilde Katzen fast in Vollendung: das Fauchen und Spucken beim Anblick von Menschen. Diese Form der Aggression ist in der wissenschaftlichen Literatur gut dokumentiert und wird als affektive Verteidigungsreaktion oder einfacher als angstbedingte Aggression bezeichnet. Jeder Verhaltensforscher, der seinen Titel verdient, kennt dieses Syndrom nur zu gut. Die betroffenen Katzen fauchen und spucken und zeigen weitere äußere Anzeichen des Aufruhrs, der in ihnen tobt, als da sind erweiterte Pupillen, gesträubtes Fell an Rücken und Schwanz und ausgefahrene Krallen. Auch der Katzenbuckel, der Größe vortäuschen soll und das klassische Hexen-Katzenbild abgibt, ist Teil dieser Abschreckungstaktik, die darauf abzielt, eventuelle Angreifer von vornherein von der Zwecklosigkeit irgendwelcher kriegerischer Handlungen zu überzeugen. Unter Druck werden ängstliche Katzen den Gegner dann tatsächlich angreifen und dabei kratzen und beißen, wobei die Verletzung des Gegenübers nicht das vorrangige Ziel ist. Kratzen ist in dieser Situation wahrscheinlicher als Beißen, wie jeder Tierarzt, der seine Patienten ohne dicke Handschuhe untersucht, bestätigen wird. Zum Beißen greifen in der Regel die selbstsicheren, extravertierten Katzen, die entschlossen sind, der Welt ihren Stempel aufzudrücken. Erwartungsgemäß steht auch bei der Therapie der angstbedingten Aggression das zeitaufwendige, aber wirksame Verfahren der Desensibilisierung im Mittelpunkt. Die Technik erweist sich vor allem dann als äußerst effektiv, wenn der angsterzeugende Reiz relativ genau zu bezeichnen ist, zum Beispiel der Nachbarsjunge. Eine Angst, die sich generalisiert hat, zum Beispiel auf alle erwachsenen Fremden, stellt dagegen im Hinblick auf die Planung und die Durchführung der Behandlung ein weit größeres Problem dar. In solchen Fällen kann die Unterstützung durch ein begleitend gegebenes angstreduzierendes Medikament von unschätzbarem Wert sein.

Die Angst vor Menschen ob mit oder ohne angstbedingte Aggression ist jedoch nicht die einzige Phobie, die bei Katzen auftreten kann. Wie andere Spezies können auch sie in bestimmten Situationen Angst vor Geräuschen, Anblicken und Gerüchen entwickeln. Ich habe bei Katzen zwar weniger Ängste dieser Art erlebt als bei Hunden, doch das könnte schlicht auf einen Beobachtungsfehler zurückzuführen sein. Es ist immerhin schwer, einen Hund mit Gewitter-Phobie nicht zu bemerken, der wie wild hin und her rennt, hechelt und speichelt. Manche Hunde, die unter dieser Phobie leiden, werfen sich bei einem Gewitter sogar durch ein geöffnetes Fenster aus dem dritten Stock, wenn ihr Herrchen sie nicht rechtzeitig daran hindert. Auf diese Weise ziehen sie zwangsläufig die Aufmerksamkeit auf sich, auch wenn das sicherlich nicht der Beweggrund für ihr Verhalten ist. Auch Hunde mit Trennungsangst sind kaum zu ignorieren, wenn ihre Verlassenheitsangst sich in hysterischem Bellen oder – noch schlimmer – in der Mißachtung sämtlicher trennender Barrieren Luft macht, was zu beträchtlichem Schaden an Türen, Rollos und Fensterbänken führen kann. Katzen mit ähnlich gelagerten Problemen bringen ihre Ängste gewöhnlich auf sehr viel subtilere Weise zum Ausdruck, und so werden ihre Leiden von ihren Besitzern in der Regel gar nicht wahrgenommen. Kein Mensch geht zum

Tierarzt, weil seine Katze sich manchmal unter dem Sofa versteckt oder ein paar Stunden nicht frißt. Ich erinnere mich nicht, jemals wegen einer Gewitter-Phobie bei einer Katze konsultiert worden zu sein, bin aber nichtsdestoweniger überzeugt, daß solche Phobien vorkommen. Auch eine Trennungsangst bleibt bei Katzen meist unbemerkt. Das unangebrachte Urinieren bei Abwesenheit des Besitzers ist vielleicht das einzige sichtbare Signal für eine solche Phobie, doch selbst in diesem Fall wird es fast sicher falsch gedeutet. Einem angstinduzierten Problem auf die Spur zu kommen ist bei einer Katze nicht ganz einfach. Wenn man jedoch erst einmal dahintergekommen ist, kommt man auch hier mit der bei Ängsten fast immer angezeigten, zeitintensiven Methode der Desensibilisierung am weitesten.

Nicht alle Ängste bei Katzen sind so versteckt wie die soeben beschriebenen, manche sind im Gegenteil nur allzu offensichtlich. Eine unangenehme Erfahrung beim Tierarzt zum Beispiel wird der Katze jeden einzelnen Aspekt des Ausflugs zur Tierarztpraxis unvergeßlich machen und kann alle künftigen Versuche, das Tier an irgendeinen anderen Ort zu transportieren, komplizieren. Diese Vermeidungsreaktion wird durch viele Facetten des vorangegangenen Tierarztbesuchs ausgelöst; dazu gehören der Anblick des Transportkorbes, die Autofahrt, der Geruch der Praxis, Menschen in weißen Kitteln, das Schreckgespenst des Arztes selbst usw. Auf jeden Fall ist diese Angst nicht zu übersehen. Man weiß genau, daß etwas nicht stimmt, wenn es dreißig Minuten dauert, bis man seine Katze für die alljährlichen Impfungen beim Tierarzt eingefangen hat, wenn sie ihren Gefühlen während der ganzen Autofahrt lautstark Luft macht oder sich im Wartezimmer in ein zitterndes Angstbündel verwandelt. Die Lösung auch für dieses Problem ist die systematische Desensibilisierung. Der erste Schritt besteht darin, die Katze dazu zu bringen, den Transportkorb mit angenehmen Umständen in Verbindung zu bringen. Ein guter Anfang ist es, ihn mit offener Tür herumstehen zu lassen und vielleicht sogar ein paar besondere Leckerbissen hineinzulegen; oder man füttert die Katze zuerst in der Nähe des Korbes und dann darin. Der nächste Schritt wäre, die Tür für kurze Zeit zu schließen und das eingeschlossene Tier, wenn es ruhig bleibt, mit Leckerbissen zu belohnen. Als nächstes würde man die Katze daraufhin im Korb ins Auto tragen und eine kurze Fahrt um den Häuserblock machen. Wenn diese Versuche erst einmal mit Erfolg gekrönt waren, kann man die Katze zum Tierarzt bringen und im Warteraum füttern; auf diese Weise wird die Angst vor dem Zielort überwunden. Jeder Schritt enthält ein Hindernis, das überwunden werden muß, und der nächste darf immer erst dann unternommen werden, wenn der vorhergehende erfolgreich – das heißt ohne Zeichen von Angst – bewältigt wurde. Am Schluß ist dann der Tierarzt gefragt, der sich große Mühe geben muß, daß die Konsultationen und Untersuchungen der Katze keine Angst machen und sie nicht unter Streß setzen. Das verlangt Geduld, minimalen Zwang und bei manchen Gelegenheiten Gegenkonditionierung. Zahnärzte zum Beispiel wissen, daß sie ihre Patienten mit Samthandschuhen anfassen und Kinder manchmal auch mit zuckerfreien Bonbons belohnen müssen. Die Katze dazu zu bringen, einen Tierarztbesuch einigermaßen gelassen hinzunehmen, braucht Zeit, und die ganze Mühe war vergebens, wenn man sein angstgeschütteltes Tier zwischendrin plötzlich wegen eines Notfalls zum Arzt expedieren muß. Für solche Fälle gibt es medikamentöse Lösungen, etwa schnell wirkende angstreduzierende Medikamente wie zum Beispiel Xanax. Xanax wirkt rasch und kann einen wilden Tiger in vierzig Minuten in ein Lämmchen verwandeln. Manchmal tritt allerdings auch die paradoxe Wirkung ein, daß die Aggression noch zunimmt, deshalb sollte man ein solches

Mittel nie einfach zu Hause ohne Mitwirkung eines Experten ausprobieren.

Auch die Anzeichen einer Trennungsangst bleiben nicht immer verborgen. Tony, ein Freund aus dem Fitneßstudio, erzählte mir eines Tages beim Muskeltraining, daß seine Katze sich praktisch jedesmal, wenn er das Haus verließ, auf den weißen Teppichboden erbrach. Seine Frau, eine penible Hausfrau, war mit den Nerven am Ende, und das Schicksal seines kleinen Gefährten, eines ausnehmend hübschen, wenn auch etwas reizbaren Himalaja-Katers namens Snowball, schien bereits besiegelt. Aus dem, was er mir erzählte, drängte sich mir die vorläufige Diagnose einer Trennungsangst als Ursache des Problems auf. Wir hatten im Studio nicht viel Zeit zum Reden, aber ich empfahl ihm, es einmal damit zu versuchen, das Radio anzulassen, wenn er fortging, und versprach ihm, wenn nötig, später eine ausführlichere Beratung. Zu meiner Überraschung und Tonys Freude war das jedoch nicht nötig, da Snowball sehr gut auf die Radiotherapie ansprach und seine Anfälle einstellte. Tony fügte noch hinzu, daß er offenbar Countrymusik bevorzuge, was gut zu den neuesten Erkenntnissen über die musikalischen Vorlieben von Kühen paßt, die, wie ich hörte, mehr Milch geben, wenn sie Garth Brooks hören.

Manche Menschen haben vor Katzen ebenso große Angst wie manche Katzen vor Menschen. Die Angst vor Katzen, die sogenannte Ailurophobie, ist so alt wie die Menschheit und beruht nicht zuletzt auf dem ätherischen Wesen der Katzen, das sie so geheimnisvoll macht. Schon wie sie einen Menschen ansehen, kann zarter besaitete Personen nervös machen. Der unverwandte, ja starre Blick erweckt den Eindruck, als sähen sie einem direkt ins Herz. Auch die wie bei Reptilien geschlitzten Pupillen und im Dunkeln leuchtenden Augen tragen nicht gerade zur Beruhigung ängstlicher Gemüter bei. Und nicht zuletzt können der jähe Wechsel von völliger Bewegungslosigkeit zu urplötzlichem Zuschlagen und die heimlichen nächtlichen Umtriebe der Katze den Ahnungslosen zutiefst beunruhigen. Ich bin im Hause meines Schwiegervaters in Washington D.C. einmal einer von einer Katzenphobie geheilten Dame begegnet. Gloria, heute eine leidenschaftliche Katzenliebhaberin, war nur zu gern bereit, mit mir über die Zeit vor ihrer ›Bekehrung‹ zu sprechen, ja sie stürzte sich förmlich auf mich, nachdem sie von meinem Interesse an Katzen erfahren hatte (hier ist anzufügen, daß ich vor diesem Überfall keineswegs zurückschreckte), und erzählte mir ihre faszinierende Geschichte. Gloria hatte jahrelang immer wieder versucht, einer heimatlosen Katze ein Zuhause zu geben. Doch jedesmal, wenn sie eine Katze aufnahm und in ihr Haus brachte, gewann ihre Angst die Oberhand über ihr Mitleid, und sie mußte das Tier nach ein oder zwei Tagen ins Tierheim zurückbringen. Das Hauptproblem für Gloria waren die Nächte, wenn sie im Bett lag und ängstlich auf die Geräusche des lebendigen Geschöpfes irgendwo in der Dunkelheit ihrer Wohnung lauschte. Den Ausschlag gab dann jedesmal, wenn die Katze auf ihr Bett oder das Nachttischchen daneben sprang. Mit einem Schlag war Gloria aus dem Bett, knipste alle Lampen an, zitterte vor Angst und bekam kaum noch Luft. Am nächsten Tag kam dann der traurige Weg zum Tierheim in dem demütigenden Wissen, wieder einmal versagt zu haben. Die Mitarbeiter dort kannten sie allmählich gut und wunderten sich nicht über ihr Erscheinen an dem bewußten Tag, an dem Gloria, wie sich herausstellen sollte, ihre erste erfolgreiche Adoption vornahm. Auch an jenem Tag wanderte sie wieder durch die Käfigreihen, schaute mal in diese, mal in jene Box, bis sie sich plötzlich eines Augenpaares bewußt wurde, das fest auf sie geheftet war. Sie drehte sich um und stand vor der schönsten, traurigsten Katze, die sie je gesehen hatte. Sie wußte, daß sie es mit diesem einsamen

124

Wesen noch einmal versuchen mußte. Der Papierkram wurde erledigt, und die Leute im Heim lächelten sich vielsagend zu, als Gloria mit ihrem elften Adoptionsversuch unter dem Arm das Haus verließ.

Daheim bereitete sie dem Neuankömmling ein bequemes Lager, stellte ihm Futter, Wasser und ein Katzenklo hin und erledigte dann einige Besorgungen außer Haus. Als sie ein paar Stunden später zurückkam, saß die Katze noch immer in der gleichen Haltung da wie vor ihrem Weggehen. Gloria machte diese an gänzliche Starre grenzende Bewegungslosigkeit Sorgen, und sie rief den Tierarzt. Es stellte sich heraus, daß die Katze an einem schlimmen Katzenvirus litt und sehr viel Aufmerksamkeit und Pflege brauchte, die ihr Frauchen ihr mit Freuden zu geben bereit war, ja ihr Mitleid mit dem Tier nahm sogar noch zu. Es nahm viele Tage in Anspruch, den Gesundheitszustand der Katze zu stabilisieren, und erforderte größte Geduld, nicht zuletzt, weil sie löffelweise gefüttert werden mußte. Zu den Symptomen der Krankheit gehörte die auffällige Bewegungsarmut. Die ersten paar Tage der Rekonvaleszenz bestanden dann in einer Reihe von längeren, von schweren Träumen belasteten, oberflächlichen Nickerchen, unterbrochen von kurzen Perioden des Tiefschlafs. Daß die Katze sich vor allem nachts so gut wie gar nicht bewegte, erlaubte Gloria, sich ohne die von früher bekannten nächtlichen Schrecken an ihre Gegenwart zu gewöhnen. Die gegenseitige Zuneigung wuchs. Als die neue Katze dann endlich anfing, sich zu bewegen, geschah dies nicht in den Sprüngen und Sätzen, die Gloria solche Angst machten, sondern in gemessenem Schritt, den sie gut ertragen konnte. Insgesamt dauerte es mehrere Wochen, bis die Katze ihre kinetischen Fähigkeiten vollständig wiedererlangt hatte – lange genug für Gloria, sich an jede einzelne Stufe zu gewöhnen. Ohne es zu wissen, hatte sie sich selbst einer Desensibilisierung unterzogen und dadurch ihre Furcht überwunden. Zum Beweis für ihren neuen Mut nahm sie eine zweite Katze auf, was keinen mehr überraschte als den diensttuenden Mitarbeiter im Tierheim, der bloß noch seine Mütze zurückschob und sich verwundert am Kopf kratzte. Er hatte gedacht, ihm sei schon alles untergekommen.

Die Desensibilisierung ist eine so wirksame Methode, Katzen – und Menschen – von Angst zu befreien bzw. Ängste zu reduzieren, so daß die Therapie solcher Ängste mit zu den lohnendsten Aufgaben für uns Ärzte gehört. Ich frage mich oft, ob die Katzen sich – wie viele Menschen – nach der Befreiung von ihren Phobien manchmal fragen, wie sie überhaupt solche Ängste hegen konnten. Gloria jedenfalls ging es so. Jetzt kann sie, wenn ihre Katzen nachts herumräubern, nur noch lächeln in dem Gedanken, daß es keinen Grund zur Angst gibt außer der Angst selbst.

Kapitel 7
Das Menetekel

Eines der häufigsten Verhaltensprobleme bei Katzen ist die Unsauberkeit. Gemeint ist damit der unglückselige Hang mancher Katzen, Kot und Urin an anderer Stelle als dem dafür bestimmten Bereich im Haus – gewöhnlich das Katzenklo – abzusetzen. Kein anderes Problem bereitet den Katzenbesitzern soviel Kummer, und kein anderes führt so häufig zur Erwägung des letzten Auswegs – der Einschläferung. Unsauberkeit bringt mehr Katzen den Tod als alle anderen Verhaltensstörungen oder Krankheiten. Bis vor kurzem konnten die Tierärzte den leidgeprüften Besitzern, die sich ratsuchend an sie wandten, hierbei auch kaum helfen. Wenn die Kastration, die Behandlung eventuell zugrundeliegender Krankheiten und die Verabreichung synthetischen Progesterons nichts nützten, waren die meisten mit ihrem Latein am Ende. Man versteht die Frustration der verzweifelten Besitzer, denen nur noch die Wahl bleibt, im Dunstkreis einer Katzenlatrine zu leben oder einem lieben kleinen Gefährten Lebewohl zu sagen. Ich persönlich möchte nicht vor diese Wahl gestellt sein. Glücklicherweise haben wir in jüngster Zeit neue Erkenntnisse auf diesem Gebiet gewonnen, und es sind mittlerweile die wenigsten Katzen, für die es in dieser Hinsicht wirklich keine Hilfe gibt. Die meisten sind in wenigen Tagen oder Wochen geheilt.

Als ich anfing, mich mit Verhaltensstörungen bei Kleintieren zu befassen, war ich zunächst wenig angetan von der Aussicht, mich nun auch mit dem gängigsten Problem aus diesem

Bereich, der Unsauberkeit und Hygiene, herumschlagen zu müssen. Heute führe ich mein damaliges Unbehagen hauptsächlich auf meine Unkenntnis zurück. Wenn ich besser informiert gewesen wäre, wäre meine Begeisterung für dieses heikle Thema sicherlich weit größer gewesen. So ist es jedenfalls heute. Damals jedoch dachte ich gar nicht daran, die Besitzer nicht (mehr) stubenreiner Katzen zu ermutigen, zu mir in die Klinik zu kommen. Statt dessen konzentrierte ich mich lieber auf Probleme, die das andere Ende des Tieres betrafen. Ich merkte allerdings rasch, daß ich die medizinische und therapeutische Herausforderung, die das Problem der Unsauberkeit darstellte, und den verzweifelte Bedarf nach wirksamer Hilfe unterschätzt hatte. Während mir immer mehr einschlägige Fälle vorgetragen wurden, mußte ich feststellen, daß es gar nicht so einfach war, jeweils die richtige Diagnose zu finden, und manche der komplizierter gelagerten Fallgeschichten einigen Scharfsinn verlangten. Ja in einigen steckten buchstäblich sämtliche spannenden Elemente eines guten Detektivromans, und das weckte endgültig mein Interesse, dem Problem zu Leibe zu rücken.

Zugegebenermaßen sind manche Fälle von Unsauberkeit recht simpel gelagert, vor allem wenn ihnen eine schlichte Katzenkloaversion zugrunde liegt. Frankie, ein Hauskater aus Worcester, ist ein typisches Beispiel dafür. Frankies Besitzerin Michelle rief mich an und bat um einen Termin für ihren Kater, der plötzlich einen kleinen Läufer zu seinem WC erklärt hatte. Ich stellte ein paar Fragen, um mir einen ersten Eindruck zu verschaffen.

»Wo genau pflegt Frankie zu urinieren?« fragte ich Michelle. »In eine dunkle Ecke, mitten ins Zimmer, auf den Teppich ... wo?«

»Genau neben sein Klo«, antwortete Michelle seufzend. »Er könnte mir doch wirklich den Gefallen tun und zwei kleine Schritte weitergehen, aber nein, er benutzt den Läufer direkt neben dem Klo. Ich verstehe das einfach nicht. Ich halte das Klo sorgfältig sauber, leere und schrubbe es jeden Tag, und plötzlich ist es ihm nicht mehr gut genug.«

Mir drängte sich wegen des unauffälligen stereotypen Verhaltensmusters – konsequent immer genau dicht neben dem Klo – sofort die Diagnose einer Katzenkloaversion auf.

»Wie lange hat er das Problem schon?« fuhr ich fort.

»Seit ein paar Monaten«, meinte Michelle.

»Gab es ein bestimmtes Ereignis, das Sie mit dem ersten Auftreten in Verbindung bringen können?«

Michelle dachte ein Weilchen nach, bevor sie antwortete.

»Ja, ich habe einen Plastikläufer unter das Klo gelegt, um mir die Säuberung ein bißchen zu erleichtern, weil er immer so wild scharrte, daß die ganze Streu herausspritzte. Das kann es doch aber nicht sein, oder?«

»Und ob es das ist«, entgegnete ich. Mir war klar, daß wir den Auslöser gefunden hatten, und ich versuchte ihr begreiflich zu machen, wie Katzen über Plastikläufer denken. Die meisten Katzen verabscheuen es nämlich, über Plastik zu laufen, und zwar so sehr, daß ich Bereiche, die ich vor einer Verunreinigung schützen will, mit Plastik abzudecken pflege. Niemand weiß, warum Katzen Plastikoberflächen nicht mögen; es muß irgend etwas damit zu tun haben, wie sie sich anfühlen.

Noch während ich diese Information an Michelle weitergab, merkte ich, daß ich mich gerade um einen Patientenbesuch in der Klinik gebracht hatte, und das in einer Zeit, in der unser Direktor mir ständig in den Ohren lag, wir bräuchten mehr Klienten. Es hatte jedoch keinen Sinn, Michelle in die Klinik zu zitieren, bloß um ihr den naheliegenden nächsten Schritt zu unterbreiten – den Plastikläufer zu entfernen –, deshalb erläuterte ich ihr, was sie zu tun hatte, und bat sie, mich in einigen Tagen nochmals anzurufen. Wenn das Verhalten aufhörte – und davon war ich überzeugt –, war sie aus dem Schneider (und Frankie ebenfalls). Wenn nicht, konnten wir immer noch einen Termin für eine Konsultation vereinbaren. Wie erwartet konnte mir Michelle bei ihrem Rückruf berichten, daß Frankies Problem über Nacht im wahrsten Sinne des Wortes ›bereinigt‹ war. Sie war so entzückt über den Erfolg, daß sie darauf bestand, trotzdem mit Frankie zu mir zu kommen, damit ich ihn kennenlernte und wir uns gemeinsam über die erfolgreiche Behandlung freuen konnten. Wir verbrachten ein angenehmes Stündchen miteinander, erörterten einige andere Idiosynkrasien von Frankie und plauderten angeregt über Katzen im allgemeinen. Mit dieser Lösung war jedermann zufrieden, auch der Klinikdirektor.

Ein anderer, ähnlich gelagerter Fall, den ich aus formalen Gründen als telefonische Konsultation abrechnete, kam ebenfalls aus der Nachbarstadt Worcester. Die Besitzerin dieser Problemkatze war allerdings weit weniger höflich als Michelle; sie gehörte offenbar zu den Menschen, die eine Menge Fragen stellen und einem dann, wenn man sie beantwortet, sagen, daß man unrecht hat. Auch diese Frau befand sich in einer prekären Situation. Sie war vor einigen Jahren pensioniert worden und lebte allein in einer Wohnung mit sechs Katzen. Bis vor kurzem hatten alle sechs zwei Katzenklos benutzt. Sie erzählte mir, daß sie die Klos nach jeder Benutzung reinige, so daß sie immer einladend sauber wären. Eines Tages jedoch, aus heiterem Himmel und scheinbar ohne jeden Grund, machte eine der Katzen auf den Teppich hinter dem Sofa, und das Leben der Frau verwandelte sich in einen Alptraum. Ich versuchte ihr klarzumachen, daß ihr Problem höchstwahrscheinlich darauf zurückzuführen war, daß sie zu wenig Katzenklos für so viele Katzen aufgestellt hatte. Anfänglich wollte sie einfach nicht glauben, daß das der Grund sein könnte, nachdem es doch immerhin jahrelang funktioniert hatte. Ich verstand den Einwand, wies aber darauf hin, daß zwei Katzenklos für sechs Katzen in jedem Fall ein Risiko darstellten und sie damit das Schicksal förmlich herausgefordert habe. Meiner Ansicht nach war es nur deshalb so lange gutgegangen, weil sie die Klos nach jeder Benutzung sofort gereinigt hatte. Auf diese Weise hatte sie bis jetzt verhindert, daß es zu Problemen kam, doch das änderte nichts an dem Umstand, daß der Zustand mit nur zwei Klos unhaltbar war. Was genau aber hatte ihren Pflegling wohl plötzlich aus der Bahn geworfen? Nach meiner Vermutung wollte der Übeltäter eines Tages die Klos benutzen, während sie besetzt waren, und konnte nicht warten. In dieser Bedrängnis war die normalerweise stubenreine Katze gezwungen, sich eine andere Möglichkeit zu suchen, und zog sich an den warmen, dunklen Platz hinter dem Sofa zurück. Nachdem der Ort erst einmal markiert war, wurde er natürlich zum alternativen ›WC‹, das der kleine Missetäter so sicher aufsuchte wie eine auf Wärme reagierende Rakete eine Wärmequelle ansteuert. Entscheidend war es nun, die offensichtlich skeptische Besitzerin von der Richtigkeit meiner Annahme zu überzeugen, damit ich sie für das notwendige Verhaltenstraining gewinnen konnte.

Auf meinen Vorschlag, mehr Katzenklos aufzustellen, wartete sie mit einer Unzahl anderer, weniger wahrscheinlicher Erklärungen für das unangemessene Verhalten auf, die nichts mit den Hygieneverhältnissen zu tun hatten, und beharrte eigensinnig darauf, daß ihr Katzenklo-Arrangement völlig in Ordnung sei. Da wir so völlig gegensätzlicher Ansicht waren, bestand meine einzige Chance darin, sie dazu zu bringen, einfach probeweise mehr Katzenklos aufzustellen, nur um mir zu beweisen, daß ich im Irrtum war. Sie hatte in diesem Fall nichts zu verlieren, sondern konnte sich im Gegenteil auf die Genugtuung freuen, mich auszulachen, wenn das Problem weiterhin bestünde. Dieses Argument überzeugte sie schließlich. Sie erklärte sich bereit, für eine bestimmte Zeit zwei weitere Klos einzurichten, weigerte sich allerdings entschieden, jeder Katze ihr eigenes Klo zu gönnen, wie ich sicherheitshalber gefordert hatte. Neben der Aufstockung des Katzenklobestands hatte ich ihr eine sorgfältige Reinigung des verschmutzten Teppichs mit einem Geruchsneutralisierer, den man in Tierhandlungen kaufen kann, ans Herz gelegt. Das Ergebnis ließ nicht lange auf sich warten. Die Wirkung trat sogar beinahe augenblicklich ein, und schon zwei Tage später rief sie an, um mir die gute Nachricht mitzuteilen. Sie hatte zwar den Kampf verloren, den Krieg jedoch gewonnen, deshalb fiel es ihr nicht schwer, ihre Niederlage einzuräumen. Nach dem ganzen Hin und Her war der Abschluß dieses Falls eine Art Antiklimax für mich, aber ich bin heilfroh, daß es so und nicht anders ausging.

Katzen sind merkwürdige Geschöpfe, geradezu berüchtigt für ihr anspruchsvolles Wesen. Die Frage, wo sie ihre Notdurft verrichten, ist für sie fast ebenso bedeutsam wie die nach dem Fressen. Schon der Akt des Ansteuerns des WCs ist ein kinästhetisches Kunstwerk, ein förmliches Ballett genau choreographierter Schritte und Drehungen. Die zufriedene Katze betritt ihr Klo sehr aufmerksam und interessiert und verbringt viel Zeit damit, die richtige Stelle darin zu finden. Dann scharrt sie eine kleine Vertiefung, dreht sich um, bringt ihr Hinterteil über der Vertiefung in Stellung *et voilà*! Während dieses Manövers, das offensichtlich höchste Konzentration und beträchtliches Know-how erfordert, sind die ganze Zeit über alle vier Pfoten fest auf dem Boden des Klos. Nach getaner Arbeit nimmt die Katze sich Zeit, die Früchte ihrer Mühen zu inspizieren, und die meisten – aber nicht alle – verscharren sie anschließend sorgfältig. Dann springen sie nonchalant heraus und widmen sich einer anderen Tätigkeit. Völlig anders sieht es bei einer Katze aus, die mit ihrem Klo unzufrieden ist. Sie wird sich ihm nur zögernd nähern und ohne größere Präliminarien eine hockende Stellung einnehmen. Wenn es eine Zeitlang dauert, bis sie einen sauberen Platz im Klo findet, ist die Suche meist von angeekeltem Pfotenschütteln begleitet, als wolle sie verzweifelt etwas Widerliches loswerden. Wenn sie sich hinkauert, um sich zu entleeren, tritt häufig ein angewiderter Ausdruck auf ihr Gesicht; die Ohren sind angelegt, der ganze Körper gespannt. Manche balancieren mit äußerster Anstrengung auf einer Seite des Klos in dem Versuch, den Kontakt mit dem verunreinigten Boden weitgehend zu vermeiden, und nicht selten hängen sie schließlich halb aus dem Klo heraus – das Ergebnis ist entsprechend. Auf keinen Fall verweilen diese Tiere noch im Klo, wenn sie ihr Geschäft beendet haben. Wie der Blitz sind sie wieder draußen – haben auch keine Zeit, noch darin herumzuscharren und das Ganze zuzudecken. In der Luft Scharren, Teppichscharren und Wandscharren neben dem Klo sind Zeichen einer Abschlußhandlung, die in Wirklichkeit nicht stattfindet. Die Katze führt einfach die Bewegungen des Verscharrens durch, ohne ihre Pfoten mit der Streu in Berührung zu bringen. Katzen, die in und neben ihren Klos ein solches Verhalten zeigen, sind alles andere als glücklich mit den sanitären Anlagen, auch wenn manche es schaffen, trotz aller Widrigkeiten ins Schwarze zu treffen.

Die Gründe dafür, daß eine Katze ihr Klo ablehnt, sind vielfältig: Es kann an dem Ort liegen, an dem es aufgestellt ist (zu exponiert oder zu abgelegen); es kann sein, daß das Klo zu flach, zu klein, zu schmutzig oder zu sauber ist (etwa, daß es nach scharfen Chemikalien riecht), daß es eine Abdeckung hat oder daß es ganz einfach das falsche Klo ist.

Die meisten Katzen scheinen Sand als Einstreu zu bevorzugen, vielleicht weil ihre Vorfahren Wüstentiere waren und sie deshalb einen natürlichen Hang zu sandartigen Substanzen haben. Um sich selbst von dieser Vorliebe zu überzeugen, brauchen Sie nur einen Haufen Bausand vor Ihrer Hintertür abladen zu lassen. Sie werden rasch feststellen, daß jede einzelne Katze in der Nachbarschaft den Sandhaufen als persönliche Latrine benutzt. Störend kann diese Vorliebe von Katzen für Sand dann werden, wenn man einen Sandkasten für seine Kinder anlegen möchte – ein guter Grund, den Kasten mit einer Abdeckungsmöglichkeit zu versehen. Ein Verhaltensforscher (der offenbar gerade an zwei Projekten gleichzeitig arbeitete) führte einmal eine Art Äquivalent zum Pepsi-Cola-Test durch, um herauszufinden, welche Einstreu Katzen bevorzugen. Die Untersuchung ergab eine auffällige Vorliebe für Sand. Die meisten Sand-Einstreus bestehen in Wirklichkeit aus Ton, es ist also nicht das Silikon-Dioxid an sich, das die Attraktivität ausmacht, sondern einfach die Konsistenz. Wer seiner Katze, die zuvor eine andere Streu hatte, die Sandstreu ihrer Träume spendiert, kommt häufig in den Genuß des Schauspiels, wie sein Liebling sich mit allen vier Pfoten zugleich hineinstürzt und anfängt, sich ekstatisch zu wälzen. Das Katzenklogglück, so scheint es, hat die Beschaffenheit von Sand. Schon ein Wechsel der Streu kann also eine wirksame erste Maßnahme sein, wenn man in dieser Hinsicht Probleme mit seiner Katze hat, und das Ganze sozusagen auf einen Sitz lösen.

Nur eines kann Katzen die Freude an Sand verderben: Parfum. Katzen schwärmen nicht gerade für Parfums. Keine Katze, die auf sich hält, läßt es zu, daß ihr feiner persönlicher Duft von Obertönen des Lavendels oder der Rose überlagert wird. Darüber hinaus zielt die Streuparfümierung meist auf die relativ unsensible Nase des Menschen ab, muß also für die empfindliche Katzennase geradezu ›ätzend‹ sein. Aus diesem Grund sollte man bei Katzenkloproblemen zunächst einmal versuchen, zu einer unparfümierten Streu zu greifen. Selbst Gerüche, die unabsichtlich mit dem Katzenklo in Berührung kamen, können ungeahnte Folgen haben. Überpenible Katzenbesitzer, die das Klo ihrer Katze mit scharfen Desinfektionsmitteln reinigen, müssen häufig feststellen, daß ihre Bemühungen genau den gegenteiligen Effekt haben, da sie ihre geruchsempfindliche Katze damit regelrecht vom Klo weg an andere Örtlichkeiten vertreiben.

Wer eine Katze hat, die regelmäßig die Wohnung verunreinigt, schreibt dieses Problem gewöhnlich zuerst einmal sich selbst zu und intensiviert seine Bemühungen, das Katzenklo sauberzuhalten. Nur sehr selten muß ich meine Klienten dazu anhalten, die Hinterlassenschaften im Klo täglich zu entfernen und die Streu wöchentlich zu wechseln. Dennoch kommt es manchmal vor, daß eine Katze wegen vorausgegangener Fehler bei der Katzenklohygiene ihre Toilette nicht benutzt. Ein typischer Auslöser kann zum Beispiel sein, wenn der Besitzer einige Tage fort war und das Katzenklo bei seiner Rückkehr völlig verunreinigt wiederfindet, so daß die Katze praktisch nicht umhinkonnte, sich ein anderes Plätzchen zu suchen. Wenn sie jedoch erst einmal damit angefangen hat, behält sie das Verhalten wegen des Uringeruchs, das dem neuen Ort anhaftet, bei. Eine sorgfältige Reinigung der betreffenden Stellen mit Produkten, die den Geruch durch Bakterien oder Enzyme beseitigen, ist dann ein wesentlicher Bestandteil der Behandlung.

Wie wohl jeder Katzenbesitzer weiß, ist Unsauberkeit jedoch nicht immer nur auf die Katzenkloverhältnisse zurückzuführen, existiert doch daneben noch eine völlig andere Kategorie dieser Problematik, die sich mit der Bezeichnung ›Markierungsverhalten‹ zusammenfassen läßt. Die offensichtlichste Form ist wohl das Urin-Versprühen. Dabei richtet die Katze sich meistens an einer vertikalen Oberfläche auf, trippelt mit den Hinterpfoten, zuckt mit der Schwanzspitze und stößt eine kleine Menge Urin aus. Es gibt jedoch auch vereinzelte Exemplare, die horizontale Oberflächen markieren; sie hokken sich hin und entlassen – offenbar zu Markierungszwecken – kleine Urinmengen. Dabei geht es ihnen weniger um die Erleichterung als um das Hinterlassen einer Botschaft, einer Art Urin-Graffiti, das entweder potentielle Eindringlinge abschrecken oder aber einem möglichen Gefährten die eigene Paarungsbereitschaft anzeigen soll. Die Übeltäter sind normalerweise männliche Tiere, unter bestimmten Umständen aber auch Weibchen. Durch Kastration sind neunzig Prozent der Männchen von ihrem (für uns) anrüchigen Zeitvertreib abzubringen, und sie verhindert auch das mit der Rolligkeit einhergehende Sprühen bei Weibchen. Auch danach bleibt allerdings, obwohl keine hormonelle Motivation mehr vorliegt, noch ein harter Kern von Sprayern übrig.

Warum behalten kastrierte Tiere diese Form des Markierungsverhaltens bei? Eine gute Frage, deren Beantwortung nicht so einfach ist, wie man ursprünglich dachte. Die klassische Erklärung lautet, daß kastrierte Katzen bestimmte Bereiche mit ihrem Urin markieren, weil sie unter Umweltstreß leiden. Offenbar werden Katzen, wenn sie vor etwas Angst haben, unsicher und haben das unwiderstehliche Bedürfnis, ihr Territorium abzusichern. Dafür benutzen sie Urin (manchmal auch Kot). So abstoßend dies auf den ersten Blick wirken mag, die Praxis, durch das Medium von Exkrementen persönliche Botschaften zu hinterlassen, ist aus dem gesamten Tierreich bekannt. Urinieren und Kotabsetzen sind für die meisten Spezies sehr viel mehr als ein bloßer Entleerungsvorgang, und das Ritual, wer sich wo seiner Exkremente entledigt, ist meistens hochkomplex. So pflegen Hengste, sobald sie einander begegnen, zu äpfeln, und das Schnuppern an den Fäkalien des anderen scheint ihnen alle möglichen Informationen sozialer und sexueller Natur zu vermitteln. Das Kotabsetzen als Methode der Nachrichtenübermittlung ist für Hengste so wichtig, daß die Verhaltensforscherin Dr. Kathy Houpt aus Cornell behauptet, Hengste würden niemals Kot absetzen, nur weil sie das Bedürfnis verspüren, ihre Eingeweide zu entleeren, sondern daß stets eine symbolische Bedeutung dahintersteht. Manche Affen, Ziegen und sogar Kaninchen urinieren sogar auf sich selbst – eine Markierung, die wir Menschen wohl kaum schätzen würden. Exkremente können zudem versteckte Botschaften übermitteln – eine Kommunikationsmethode, auf die sich vor allem Katzen verstehen, und darin liegt wiederum die Wurzel des Problems.

Da dem Markierungsverhalten meistens irgendeine Angst zugrunde liegt, muß die Behandlung sich in diesem Fall logischerweise auf die Beseitigung der Streßursache konzentrieren. Eine sorgfältige Anamnese ist unverzichtbar, wobei man besonders nach Ereignissen fahnden sollte, die mit dem ersten Auftreten des Problems zusammenhingen. Auch ein Wohnungsgrundriß und ein Zeitplan können helfen, umweltbedingte Streßfaktoren auszumachen. Die ideale Lösung wäre natürlich, diese Stressoren zu entfernen und das Umfeld der Katze entsprechend zu verändern, doch leider ist es nicht immer möglich, die Angstursache so genau herauszufinden, ganz zu schweigen davon, etwas dagegen zu unternehmen. Deshalb ist die Medikation seit einigen Jahren die Hauptstütze der Behandlung in derartigen Fällen. Früher verordnete man synthetische Progesterone, manchmal auch Valium, doch der Erfolg hielt sich in Grenzen, und die Nebenwirkungen waren beträchtlich. Progesteronderivate wirkten nur in dreißig Prozent aller Fälle und begünstigten manchmal Hormonkrankheiten wie Diabetes oder Hypophysen-Probleme. Valium ist wirksamer, aber leider suchterzeugend und führt gleichzeitig zu Sedierung, Lethargie und Gewichtszunahme, manchmal zu Gedächtnisverlust und gelegentlich sogar zu tödlichem Leberversagen.

Dennoch waren bis in die Mitte der achtziger Jahre Progesteronderivate und Valium das einzige, worauf Tierärzte zurückgreifen konnten. Da die Alternative untragbar war, war eine sicherere und wirksamere Behandlung dringend notwendig. Ich kann mit einigem Stolz sagen, daß Dr. Lou Shuster und ich eine Schlüsselrolle in der darauffolgenden Entwicklung spielten. Es begann damit, daß ich eines Tages im Frühjahr 1987 in unserem Garten stand und mit unserem Freund und Nachbarn, Jim Preston, plauderte. Jim, ein Lehrer, erzählte mir, was für eine schlimme Zeit er gerade durchmachte: Sein Vater war kürzlich gestorben, er hatte finanzielle Probleme, und seine Tochter war im Teenageralter und bereitete ihm schlaflose Nächte, weil sie ohne Erlaubnis sein Auto nahm und in Gräben oder gegen Mauern fuhr. Es schien mir irgendwie unsensibel, ihn danach zu fragen, wie er damit fertig wurde, aber ich tat es trotzdem.

»Nick«, antwortete er, »ich war dermaßen am Ende, daß ich nicht mehr schlafen konnte, ein nervöses Zucken am Augenlid bekam und mich im Unterricht nicht mehr konzentrieren konnte. Aber jetzt geht es wieder – ich bin zum Arzt gegangen, und er hat mir ein angstreduzierendes Medikament verordnet. Mit einem Schlag war alles anders. Jetzt schlafe ich wie ein Holzklotz, der nervöse Tick ist verschwunden, und im Unterricht bin ich wieder mein früheres gelassenes Selbst. Ich fühle mich richtig gut. Dabei war ich wirklich am Überschnappen. Ich funktionierte nicht mehr, weil ich nicht schlafen konnte, und ich konnte nicht schlafen, weil ich mir solche Sorgen machte – am Schluß habe ich mir Sorgen gemacht, weil ich nicht schlafen konnte.«

»Was hat der Arzt dir denn verschrieben?« fragte ich, und war mir ganz sicher, auf jeden Fall die Klasse der Medikamente, wenn nicht sogar das Medikament selbst, das Jim bekam, zu kennen.

»Bespar«, antwortete er. »Sagt dir das was?«

Ich mußte zugeben, daß ich noch nie davon gehört hatte, und später fand ich auch heraus, warum. Bespar war erst ein Jahr zuvor für die Humanmedizin freigegeben worden. Ich eilte an meinen Bücherschrank und schlug in meinen Pharmakologie-Wälzern nach. Die wissenschaftlichen Erhebungen und Tests zu Bespar waren beeindruckend. Nach dieser Lektüre und einigen intensiven Diskussionen mit Lou fing ich an, Bespar versuchsweise gegen angstinduzierte Probleme bei Tieren einzusetzen, auch gegen die Unsauberkeit bei Katzen. Einer der ersten Fälle, die ich auf diese Weise behandelte, war eine neunjährige, kastrierte Hauskatze namens Gretchen. Als ich Gretchen kennenlernte, machte sie ihr Geschäft seit fast einem Jahr außerhalb ihres Katzenklos. Ich erkundigte mich nach ihrer medizinischen Vorgeschichte und erfuhr, daß sie unmittelbar vor dem Besuch bei mir vom Tierarzt durchuntersucht worden war. Die Untersuchung hatte auch eine Urinanalyse umfaßt, die jedoch nichts Ungewöhnliches ergeben hatte. Gretchen hatte ein orthopädisches Problem, das sie zu einem etwas seltsamen Gang zwang, doch das schien nichts mit der Ausscheidungsproblematik zu tun zu haben. Mit ihrem Katzenklo war auf den ersten Blick offenbar auch alles in Ordnung; Gretchens Besitzerin, eine junge Frau namens Pat White, hatte zwei Toiletten für sie aufgestellt, die sie peinlich sauberhielt.

Meistens benutzte Gretchen das Katzenklo auch, und nach Pats Bericht war ihr Verhalten dabei völlig normal. Soweit gab es also keine Anhaltspunkte für ein weiteres therapeutisches Vorgehen. Doch dann stellte ich die entscheidende Frage.

»Wohin pflegt Gretchen zu urinieren, wenn sie nicht ihr Klo benutzt?«

»Es ist komisch, Dr. Dodman, aber meistens scheinen sich ihre Übergriffe gegen Dinge zu richten, die mir gehören. Sie pinkelt auf mein Bett, meine Kleider, meine Handtasche. Ich habe sie schon mehrmals auf frischer Tat ertappt. Sie hockt sich hin wie im Katzenklo. Einmal hat sie mir sogar aufs Gesicht gemacht, als ich im Bett lag.«

»Ein echtes Kompliment«, sagte ich in dem Versuch, ihre Verlegenheit angesichts dieser peinlichen Enthüllung zu mildern. Ich hatte so etwas schon öfter gehört, und es war gar nicht einmal so weit hergeholt, in derartigen Verhaltensweisen einen besonderen Zuneigungsbeweis zu sehen. »Das bedeutet, daß Gretchens Angst irgendwie mit Ihnen zu tun hat. Sie markiert Sie und Dinge, die Ihnen gehören, weil sie alle Welt wissen lassen möchte, daß Sie ihr gehören.«

Pat fiel sichtlich der Unterkiefer herunter. »Das also ist es«, japste sie. »Und ich habe sie auch noch dafür bestraft. Damit habe ich sie wohl völlig durcheinandergebracht?«

»Das stimmt, vor allem, wenn die Strafe erst einige Zeit nach dem Ereignis erfolgte. Sie haben sie dadurch nur noch ängstlicher gemacht, so daß sie noch stärker gezwungen war, Sie zu markieren«, antwortete ich.

Wir saßen einige Minuten still da, während ich mir einige Notizen machte. Dann bracht Pat das Schweigen.

»Was meinen Sie, wovor sie Angst hat?«

»Das müssen Sie mir sagen«, meinte ich. »Welche Veränderungen in oder außerhalb Ihrer Wohnung haben vor einem Jahr stattgefunden?«

Ich sah, wie sie errötete. Dann antwortete sie: »Könnte es damit zu tun haben, daß mein Freund John bei mir eingezogen ist?«

»Das ist genau die Art Veränderungen, die solche Folgen haben kann. Katzen sind im höchsten Grade Gewohnheitstiere. Sie wollen, daß alles so bleibt, wie es ist: das gleiche Haus, die gleiche Routine, die gleichen Menschen. Ihr Motto ist: ›Routine ist gut, Veränderung schlecht‹ – im Grunde genommen ganz einfach. Alle plötzlichen Störungen und jede Unruhe in ihrer Umwelt, wie zum Beispiel Veränderungen in der Einrichtung oder in der Zusammensetzung der Haushaltsmitglieder, verunsichern sie. Das wiederum führt zu Angst und Markierungsverhalten, auch zu Urin-Markierung. Aber auch andere Formen des Markierens, die für uns jedoch nicht abstoßend sind, so daß wir nichts dagegen haben, können in dieser Situation zunehmen, etwa das Reiben des Kopfes an Gegenständen oder an den Beinen der Menschen. Wenn man darauf achtet, welche Gegenstände sie markiert, kann man meistens sagen, wovor eine Katze Angst hat. Markiert sie die Besitztümer einer bestimmten Person oder die Person selbst, dann hat die Angst mit der betreffenden Person zu tun. Das Markieren im Umkreis eines Fensters ist ein Hinweis darauf, daß draußen etwas ist, das die Katze in Unruhe versetzt. Viele Katzen fangen im Frühjahr, wenn die Fliegengitter eingesetzt werden, an, die Fensterrahmen zu markieren. Der Anblick, die Geräusche und die Gerüche der Außenwelt, ganz zu schweigen von dem erwachenden Tierleben und da draußen umherstreifenden Artgenossen, ist oft mehr, als ein in der Wohnung gehaltenes Tier ertragen kann, ohne wenigstens ein paar Spuren zu hinterlassen.«

Pat lauschte meinen Ausführungen mit höchstem Interesse und machte den Eindruck, als könnte sie noch mehr verkraften, so daß ich noch ein wenig ins Detail ging. Meiner Ansicht nach kommt es der Behandlung zugute, wenn Klienten möglichst genau informiert werden und verstehen, welche Umstände zum Verhalten ihres Tieres geführt haben, da der Erfolg des Behandlungsprogramms meist weitgehend von ihrer Bereitschaft zur Mitarbeit und manchmal auch von ihrer eigenen Phantasie abhängt. Ich erzählte Pat also auch noch von anderen typischen Gegenständen, die Katzen gern markieren, wie z. B. Ablagen, Haushaltsgeräte, Heizkörper, Kloschüsseln, Wäschekörbe, Schreibtische, Stereolautsprecher und alles

Neue wie Einkaufstüten, Pappkartons und sogar Besucher. Für die Haushaltsgeräte und Heizkörper habe ich keine Erklärung, vermute aber, daß physikalische Faktoren wie Wärme oder Luftströme (die fremde Gerüche mitbringen) eine ängstliche Katze veranlassen können, diese Gegenstände zu markieren.

Als nächstes wandte ich mich der Frage zu, wie Gretchen mit ihrem neuen Hausgenossen John zurechtkam. Die Antwort war alles andere als ermutigend. Sie lief weg und versteckte sich, wenn er nach Hause kam, und traute sich erst wieder hervor, wenn er fort war. Auf diese Weise lebte sie seit seinem Einzug fast ausschließlich in einem wenig genutzten Eßzimmer, fern von allem häuslichen Leben, und war gleichsam zur Einsiedlerin geworden. Diese Situation war unhaltbar, und da die Liebe einer Katze über den Magen geht, fragte ich, wer Gretchen füttere. Die Antwort fiel aus wie erwartet: Pat. Die Behandlung mit dem Ziel, John bei Gretchen beliebt zu machen, mußte also hier ansetzen. Bevor Gretchen ihr Abendessen bekam, sollte ihr John von seinem Lehnstuhl vor dem Fernseher aus einige besondere Leckerbissen zuwerfen. Als weitere der Gegenkonditionierung dienende Maßnahme empfahl ich Pat, für ihre Bettwäsche einen Weichspüler mit Zitronenduft zu benutzen. Katzen hassen Zitrusduft und gehen buchstäblich meilenweit, um ihm aus dem Weg zu gehen. Dieser Rat stammte übrigens von meiner verstorbenen Großmutter, die die Katzen mit Hilfe zerdrückter Orangenhälften von ihrem Gemüsegarten fernhielt. Heute gibt es auf dem gleichen Prinzip beruhende Sprays, die Katzen abschrecken sollen. Soviel zum Nutzen alter Hausmittel.

Pat griff alle meine Vorschläge bereitwillig auf, fragte aber trotzdem, ob es nicht ein Medikament gäbe, mit dem Gretchen sich sofort besser fühlen würde. Ich riet zu Bespar und fragte, ob wir es in die Behandlung einbauen sollten. Pat war dafür und ging nach Hause, gespannt, wie es mit ihr und Gretchen weitergehen würde. Eine Woche später rief sie mich an und hatte Gutes zu berichten. Seit die erste Tablette in Gretchens Kehle verschwunden war, war es zu keinem einzigen Unsauberkeits-Zwischenfall mehr gekommen. Und nicht nur das, die Katze war John mit einem Mal außerordentlich zugetan, und dieser ergriff natürlich jede Gelegenheit, sie zu streicheln und mit Leckerbissen vollzustopfen. Ich wußte damals noch nicht, daß die gesteigerte Zuneigung zu Menschen eine Nebenwirkung von Bespar bei Katzen ist, die auf ihr neu gewonnenes Vertrauen in ihre Umwelt zurückgeht. Manche Tiere zeigen sogar wieder vermehrt das Verhalten junger Kätzchen; sie tollen herum und spielen mit Garnknäueln, doch auf Gretchen traf das nicht zu. Alles in allem war die Behandlung ein Erfolg, und durch die Gegenkonditionierung blieb die Katze John weiter gewogen, auch als ich das Medikament nach einigen Monaten langsam absetzte.

Mit das schönste an Bespar ist, daß der durch die Therapie angeregte Lernprozeß anders als beim Einsatz von Valium unbeeinträchtigt bleibt, so daß die parallel erarbeitete Verhaltensänderung rasche Fortschritte macht. Der einzige Wermutstropfen im Fall White war, daß Gretchen noch eine Weile nach der Lösung ihres Pinkelproblems außerhalb des Katzenklos Kot absetzte. Auf weitere Befragung hin erfuhr ich, daß sie dies in der Nähe des Klos tat, was eher auf ein Katzenkloproblem hinwies. Als ich Pat bat, einmal genauer darauf zu achten, berichtete sie mir, daß Gretchen wegen ihres orthopädischen Problems offenbar Balanceschwierigkeiten im Klo habe und seitlich über das für ihre Behinderung zu kleine Klo hinaustrete. Ich riet zu einem größeren Klo, und damit war auch diese Störung behoben. Ich habe allerdings nie verstanden, warum ihr erstes Auftreten mit dem angstinduzierten Urinieren zusammenfiel. Zweifellos ist nach wie vor vieles auf diesem Gebiet ungeklärt.

Die Bespar-Geschichte hat seit den Anfängen mit Gretchen und anderen Katzen weite Kreise gezogen. Immer wieder höre ich neue Erfolgsmeldungen. Ich war hochzufrieden damit, wie das Präparat sich in der Praxis bewährte, und meldete die Behandlung gemeinsam mit Lou Shuster zum Patent an. Allerdings sprechen nicht alle Fälle von angstbedingtem Urinieren gleich gut darauf an, und ich frage mich allmählich, ob es nicht eine Gruppe von Problem-Urinierern gibt, bei denen Angst nicht der eigentliche Auslöser ist. Untersuchungen an der University of California School of Veterinary Medicine haben ergeben, daß synthetische Progesterone (wenngleich sie generell weniger wirksam sind als Bespar) im Gegensatz zu diesem Medikament eine geschlechtsspezifisch ausgerichtete Wirkung zeigen und bei männlichen Tieren häufig bessere Resultate bringen. Das deutet darauf hin, daß an bestimmten Formen unangebrachten Urinierverhaltens bei Katzen typisch männliche Mechanismen beteiligt sind, die auch bei kastrierten Tieren nicht ganz zum Verschwinden gebracht wurden. Das ist nicht zuletzt deshalb einleuchtend, weil die Maskulinisierung ein Prozeß ist, der bereits vor der Geburt einsetzt, und man also sehr früh einschreiten müßte, wenn man sämtliche männlichen Merkmale bis ins kleinste eliminieren wollte. Im Gegensatz zur landläufigen Meinung macht die Kastration ein männliches Tier nicht zum Neutrum, sondern lediglich zu einem kastrierten männlichen Tier, dessen Geschlechtstrieb durch die Entfernung der Testosteronquelle gedämpft wurde. Die oben zitierten Beobachtungen sind möglicherweise wegweisend für künftige Entwicklungen im Umgang mit bisher behandlungsresistenten Fällen und führen vielleicht zu einem neuen Durchbruch in der Therapie.

Eine weitere Kategorie von Tieren, die nicht auf die Behandlung ansprechen, könnte an einer neuentdeckten Krankheit, der interstitiellen Zystitis, leiden. Diese Krankheit, die der gleichnamigen Erkrankung beim Menschen entspricht, kann heute mit Hilfe der Faseroptik-Zystoskopie diagnostiziert werden. Die Symptome der interstitiellen Zystitis können leicht mit denen einer durch Umweltbedingungen oder einer Verhaltensstörung ausgelösten Unsauberkeit verwechselt werden. Daher sollte diese Krankheit ausgeschlossen werden, bevor eine Verhaltensdiagnose gestellt wird, vor allem wenn die konventionelle Therapie nicht anschlägt. Erstaunlicherweise wird für die Behandlung der interstitiellen Zystitis das trizyklische Antidepressivum Elavil empfohlen, was die Frage aufwirft, ob vielleicht doch auch bei dieser Erkrankung Angst eine Rolle spielt. Bekanntermaßen beeinflussen psychologische Faktoren das Fortschreiten bestimmter Krankheiten bei Tieren, wie das Reizmagen-Syndrom bei Hunden belegt. Warum sollte es also nicht auch ein Reizblasen-Syndrom bei Katzen geben?

Obwohl wir heute sehr viel mehr über die Behandlung einer Katze wissen, die sich im wahrsten Sinne des Wortes ›daneben‹benimmt, sollten wir uns doch immer der Möglichkeit einer sogenannten Zebra-Diagnose bewußt sein. Wenn draußen vor dem Fenster ein Klipp-Klapp-Klipp zu hören ist, so wird dieses Geräusch in der Regel von einem vorbeigehenden Pferd herrühren, doch im einen oder anderen Fall (wenn er auch zugegebenermaßen selten sein mag) könnte auch ein Zebra das Hufgetrappel verursacht haben. Nicht alles ist, was es auf den ersten Blick scheint, deshalb ist es wichtig, für mögliche andere Erklärungen offen zu bleiben, wie mir sehr eindrücklich bei einem nur wenige Jahre zurückliegenden Fall vor Augen geführt wurde. Es ging um einen dreijährigen, kastrierten Maine-Coon-Kater namens Harry. Bei der Anamnese stellte sich heraus, daß der Kater im üblichen Bereich von interessanten bis hin zu bizarren Örtlichkeiten Urin versprühte. Ein klarer Fall von angstinduziertem Urin-Markierungsverhalten, dachte ich, und fing an, die Besitzer auf die möglichen Ursachen der Angst ihres Schoßtieres hinzuweisen sowie auf die ständig in seiner Nähe herumstrolchenden Nachbarkater, die sie auf meinen Rat hin irgendwie von ihren häufigen Besuchen abhalten sollten. Als ich mir Harry jedoch näher anschaute, wie er sich geschmeidig aus seinem Katzenkorb erhob, wurde mir klar, daß Patient und Diagnose in diesem Fall nicht so recht zusammenpaßten. Harry war auffallend muskulös, ein wahrer Arnold Schwarzenegger, mit einem breiten, schönen Gesicht von stolzem, löwenhaftem Ausdruck. Ich bat seine Besitzer, ihn auf dem Untersuchungstisch festzuhalten, während ich mich an eine sorgfältige Untersuchung machte. Ich tastete seinen Kopf ab und stellte fest, daß er auf beiden Seiten des Gesichts bewegliche Hautverdickungen aufwies – ein typisch männliches Attribut. Harry beäugte mich argwöhnisch, und auch mir drängte sich allmählich ein Verdacht auf. Insbesondere fiel mir der stechende männliche Geruch auf, der ihn umgab. Ich wandte mich daher seinem Hinterteil zu, um sicherzugehen, daß er tatsächlich kastriert war. Zu tasten war nichts. Ich untersuchte seinen Penis, um zu sehen, ob sein Aussehen dem bei einem kastrierten Kater entsprach, also klein und ohne Widerhaken war. Dabei bestätigte sich meine Ahnung, daß dieser angeblich kastrierte Kater überhaupt nicht kastriert war. Sein Penis konnte problemlos ausgestülpt werden und war mit Widerhaken bedeckt. Harry war schlicht und ergreifend ein Vollblut-Macho. Die erneute Befragung seiner Besitzer ergab, daß er äußerst wanderlustig war, ständig versuchte, sich durch halboffene Türen zu drücken, und in dauernde Kämpfe mit anderen Katern verwickelt war. Die Kombination aus Geruch, Aussehen und Verhalten dieses unversehrten männlichen Tieres ließ keinen Zweifel daran, daß er nicht kastriert war. Mir ist schleierhaft, wie das passieren konnte, da jeder Tierarzt, der einen Testikel bei einem Tier entfernt, genau wissen muß, daß sich da irgendwo noch ein zweiter verbirgt. Wir alle können doch schließlich bis zwei zählen. Es gibt zwar Katzen, die nur einen einzigen Testikel haben (die sogenannten Monorchiden), doch dieses Phänomen ist extrem selten. In der Regel ist der ›fehlende‹ Testikel irgendwo im Leistenkanal oder in der Bauchhöhle verborgen – eine Konstellation, bei der man von Kryptorchismus spricht. Harry war keine Ausnahme von der üblichen Zweierregelung, doch die Geschichte von seiner unvollständigen Kastration war offenbar irgendwie untergegangen.

Ich riet zu einer Operation zum frühestmöglichen Zeitpunkt, um den anstößigen Testikel zu lokalisieren und zu entfernen. In Harrys Fall verlor ich keine Zeit mehr mit Testosterontests, um meinen Verdacht bestätigen zu lassen; die Diagnose lag zu klar auf der Hand. Die Operation wurde für die folgende Woche anberaumt, und am festgesetzten Tag nahm ich mir die Zeit und sah zu, wie unser Chefchirurg einen kleinen Testikel aus einem Fettpolster in Harrys Leiste entfernte. Das Ganze dauerte etwa fünf Minuten. Einige Wochen später kamen Harry und seine Besitzer noch einmal zur Kontrolluntersuchung in die Klinik. Das Ergebnis: Aus Harry war ein wahrer Engel geworden, genau die Katze, die ihre Besitzer sich immer gewünscht hatten. Kein Sprühen und keine Houdini-Verrenkungen mehr, und sein Geruch (wie offenbar auch der Geruch ihres Hauses) war ebenfalls wesentlich dezenter geworden. Doch nicht nur die typisch maskulinen Probleme waren verschwunden, Harry schien auch wesentlich entspannter zu sein und verbrachte sehr viel mehr Zeit mit seinen Besitzern. Alles in allem war eine äußerst befriedigende Lösung erzielt worden. Oft ist es weit einfacher, eine physische Ursache für Unsauberkeit zu behandeln, als irgendwelchen vagen, angstauslösenden Umständen auf die Spur zu kommen und sie zu beheben. Allerdings kommen die schlichten medikamentösen oder operativen Lösungen leider nicht für jeden Tom, Dick und Harry in Frage.

In den nächsten Jahren müßten noch präzisere Diagnosen der Ursachen für das Problem unangebrachten Urinierens und Kotabsetzens und sehr viel wirksamere Behandlungen für komplexere angstbedingte Störungen möglich werden. Die Forschung auf diesem Gebiet macht enorme Fortschritte, und die neuen Erkenntnisse fassen relativ rasch in der Praxis Fuß, wo sie bitter nötig sind. Überall auf der Welt werden die praktizierenden Tierärzte über die neuen Entwicklungen informiert; die umwälzenden Lernprozesse haben bereits begonnen. Ich würde die weite Verbreitung und Umsetzung der neuen wissenschaftlichen Erkenntnisse von ganzem Herzen begrüßen, damit die Besitzer eines mit diesem Problem behafteten Tieres mit einer raschen, zufriedenstellenden Lösung rechnen können. Doch selbst beim heutigen Wissenstand braucht sich kein Katzenbesitzer mehr mit der Entscheidung herumzuquälen, ob er einem alten Freund, der sich offenbar nicht mehr in der Hand hat, die Treue hält oder den radikalen Ausweg der Euthanasie wählt. Die meisten Unsauberkeits-Probleme sind lösbar. Der Besitzer muß sich lediglich an seinen Haustierarzt wenden, der ohne weiteres in der Lage sein sollte, ihn zunächst durch eine richtige Diagnose und danach durch eine entsprechende Behandlung aus seinem Dilemma zu befreien. Letztlich handelt es sich dabei wirklich nur um eine Routinesache.

Kapitel 8
Die Katze, die um Hilfe schrie

»Doch es liegt in der Natur von Adlern, Löwen und Tigern, daß sie selten ein friedliches Ende finden. Und genau das ist das Wesen der Katze, wie ich sie liebe: das unzugängliche, ungezähmte wilde Tier.«
Konrad Lorenz

Ich weiß nie genau, was mich erwartet, wenn ich von einem der anderen Ärzte an unserem Institut in den Konsultationsraum gerufen werde. Bis zu einem gewissen Grad kann man natürlich aus dem Fachgebiet des betreffenden Arztes auf das vorliegende Problem schließen. Dermatologen zum Beispiel bitten mich häufig um meine Meinung zur psychogenen Komponente einer Hauterkrankung, Neurologen befragen mich, wenn Hunde den Drehwurm oder ein Anfallsleiden zu haben scheinen, und die Fachärzte für exotische Tiere haben es manchmal mit wütenden Leguanen und sich selbst rupfenden Papageien zu tun. Jeder kann sich daher meine Überraschung vorstellen, als ich eines Tages von einem Chirurgen angefordert wurde, der zugleich der Leiter meiner Abteilung war. Es war das erste Mal, daß er mich rufen ließ. Während ich den Flur entlangeilte, überlegte ich, was das Schicksal wohl für mich bereithalten mochte. Ich erreichte gewissermaßen in Rekordzeit den Konsultationsraum. Vorsichtig öffnete ich die Tür und fand meinen gestrengen Boß, Dr. Tony Schwartz, in ein ernstes Gespräch mit einer dünnen, verhärmt wirkenden älteren Frau in einem uniformgrauen Wollmantel vertieft.

Tony nickte mir kurz zu und sprach weiter, während ich leise eintrat und mich erst einmal in die zweite Reihe setzte. Das gab mir Gelegenheit, mir einen Überblick über die Situation zu verschaffen. Mein erster Eindruck beim Anblick des angespannten Gesichtsausdruckes und starren Blicks der Frau war, daß sie geradezu ingrimmig dreinsah und offenbar ganz und gar nicht mit dem einverstanden war, was Tony sagte. Ich konzentrierte mich auf das Gespräch. Dabei wurde mir zu meinem Entsetzen klar, daß sie Tony zu überreden versuchte, ihrer Katze die Stimmbänder zu entfernen, damit sie nicht mehr miauen konnte. Schwartz tat sein Bestes, sie davon zu überzeugen, daß dies eine unmenschliche Lösung für das Problem exzessiven Miauens wäre. Soweit ich es verstand, gab es für die Frau nur zwei Lösungen: Stimmbandentfernung oder Einschläferung. Mein Blick wanderte zu dem Edelstahl-Untersuchungstisch, unter dem ein großer Katzenkorb stand, der zweifellos das unglückselige Geschöpf enthielt, das Gegenstand des Gesprächs war.

Nach einigen fürchterlichen Minuten stellte Tony mich der Frau, Mrs. Betty Roper, als Fachmann vor, der ihr ohne chirurgischen Eingriff bei ihrem Problem helfen könne. Sein Vertrauen schmeichelte mir zwar, doch bei Problemen, die eine so starke angeborene Komponente haben, bin ich in der Regel sehr vorsichtig, ist es doch in solchen Fällen gerade so, als widersetze man sich dem Lauf der Natur. Tony bewegte sich unmißverständlich in Richtung Tür, legte Mrs. Roper noch einmal warm die verhaltenstherapeutische Behandlung ans Herz und äußerte noch ein paar Komplimente. Dann dankte er mir für meine Hilfsbereitschaft, verabschiedete sich von Mrs. Roper und zog schwungvoll die Tür hinter sich zu. Ein paar Sekunden herrschte Stille im Raum, während Mrs. Roper und ich uns zur nächsten Runde rüsteten. Gegen Ende des Stuhlrückens und Füßescharrens merkte ich, daß nun ich ins

Zielfeld ihres starren Blicks gerückt war. Ich räusperte mich und machte mich an die Anamnese.

»Wie heißt Ihre Katze?« fragte ich in dem Versuch, das Eis zu brechen.

»Thomas«, kam die Antwort. »Er ist ein ganz schöner Brocken.«

»Bitte holen Sie ihn doch einmal aus dem Korb«, bat ich.

Mrs. Roper tat mir den Gefallen und hob den Deckel des Korbes ab. Zum Vorschein kam eine große, schöne Maine-Coon-Katze. Ein rascher Blick auf das Krankenblatt informierte mich, daß er kürzlich kastriert worden war; der lange Einfluß der männlichen Hormone war ihm deutlich anzumerken. Er wirkte äußerst kräftig und hatte den typischen breiten Kopf, der von den Hautverdickungen über den Schläfen herrührt – seinen Schutzschilden. Thomas erhob sich mit einer eleganten Bewegung von seinem Lager, reckte sich, gähnte und sprang dann selbstsicher hinaus, um die neue Umgebung zu erkunden. Er war das völlige Gegenteil einer neurotischen, nervösen Katze, und ich bewunderte ihn für seine Ruhe und sein Selbstvertrauen.

»Besitzen Sie ihn schon lange?« fragte ich.

»Nein, erst seit ein paar Monaten«, antwortete Mrs. Roper. »Ich habe ihn gerettet.« Nach kurzem Nachdenken fügte sie hinzu: »Er war ein Streuner.«

»Erzählen Sie mir mehr. Wovor haben Sie ihn gerettet, und was ist seither geschehen?« schmeichelte ich.

Mrs. Roper kramte in ihrer Handtasche und förderte einen Bericht von Thomas' Tierarzt zutage, bevor sie fortfuhr. Thomas setzte inzwischen seine Erkundung fort; er sprang auf den Tisch und von dort auf die Regale, von denen er wieder abstieg, um den Papierkorb und andere interessante Objekte im Raum zu untersuchen.

»Thomas fiel mir auf, als ich eines Abends von der Arbeit

nach Hause ging«, sagte Mrs. Roper und machte eine Pause, als versuche sie, sich genau zu erinnern. »Es war in einer Gasse hinter einem Restaurant. Er führte dort das Leben eines Aasfressers. Er hatte kein Halsband und gehörte ganz offensichtlich niemandem. Ich ging langsam auf ihn zu, und er kam mir entgegen und miaute. Ich stellte fest, daß er sich auf den Arm nehmen ließ und äußerst freundlich wirkte. Also beschloß ich, ihn mit nach Hause zu nehmen, wenn er am nächsten Abend noch dasein sollte. Am nächsten Tag nahm ich für alle Fälle einen Katzenkorb mit zur Arbeit. Natürlich war er noch da, und ich mußte ihn nicht lange bitten, in den Korb zu steigen. Zu Hause merkte ich gleich, daß es ein nichtkastrierter Kater war, Sie wissen schon, am Geruch. Also machte ich einen Termin beim Tierarzt aus, um ihn kastrieren zu lassen. Der Tierarzt meinte, Thomas sei etwa drei Jahre alt, und nahm an, daß er irgendwann einmal jemandem gehört haben müsse, weil er so freundlich und Menschen zugewandt war. Wieder zu Hause, ergab sich gleich die nächste Schwierigkeit. Der Kater fing an, seine Krallen an meinen Möbeln zu wetzen, so daß sie in kürzester Zeit in jämmerlichem Zustand waren. Ich hatte keine Zeit, ihm das abzugewöhnen, deshalb ließ ich ihm die Krallen entfernen.[1] Der Tierarzt schlug mir zwar vor, zunächst einen Versuch mit einem Kratzbaum zu machen, aber davon hielt ich nichts. Nach dem Entfernen der Krallen ging auch erst alles gut, doch dann fing der Kater mit etwas Neuem an: Er begann, nachts ununterbrochen zu miauen. Damit stand ich gleich vor zwei Problemen: Das eine betraf mich selbst, das andere meine Nachbarn. Ich konnte nicht mehr schlafen, weil er mich die ganze Nacht wach hielt, und meine Nachbarn beschwerten sich, weil sie sich ebenfalls belästigt fühlten. Ich versuchte, ihn

1 Die tierquälerische Operation der Krallenentfernung bei Katzen ist in Deutschland verboten (Anm. d. Ü.).

meinem Schlafzimmer fernzuhalten, doch dann krakeelte er nur um so lauter. Ich tat kein Auge mehr zu. Ich versuchte es mit Ohrenstöpseln, aber das half auch nicht, und jetzt habe ich seit Wochen nicht mehr richtig geschlafen. Ich bin fix und fertig. Mein Vermieter droht mir mit Kündigung, weil die Leute, die unter mir wohnen, sich über den ständigen Krach beklagen. Ich weiß nicht mehr, was ich tun soll. Mir bleibt keine andere Wahl, als ihm die Stimmbänder entfernen zu lassen.«

Es war eine schwierige Situation für uns alle. Mrs. Roper war offenbar völlig mit den Nerven fertig, so daß es keinen Sinn hatte zu fragen, ob sie sich nicht einfach an das nächtliche Miauen gewöhnen könnte, zumal es eigentlich dem normalen Verhalten von Katzen in der Morgen- und Abenddämmerung entspricht. Außerdem hatte ich nicht den Eindruck, daß sie übermäßig begeistert von einem Verhaltensänderungsprogramm sein würde, weil das ja Zeit und Aufmerksamkeit ihrerseits erfordern würde. Während ich über die wenigen mir noch verbleibenden Möglichkeiten nachgrübelte, fragte ich Mrs. Roper nach Thomas' Freßgewohnheiten und Unternehmungen am Tage mit dem Hintergedanken, vielleicht seine biologische Uhr ein wenig manipulieren zu können. Sie erzählte mir einen Tag aus Thomas' Leben, und die Informationen waren tatsächlich recht aufschlußreich. Offenbar wurde er jeden Morgen um sieben Uhr gefüttert, wenn Mrs. Roper ihr eigenes Frühstück vorbereitete. Dann tollte er ein wenig durch die Wohnung, während sie sich zur Arbeit fertigmachte, und legte sich, wenn sie die Wohnung verließ, auf seinen Lieblingsplatz am Fenster. Da Mrs. Roper jeden Tag von acht Uhr morgens bis sechs Uhr abends außer Haus war, wußte sie nicht, was Thomas in dieser Zeit tat, doch wenn sie nach Hause kam, saß er gewöhnlich auf seinem Fensterplatz und reckte sich und gähnte. Das ließ sie vermuten, daß er den größten Teil des Tages schlafend oder doch mit vielen Nickerchen verbrachte.

Wenn sie nach Hause kam, erinnerte Thomas sie daran, daß er gefüttert werden mußte, indem er sich dicht vor ihren Füßen herumdrückte, offenbar in der Absicht, sie zum Stolpern zu bringen. Dies, untermalt von einigen Rrrrap-Lauten und Um-die-Beine-Streichen, war Thomas' Art, ihr zu zeigen, daß es Fressenszeit war. Um des lieben Friedens willen war Mrs. Roper gezwungen, seinem Verlangen nachzugeben, und Thomas bekam, was er wollte.

Der frühe Abend hielt wenig Freuden für Thomas bereit. Seine Alternativen waren, entweder früh schlafen zu gehen oder mit Mrs. Roper fernzusehen. Manchmal streichelte sie ihn ein bißchen, aber er war trotz seiner Freundlichkeit keine typische Schoßkatze. Meistens ging Mrs. Roper früh zu Bett und ließ Seine Majestät ausgehfertig, aber ohne die Möglichkeit, etwas zu unternehmen, sitzen. Und genau dann ging der Ärger los. Sobald es still in der Wohnung wurde und die Geräusche der Nacht einsetzten, hatte Thomas offenbar seinen toten Punkt überwunden. Ob die Nachtzeit ihn an sein freies Leben auf der Straße erinnerte, ob er auf den Ruf der Wildnis reagierte oder ob er ganz einfach um Hilfe schrie, werden wir nie wissen. Was wir wissen, ist, daß er jeden Abend nach dem Ausgehverbot anfing zu maunzen, rastlos herumzuwandern und anderen inakzeptablen Aktivitäten zu frönen, die sich bis in die frühen Morgenstunden fortsetzten.

Es würde schwierig werden, den Kreis einer offenbar sowohl für die Besitzerin als auch für die Katze stark verfestigten Routine zu durchbrechen. Mrs. Roper und ich sprachen darüber, wie wir Thomas tagsüber etwas aktiver machen konnten, in der Hoffnung, daß dies seinen Tatendrang bei Nacht etwas dämpfen würde. Wir überlegten, ob vielleicht jemand kommen und mit ihm spielen könnte, aber Mrs. Roper kannte niemand, der dafür in Frage gekommen wäre. Und es gab auch keinen Ort, wo sie Thomas tagsüber hätte hingeben können.

Schon recht verzweifelt schilderte ich ihr die Vorteile von Spielzeug wie zum Beispiel Pingpongbällen, mit Leckerli gefüllten, perforierten Papprollen, die, wenn die Katze mit ihnen spielt, in unregelmäßigen Abständen eine Belohnung freigeben, und Spielzeugmäusen, nur um zu hören, daß Mrs. Roper all diese Ablenkungen bereits ohne Erfolg eingesetzt hatte. Das Gespräch wandte sich den Möglichkeiten zu, Thomas' nächtliche Gewohnheiten auf direkterem Weg zu beeinflussen, also zum Beispiel am frühen Abend mit ihm zu spielen, ihn später am Abend zu füttern, die Vorhänge zu schließen oder die Fenster mit einer Doppelverglasung zu versehen, damit Thomas nicht mehr hörte, was sich draußen abspielte. Nach einer halben Stunde mußte ich einsehen, daß Mrs. Roper von meinen Vorschlägen alles andere als angetan war. Es war mir nicht gelungen, ihr auch nur das winzigste Zeichen von Interesse oder gar Begeisterung abzuringen.

»Es gäbe noch eine Möglichkeit«, meinte ich schließlich zögernd. »Wir könnten versuchen, seinen Schlafrhythmus mit Medikamenten zu beeinflussen. Es gibt ein nicht suchterzeugendes, unschädliches Medikament, das ich seit kurzem manchmal verordne und das helfen könnte, ihn nachts zu beruhigen.« Ich dachte dabei an das angstreduzierende Bespar, das ich allerdings noch nie zu diesem Zweck eingesetzt hatte. Ich wagte mich mit dieser Behandlung zwar ziemlich weit vor, vertraute aber darauf, daß ich damit einen der wichtigsten Grundsätze der Veterinärmedizin beherzigte – vor allem anderen füge keinen Schaden zu. Außerdem hätte ich inzwischen absolut alles versucht, um Thomas' Hals (bzw. seine Stimmbänder) zu retten. Ich sah, wie Mrs. Roper ein Augenlid hob, während sie mir einen langen Blick schenkte.

»Gut, das probiere ich. Aber es muß schnell wirken, sonst bin ich meine Wohnung los.«

Ich seufzte erleichtert auf und schrieb ihr rasch ein Rezept aus, bevor sie sich anders besann. Bespar barg eine winzige Chance, aber immerhin eine Chance. Zum Schluß eskortierte ich Mrs. Roper und Thomas zur Aufnahme.

»Ich gebe ihm zwei Wochen«, rief sie über die Schulter zurück, als sie in der Eingangstür stand. »Danach kann ich für nichts mehr garantieren.« Und damit entschwebte sie. Ich muß zugeben, daß mich an dieser Stelle der Mut verließ, denn Bespar braucht manchmal ein paar Wochen, bis es wirkt. Aber mit der resoluten Mrs. Roper war in diesem Punkt nicht zu reden.

Die Wochen vergingen, und Mrs. Roper hatte sich nicht wieder gemeldet. Ich wollte sie eigentlich selbst anrufen, aber irgendwie kam ich nicht dazu. Dann, eines Tages, als ich in Gedanken bei etwas völlig anderem war, lief ich auf dem Gang in Tony Schwartz hinein.

»Hallo, Nick«, sagte er. »Ich habe dir noch gar nicht für deinen Einsatz für Mrs. Ropers Katze gedankt. Ich weiß, daß sie dein Engagement durchaus zu schätzen wußte. Thomas hat wirklich gut auf das Medikament angesprochen, hat aber trotzdem noch genügend miaut, um sie auf der Operation bestehen zu lassen. Andernfalls hätte sie ihn einschläfern lassen.«

Ich hatte das Gefühl, als sei mir der Boden unter den Füßen weggezogen worden. Ich war geschlagen, und Thomas mußte den Preis dafür zahlen.

Etwa eine Woche später hörte ich, daß die Operation gut verlaufen war. Man hatte eine Hemicordektomie vorgenommen, was bedeutet, daß nur ein Stimmband entfernt wurde, doch der Effekt ist der gleiche: ein leises, heiseres, schnarrendes Geräusch statt eines wirklichen Miaus. Ich hoffte, daß Mrs. Roper jetzt wenigstens zufrieden und nicht mehr in Gefahr war, ihre Bleibe zu verlieren. Weit gefehlt, wie ich feststellen mußte, als sie mich schließlich erneut anrief.

»Dr. Dodman«, begann sie. »Ich weiß, daß Sie gegen Thomas' Operation waren. Ich wollte sie ebenfalls nicht, aber es gab keine Alternative. Er hat immerzu weiter geschrien. Ich möchte Ihnen für Ihre Mühe danken, muß Sie aber leider nochmals um Ihre Hilfe bitten. Wären Sie wohl so freundlich, mir das Medikament für Thomas noch einmal aufzuschreiben? Es hat zwar nicht gegen das Miauen geholfen, hat aber doch seine nächtlichen Aktivitäten weitgehend unterbunden. Jetzt läuft er nachts wieder wie verrückt herum, spielt mit allem möglichen und macht dabei solchen Lärm, daß die Nachbarn sich wieder beklagt haben. Die Wände in dem Haus, in dem ich wohne, sind dünn wie Papier«, fügte sie erklärend hinzu. »Mit dem Medikament war er sehr viel ruhiger und, wie ich glaube, auch glücklicher.«

Es war ein Dejà-vu. Entweder ich erfüllte ihre Bitte, oder Thomas wurde eingeschläfert. Allmählich kamen mir ein paar äußerst unfreundliche Gedanken über die Art Leben, die Mrs. Roper Thomas bot. Er war ein Straßenkater gewesen, der sorglos in den Tag lebte und sich allenfalls Gedanken darüber machen mußte, wo er die nächste Mahlzeit herbekam und mit wem er sich in der kommenden Nacht verabreden würde. Um ihn vor sich selbst zu ›retten‹, hatte man ihn eingefangen, kastriert, ihm die Klauen und Stimmbänder entfernt, und jetzt sollte er auch noch ein Psychopharmakon erhalten, damit er Mrs. Roper und ihre Nachbarn nachts nicht störte. Ich biß in den sauren Apfel und schrieb das Rezept aus, machte jedoch zugleich unmißverständlich klar, daß dies keine Langzeitlösung war und Mrs. Roper mit Thomas arbeiten sollte, um ihn auf eine andere Routine einzustellen, wie wir bei unserem Treffen besprochen hatten. Sie erklärte sich einverstanden, und Thomas bekam wieder Medikamente. Ich weiß, daß das Ergebnis der Medikation Mrs. Ropers Vorstellungen entsprach, denn sie bat mich im Laufe der Monate noch mehrmals um ein neues Rezept. Schließlich sah sie den

Zeitpunkt gekommen, das Präparat allmählich abzusetzen. Wir hielten beide den Atem an, aber unsere Angst erwies sich als unbegründet. Thomas benahm sich gut. Vielleicht war er ein wenig gesetzter geworden, vielleicht wirkte sich mit der Zeit die Kastration aus, oder – wer weiß – vielleicht entwikkelte Mrs. Roper allmählich allmählich doch noch einen Draht zu ihm.

Voller Interesse las ich einige Zeit später einen Artikel über einen ähnlichen Fall von Hypervokalisation (exzessivem Miauen) bei einer Katze, bei der das Antidepressivum Elavil relativ gut wirkte. Das Fallbeispiel, das im *Journal of the American Veterinary Medical Association* veröffentlicht wurde, erinnerte mich stark an die Symptome bei Thomas, da die betreffende Katze ebenfalls nicht auf eine Verhaltenstherapie ansprach. Die Wahl des Antidepressivums Elavil gründete sich auf ähnliche Überlegungen, wie ich sie bei Thomas angestellt hatte. Elavil hat wie Bespar eine stimmungsstabilisierende Wirkung, führt nicht zur Sucht und hat relativ geringe sedierende Nebenwirkungen. Die Katze aus dem Fallbeispiel fing nach dem Absetzen des Medikaments zwar wieder mit dem exzessiven Miauen an, so daß die Medikation über längere Zeit beibehalten wurde, doch das war in meinen Augen eine trotz allem immer noch annehmbarere Lösung als eine Operation. Zum Glück für die Katzen und Tierärzte eignen sich sowohl Elavil als auch Bespar für die Langzeitmedikation; das Endziel bleibt jedoch immer ein nicht operierter, medikamentenfreier Patient. Medikamente sind lediglich ein halbwegs gnädiges Mittel zum Zweck. Ich setze sie nur ein, wenn es unbedingt nötig ist, und immer in der Hoffnung, daß sie eines Tages mit Erfolg wieder abgesetzt werden können. Wenn ich den Besitzern dieses Vorgehen erkläre, greife ich häufig auf die Analogie mit dem Zauberer zurück, der ein Tischtuch unter dem gedeckten Tisch hervorzieht, wenngleich ich zugeben muß, daß die

Gleichsetzung meiner Wenigkeit mit einem Zauberer vielleicht ein bißchen anmaßend wirkt.

Wenige Monate nach meinem letzten Gespräch mit Mrs. Roper erhielt ich Besuch von Gloria, der Herausgeberin von *Catnip*, einer Zeitschrift für Katzenliebhaber. Sie bat um ein Interview über die kontroverse Frage, ob Katzen als reine Wohnungskatzen gehalten werden können oder ob man ihnen Freilauf gewähren sollte, so daß sie die Möglichkeit haben, ihre Umgebung draußen zu erkunden. Ich ging darauf ein in der Hoffnung, einen wichtigen und problematischen Aspekt, der meiner Ansicht nach enorme Auswirkungen auf die psychische Gesundheit unserer Katzen hat, ein wenig erhellen zu helfen (oder den Leuten doch wenigstens Stoff zum Nachdenken zu geben).

»Wie stehen Sie zu Wohnungskatzen bzw. Katzen, die nach draußen dürfen?« fragte Gloria. »Sind Sie dafür oder dagegen, sie hinauszulassen?«

Diese Frage ließ sich nicht mit einem schlichten Ja oder Nein beantworten, weil es durchaus gute Gründe gibt, eine Katze drinnen zu halten, mir andererseits aber sofort Katzen wie Thomas einfielen. Mein Kopf sagte eines, mein Herz etwas anderes. Ich wollte mich nicht festlegen und hielt mich daher zunächst einmal einfach an die Fakten.

»Es ist grundsätzlich sicherer, eine Katze in der Wohnung zu halten«, dozierte ich unverbindlich. »Die durchschnittliche Lebenserwartung einer Wohnungskatze ist in der Regel doppelt so hoch wie die einer Katze mit Auslauf. Ich selbst habe im Laufe der letzten fünfzehn Jahre drei Katzen vorzeitig verloren. Zwei wurden auf einer relativ ruhigen Straße in meiner Wohngegend vom Auto überfahren, und die dritte wurde vom Nachbarshund getötet.«

Während ich sprach, traten mir die traurigen Unfälle wieder deutlich vor Augen. Vicky, meine Tochter aus erster Ehe, damals drei Jahre alt, fand ihre Katze Daisy tot auf der Straße. Als ich zu ihr lief, sah sie zu mir auf und bat: »Daddy, kannst du meine Katze schnell in die Klinik mitnehmen und wieder gesund machen?« Ich mußte schwer schlucken, als ich mich so plötzlich vor die Aufgabe gestellt sah, ihr zum ersten Mal die Endgültigkeit des Todes begreiflich zu machen.

Auf Grund von Erfahrungen wie diesen habe ich es mir lange überlegt, ob ich meine anderen Katzen ebenfalls hinauslasse. Im Augenblick habe ich mich – nicht zuletzt, weil meine Frau so energisch dafür plädierte, daß unsere Katzen drinnen in Sicherheit bleiben sollen – schweren Herzens damit einverstanden erklärt, Cinder und Monkey die Vergnügungen des Lebens in der freien Natur zu verweigern, was die beiden allerdings nicht davon abhält, bei jeder Gelegenheit auszubüchsen.

»Wenn es also nur um Sicherheit und ein langes Leben ginge«, fuhr ich Gloria gegenüber fort, »dann wäre die Antwort, ob Wohnungs- oder Freilaufkatze, einfach: Behalten Sie Ihre Katze drinnen.«

»Gibt es außer Unfällen noch andere Gefahren, die gegen den Freilauf sprechen?« wollte Gloria wissen.

»Leider ja. Für Katzen ist da draußen der Dschungel, beispielsweise können sich Bisse von anderen Katzen entzünden und zu Abszessen führen; das kommt bei Freilaufkatzen recht häufig vor. Kurz nachdem ich meinen Abschluß in Veterinärmedizin gemacht hatte, sagte mir einmal ein sehr erfahrener Tierarzt, daß in neun von zehn Fällen mit unerklärlichem Fieber bei Katzen ein Abszeß vorliegt, und ich mußte feststellen, daß das stimmt. Katzen sind Katzen und verhalten sich wie Katzen. Revierkämpfe oder Kämpfe unter Rivalen gehören zu ihrem Leben, vor allem dann, wenn sie nicht kastriert sind. Katzen, die obendrein nicht geimpft sind, können sich draußen aber noch viel schlimmere Infektionen holen, zum Beispiel Tollwut und Katzenleukämie. Beides wird durch Bisse übertragen. Übrigens scheint sich die Gefährlichkeit des freien Lebens herumgesprochen zu haben, da immerhin nur etwa die Hälfte der sechzig Millionen Katzen in Amerika im Augenblick draußen lebt. Viele Besitzer sind offenbar der Ansicht, daß die Sicherheit eines Lebens in der Wohnung höher zu veranschlagen ist als die Probleme, die das für die Haltung mit sich bringt.«

»Höre ich da eine gewisse Zurückhaltung in dem, was Sie gerade gesagt haben?« fragte die Journalistin scharfsinnig. »Könnte es sein, daß das Leben einer reinen Wohnungskatze in Ihren Augen so schön auch wieder nicht ist?«

»Gut beobachtet«, sagte ich und ließ alle Zurückhaltung fallen. »Ich hatte schon immer Vorbehalte dagegen, die Freiheit einer Katze auf diese Weise zu beschneiden. Es erscheint mir restlos unnatürlich, einem so freiheitsliebenden Geschöpf so etwas anzutun. Ich weiß, daß meine Empfindungen gegen die empirischen Belege stehen, die eindeutig dafür sprechen, Katzen ihre Freiheit zu nehmen, aber ich habe auch erlebt, in welchen Streß diese Einschränkung viele Katzen versetzt.«

»Genauer bitte«, bohrte Gloria nach.

»In der Natur haben Katzen gewöhnlich ein relativ weitläufiges Revier, in dem sie herumstromern. Anderthalb Quadratkilometer sind keine Seltenheit. Sie verbringen einen großen Teil ihres aktiven Lebens damit, in diesem Revier zu patrouillieren, es zu erkunden, darin zu jagen und ihre Jungen aufzuziehen, und einen Teil ihres Territoriums werden sie stets aktiv verteidigen. Wenn man ihnen diesen Lebensinhalt nimmt, vegetieren sie im Grunde nur noch dahin. Die Situation erinnert mich an Häuptling Seattles berühmte Rede, mit der er dem weißen Mann das Land seines Stammes übergab und davor warnte, daß die Vernichtung der Büffel, der Wälder und des Landes zu einer Verarmung des menschlichen Lebens statt zu mehr Lebensqualität führen würde. Ich frage mich manchmal, ob wir unseren Haustieren nicht eine derart freudlose Existenz schaffen, wenn wir sie in der Wohnung gefangenhalten. Natürlich ist es sicherer, aber um welchen Preis? Ich habe es in meinem Beruf immer wieder mit Verhaltensstörungen zu tun, die die Folgen dieser Beschränkung auf ein sinnentleertes Leben sind. Verhaltensweisen wie exzessives Miauen und Urin-Markieren können sich bei Katzen, die in der Wohnung gehalten werden, massiv verstärken. Aber ich begegne auch völlig unnormalen Verhaltensweisen wie zwanghaftem Woll-Nuckeln, Wundlecken und Selbstverstümmelung. Manche dieser Verhaltensweisen sind bei Wohnungskatzen die Regel, bei wilden Katzen dagegen äußerst ungewöhnlich oder sogar völlig unbekannt. In Großbritannien, wo die meisten Katzen überwiegend nach Belieben aus und ein gehen dürfen, treten sie sehr viel seltener auf. Aller Wahrscheinlichkeit nach sind viele Verhaltensstörungen unserer Katzen in den USA die unmittelbare Folge der Beschränkung auf ein reines Wohnungsdasein und einen unnatürlichen Lebensstil. Der Cartoonist Gary Larson hat den Streß dieser Katzen auf unnahmliche Weise dargestellt. Er zeichnete eine Katze, die sich die Nase an einer Fensterscheibe plattdrückt und einen Autounfall draußen beobachtet. Zwei Lastwagen sind zusammengestoßen, und ihre Ladung hat sich auf die Straße ergossen. Der eine transportierte ›Al's Kleine Nichtfliegende Vögel‹, der andere ›Bill's Dressierte Nagetiere‹. Das Ergebnis würde ein Verhaltensforscher als unlösbares Dilemma für eine Katze bezeichnen – eine humoristische Interpretation jener Art realer Konflikte, wie sie das Drinnenleben begünstigt.

Manche Menschen sind vielleicht anderer Ansicht und mögen einwenden, daß auch das Leben draußen in der Natur Streß bedeutet und zudem ungleich mehr Gefahren birgt. Das stimmt und stimmt auch wieder nicht. Das Wohnungsleben erzeugt Verhaltensstörungen, Verhaltensstörungen aber sind für Katzen häufig tödlich, weil ihre frustrierten Besitzer sie deshalb viel zu früh und zu oft einschläfern lassen. Dagegen ist das Leben draußen, wie mein verstorbener Vater gesagt hätte, kurz, aber glücklich. Wenn eine Katze nach draußen darf, sollte sie zunächst kastriert und geimpft werden. Außerdem sollte man sie nur in einer einigermaßen sicheren Umgebung nach draußen lassen, nicht in der Nähe vielbefahrener Straßen und auch nur am Tag, um allzu unerfreuliche und gefährliche Begegnungen mit dem nächtlichen Dschungel zu vermeiden. Wer seiner Katze gestattet, sowohl drinnen als auch draußen zu leben – ich bezeichne das gern als die ›englische Lösung‹ –, geht fraglos einen Kompromiß ein, aber meiner Ansicht nach kombiniert man mit diesem Kompromiß das beste aus zwei Welten.»

Gloria dankte mir für meine Ausführungen, und unser Interview war beendet. Einige Wochen später bekam ich den Rohentwurf ihres Artikels zur Durchsicht. Er schien mir soweit in Ordnung, auch wenn er etwas pauschalisierend war und viele meiner Vorbehalte und Einschränkungen zum Leben mit Freilauf ausgelassen wurden. So ist es halt mit Interviews, sagte ich mir. Doch wie sich herausstellte, hätte ich lieber ein wenig pingeliger sein sollen. Einige Zeit darauf erhielt ich nämlich einen Brief aus Kalifornien. Er ist im folgenden abgedruckt, und zwar im vollen Wortlaut, um zu zeigen, wie hoch die Wogen der Gefühle in dieser Streitfrage gehen.

Freitag, den 28. Juli 1995

Dr. Dodman,
als meine geliebten Katzen noch am Leben waren, hatte ich die Zeitschrift CATNIP abonniert. Zufällig nahm ich die Nr. 10, Ausgabe Nr. 2, vom Januar 1995 noch einmal zu Hand und stieß dort, auf Seite 3 in dem Artikel THE INDOOR LIFE, auf den Satz ›das Leben draußen ist kurz, aber glücklich‹.

Ich frage mich wirklich, wie realitätsfremd Sie in Ihrem Elfenbeinturm sein müssen, daß Sie so verblödet sind, nicht zu sehen, daß das Leben einer freien Katze – vor allem das einer Streunerin – nicht nur alles andere als glücklich, sondern im Gegenteil verdammt beschissen ist, geprägt von schrecklichem Leiden und nicht selten von unerträglichen Schmerzen.

Ich habe solche Streuner gefüttert, und gemeinsam mit einer Freundin fange ich sie, wenn uns das gelingt. Ein Tierarzt entscheidet dann, ob sie kastriert und vermittelt werden können oder ob sie eingeschläfert werden müssen. Wenn wir sie aufgreifen, hängt ihnen das Fell in blutigen Fetzen vom Leib, oder sie haben aufbrechende Tumore. Häufig leiden sie an so schlimmen Atemwegserkrankungen, daß sie nicht mehr zu retten sind. Sie sind am Verhungern, haben abgeschnittene Schwänze, keine Augen mehr, sind an allen vier Füßen zusammengebunden oder wurden geschlagen.

Ist das vielleicht ein glückliches Leben?

Mann, Sie leben entweder in einer Traumwelt, oder Sie sind so verrückt, daß man Sie einsperren sollte, bevor Sie noch ein Leben in Gefahr bringen.

Sehen Sie sich doch die Realität an (oder gehören Sie vielleicht zu irgendeiner idiotischen Sekte, deren Anhänger alles für vollkommen halten, ganz egal, wie entsetzlich es ist?).

Sie kriegen wirklich den ersten Preis für Verblödung, außerdem den Titel ›Trottel des Monats‹ und ›Wasserkopf des Monats‹. Gratuliere. Falls Sie diesen Brief nicht lesen können, kann ihn Ihnen vielleicht eine Ihrer streunenden Katzen vorlesen.

Idiot!

Es war nicht zu übersehen, daß diese Dame kein Fan von mir war. (Mehr noch, sie schien auch keine Dame im eigentlichen Wortsinn zu sein.) Offenbar war sie ganz und gar nicht einverstanden mit dem, was ich gesagt hatte, meiner Ansicht nach hatte sie mich allerdings gründlich mißverstanden, worum es mir ging. Trotz ihres verletzenden Tones und ihrer Kraftausdrücke fühlte ich mich verpflichtet, ihr Schreiben zu beantworten. Ich hielt es für richtig, möglichst höflich zu bleiben, sonst würde ich sicherlich erst recht keine Punkte bei ihr machen – außerdem hatte sie meine Addresse und ich nur eine Postfachnummer.

15. August 1995

Sehr geehrte Miss Scott,

in den USA leben sechzig Millionen Katzen. Zwanzig Prozent davon werden jährlich in Tierheimen und Tierarztpraxen eingeschläfert, die Hälfte davon auf Grund von ›Verhaltensstörungen‹, die insbesondere reine Wohnungskatzen kennzeichnen. Solche Störungen stellen damit die häufigste Todesursache bei Katzen dar, und meine Aufgabe ist es, alles mir Mögliche zu tun, daß diese erschreckende Zahl rückläufig wird. Ich weiß wohl, daß das Leben eines Streuners gefährlich und elend sein kann, und habe auch keineswegs den Vorschlag gemacht, alle Katzen einfach ›freizulassen‹. Meine Ausführungen richteten sich vielmehr an Katzenbesitzer, die die Wahl haben, ihre Katze als reine Wohnungskatze zu halten oder aber ihr ein bestimmtes tägliches Quantum an Freilauf zu gewähren. Letzteres ist in Großbritannien die Regel, und die meisten englischen Katzen sind gesund und glücklich, ja mehr noch, sie müssen nicht unter den Psychosen leiden, die die amerikanischen Verhaltensmediziner mit Arbeit versorgen. Nichtsdestoweniger habe ich keineswegs dazu geraten, daß alle Katzenbesitzer ihren Katzen nun auf einen Schlag ohne gründliche Vorüberlegungen Auslauf geben sollten. Wie ich in dem Interview sagte, kann sich die Lebenserwartung einer solchen Katze durch einen Unfall oder durch Krankheit (allerdings nicht durch Tumore) vekürzen. Jeder Katzenbesitzer

muß daher selbst entscheiden, wo und wann er sein Tier hinaus-
läßt – an einer vielbefahrenen Straße kommt das natürlich
sowieso nicht in Frage. Einerseits ist nicht wegzuleugnen, daß
Katzen den Auslauf vorziehen. Andererseits bleibt die Tatsache
bestehen, daß dies (wie übrigens auch das Leben außerhalb eines
schützenden Käfigs) gefährlich ist. Ich habe mich immer sehr
schwer mit der Entscheidung getan, ob Freiheit und Gefahr oder
Einschränkung und die psychischen Störungen, die in manchen
Fällen daraus entstehen, vorzuziehen sind.

Sie und ich haben den gleichen Ansatz, nämlich Katzen zu
helfen, doch wir arbeiten an unterschiedlichen Enden des Spektrums. Sie sehen das Schlimmste, was herrenlosen, streundenden
Katzen zustoßen kann. Ich sehe das Schlimmste, was eingesperr-
ten, in ein Zusammenleben mit Menschen hineingezwungenen
Katzen widerfahren kann. Mein Ausspruch vom kurzen, aber
glücklichen Leben lief nicht darauf hinaus, daß draußen lebende
Katzen grundsätzlich glücklich sind. Er bezieht sich vielmehr
(auch wenn die meisten Amerikaner ihn vielleicht nicht so verstehen) auf eine Dr.-Faustus-Situation: »Lebe jetzt, zahle später.«
Katzen wollen hinaus, das aber ist gefährlich und führt möglicherweise zum Verlust von Gesundheit oder gar Leben. Ich halte
meine Katzen in der Wohnung (bis auf die Male, in denen ihnen
die Flucht gelingt) und muß dafür mit ihren sehnsüchtigen
Blicken und ihrem leicht neurotischen Verhalten leben. Es ist
schwer zu entscheiden, was letztlich richtig ist. Im Augenblick
habe ich mich schweren Herzens mit der ›Hotel California‹-Si-
tuation arrangiert.

Im übrigen bekommen auch reine Wohnungskatzen viele
schreckliche Krankheiten (einschließlich tödlicher Atemwegserkrankungen, die manchmal mehrere Tiere auf einmal hinweg-
raffen und in Tierheimen oder unter Züchtern grassieren können). Manche sind überfüttert und fettleibig und können sich
kaum noch bewegen, andere zerbeißen sich aus Frustration den

eigenen Schwanz (der daraufhin amputiert werden muß), und
wieder anderen werden die Krallen entfernt (also eigentlich die
Finger abgeschnitten), weil sie die Möbel ihrer Besitzer zerkrat-
zen (ein an sich völlig normales Verhalten, das häufig eine der
für das Tier schmerzhaftesten Operationen überhaupt nach sich
zieht). Auch im schützenden Raum einer Wohnung ist das Leben
einer Katze also keineswegs nur auf Rosen gebettet.

Ich wünsche Ihnen noch alles Gute
Nicholas H. Dodman

Ich habe leider nichts mehr von der zornigen Dame gehört und mich öfter gefragt, wie sie wohl auf meinen Brief reagierte. Glaubte sie mir kein Wort und gab mich als unbelehrbar auf? Wurde sie noch erboster und spickte ein Abbild von mir mit Nadeln? Oder wurde ihr klar, daß wir tatsächlich beide versuchen, Katzen auf unsere je eigene Weise zu helfen, und daß es durch den Artikel offensichtlich zu einem Mißverständnis gekommen war? Wir hatten nur jeweils völlig unterschiedliche Katzenpopulationen im Blick. Ich bin mir fast sicher, daß Miss Scotts Erfahrungen sich auf wild lebende Katzen bezogen – Katzen, die ständig draußen leben, dort ihre Jungen zur Welt bringen und niemandem gehören. Ich weiß, daß auch Hauskatzen entlaufen und in diese Population hineinrutschen können, aber ich glaube nicht, daß dies die Regel ist, wenn eine Katze an einem Ort von einer Familie, die sie liebt und nicht ständig allein läßt, gefüttert und versorgt wird.

Was hat nun dieses ganze Gerede von reinen Wohnungskatzen und Katzen mit Freilauf mit Thomas und seinem exzessiven Miauen zu tun? Meiner Ansicht nach ziemlich viel. Allerdings hätten derartige Überlegungen wohl auch nicht geholfen, in seinem Fall zu einer zufriedenstellenden Lösung zu gelangen. Wenn man ihn hinausgelassen hätte, wäre er

167

wahrscheinlich über kurz oder lang gestorben, allerdings nicht, ohne zuvor Vater vieler ungewollter Kätzchen zu werden, die in seine Fußstapfen getreten wären. Ohnehin hätte Mrs. Roper ihn schon deshalb schlecht hinauslassen können, weil sie an einer belebten Straße wohnte; und außerdem wäre er wohl kaum zurückgekommen. Vielleicht hätte sie überlegen sollen, ihm ein anderes Zuhause zu suchen, doch irgendwie schien das für sie nicht in Frage zu kommen. Eine weitere Möglichkeit wäre gewesen, ihn zu kastrieren und zu impfen und dann in einem relativ sicheren Revier freizulassen. Selbst diese ›unverantwortliche‹ Lösung wäre vermutlich besser für ihn gewesen als das Schicksal, das er schließlich durch die Hände seiner Samariterin erlitt.

Meine Frau und ich haben vor einigen Jahren ein paar dieser Einfang- und Freilaß-Durchgänge mit einem streunenden Kater aus der Nachbarschaft, der uns adoptiert hatte und ständig unsere Hintertür belagerte, durchexerziert. Wir konnten ihn nicht in unser ohnehin schon von Katzen übervölkertes Heim aufnehmen, aber wir wollten ihm dennoch gern helfen. Also fingen wir ihn ein, impften und kastrierten ihn, gaben ihm ein reichliches Mahl und ließen ihn wieder frei. Die Erfahrung mußte ihm zugesagt haben, da er uns von da an nicht mehr in Ruhe ließ. Wir lösten das Problem schließlich, indem wir ihm eine Fahrkarte nach Washington D. C. spendierten, wo er jetzt glücklich bei meinem Schwiegervater Ted lebt. Er verläßt übrigens das Haus, wann immer es ihm beliebt, und bringt sich allenfalls in solche Schwierigkeiten, die er sich bewußt selbst ausgesucht hat. Wolfey – so haben wir ihn getauft – besitzt ein gerütteltes Maß an Straßenschläue und wird wahrscheinlich sogar in den Vorstädten von D. C. ein biblisches Alter erreichen. Er ist ein echter ›Top Dog‹ unter den Katzen, Bandenführer und Überlebenskünstler – und er ist (abgesehen von leichtem Übergewicht) gesund, wohlhabend (gemessen an der Zuneigung, die ihm zuteil wird) und glücklich.

Jetzt sind wahrscheinlich alle endgültig verwirrt. »Was um Himmels willen«, so höre ich fragen, »soll ich nun tun? Soll ich mich für Einsperren und Sicherheit entscheiden oder für Freiheit und Risiko? Für ein Dasein wie das von Thomas oder für Wolfeys?« Ich kann nur sagen, daß die Entscheidung darüber, wie mit den jungen Wilden umzugehen ist, beim einzelnen liegt und weitgehend von der Persönlichkeit und den Erfahrungen der jeweiligen Katze sowie von der Situation ihres Besitzers abhängt. Ich habe für meine Katzen die Wohnungsexistenz gewählt, und die meiste Zeit scheinen sie ganz gut damit zurechtzukommen. Zudem bin ich überzeugt, daß sie sich in der großen weiten Welt nicht lange behaupten könnten. Wenn ich auf dem Land lebte und mir wieder ein Paar Kätzchen zulegte, würde ich mir die Sache allerdings noch einmal gründlich überlegen. Und wenn sie mich dann noch die ganze Nacht durch lautes Geschrei wach hielten, würde das meine Entscheidungsfindung wahrscheinlich beschleunigen.

Zum letzten Mal zurück zu Konrad Lorenz, der dieser Frage offenbar immerhin einiges Nachdenken widmete. Er faßte die Situation folgendermaßen zusammen: »Es liegt sicherlich nicht in meiner Absicht, irgend jemand davon abzubringen, eine Katze in einer Stadtwohnung zu halten. Der Städter hat wenig genug Berührungspunkte mit der Natur, und eine hübsche unverwöhnte Katze kann einen Hauch von Wildnis in eine städtische Straße bringen. Ich bleibe jedoch dabei, daß man den ganzen Zauber ihres Wesens erst dann genießen kann, wenn man einer Katze ihre Freiheit läßt ... Man kann sich die echte, nicht die scheinbare Liebe einer Katze nicht stärker verdienen, als wenn man ihr ihre natürliche Lebensart gestattet und versucht, sich ihr taktvoll in ihrer eigenen natürlichen Umgebung zu nähern. Gleichzeitig muß man der Tatsache ins Gesicht sehen, daß das Tier, dessen innerste Wünsche man auf diese Weise respektiert, all den Gefahren ausgesetzt ist, die normalerweise ein so kleines Raubtier bedrohen ... Keine einzige meiner eigenen Katzen starb eines natürlichen Todes.«

Kapitel 9
Der Rebell ohne Krallen

Schon wochenlang hatte meine Frau mich bekniet, doch einmal mit einer ihrer Klientinnen, einer Mrs. Holly Hines, zu sprechen, die anscheinend Fürchterliches mit ihrem Kater McTavish durchmachte. McTavish demolierte nämlich mit seinem Lieblingszeitvertreib, dem Krallenwetzen, sämtliche sichtbaren Teile von Hollys sorgsam geschonten Polstermöbeln. Linda hatte ihr Bestes getan, Mrs. Hines von der Idee, McTavish die Krallen entfernen zu lassen, abzubringen, und hatte ihr alle denkbaren Alternativen genauestens dargelegt.[1] Doch Holly blieb uneinsichtig. Ihr erschien die Entfernung der Krallen als die optimale Lösung, da nur dies wirklich garantierte, daß das Problem aufhörte. Ein paar schnelle Schnipser an den vorderen Krallen unter Anästhesie, so dachte sie, und McTavish würde ihr nie mehr die Möbel ruinieren. Sie gierte förmlich nach dieser Radikallösung und hörte deshalb wahrscheinlich nicht allzu genau hin, als Linda ihr die Schattenseiten der Prozedur vor Augen zu führen versuchte.

Linda suchte Holly begreiflich zu machen, daß die Krallenentfernung nichts mit Nägelschneiden zu tun hat; sie bedeutet vielmehr die Amputation der Fingerspitzen samt Knochen und allem. Wie unmenschlich dieses Verfahren ist, zeigt sich schon daran, wie schwer die Katzen sich allein von der Anästhesie, die für diese Operation nötig ist, erholen. Im Ge-

---

[1] Die tierquälerische Operation der Krallenentfernung ist in Deutschland verboten. (Anm. d. Ü.)

gensatz zur Rekonvaleszenz nach Routineeingriffen wie etwa der Kastration, die relativ sanft verläuft, gehen die meisten Katzen nach der Entfernung der Klauen vor Schmerzen buchstäblich die Wände des Käfigs hoch, in dem sie aufwachen. Katzen von stoischem Charakter kauern sich in eine Ecke des Käfigs, hilflos erstarrt unter den unvorstellbaren Schmerzen. Das Entfernen der Krallen entspricht genau der Lexikon-Definition des Begriffs ›Verstümmelung‹. Auf diese grausame Operation passen Wörter wie ›deformieren‹, ›entstellen‹, ›abtrennen‹, ›zerstückeln‹. Die teilweise Amputation der Finger ist so schmerzhaft, daß sie als Folterung bei Kriegsgefangenen angewandt wurde, und in der Veterinärmedizin dient dieses klinische Verfahren zur Erzeugung schwerster Schmerzen als Test für die Wirksamkeit schmerzstillender Medikamente. Solche Medikamente können zwar auch postoperativ verabreicht werden, doch das geschieht nur in den seltensten Fällen, und die Wirkung ist ohnehin unvollständig und vorübergehend, so daß die Schmerzen früher oder später auf jeden Fall zum Durchbruch kommen. Wie schnell die Katze die grauenhafte Schmerzerfahrung nach der Krallenentfernung auch vergessen mag, und selbst wenn sie ihrem Menschen hinterher nicht zu grollen scheint, so ist dies doch keinesfalls eine Rechtfertigung dafür, ein zahmes Haustier so Furchtbares erleiden zu lassen. All das erklärte Linda Mrs. Hines haarklein in der Hoffnung, sie dadurch zu einem Verhaltenstraining zu motivieren und von der grausamen chirurgischen Alternative abzubringen.

Um Holly für eine Verhaltenstherapie zu begeistern, wies Linda sie auch auf die Nachteile hin, mit denen Katzen, denen die Krallen entfernt worden sind, leben müssen und die vor allem die Fähigkeit zur Selbstverteidigung und zur Flucht vor einer Gefahr auf Bäume betreffen. Eine in neuerer Zeit durchgeführte Studie hat angeblich zwar gezeigt, daß das Entfernen der Krallen die Selbstverteidigungsfähigkeit freilaufender Katzen nicht beeinträchtige, doch dieses Ergebnis schlägt dem gesunden Menschenverstand ins Gesicht und ist nur schwer nachzuvollziehen. Die Relevanz einer Untersuchung ist grundsätzlich abhängig von der angewandten Methode, und wenn ich mich recht erinnere, berief der Verfasser der bewußten Arbeit sich stärker auf die Meinung von Katzenbesitzern als auf objektive Daten; seine Resultate sollten deshalb mit einiger Vorsicht betrachtet werden. Doch ganz gleich, wie gut McTavish nach der Operation noch für sich selbst sorgen konnte, in seinem Fall stand diese Frage nicht an erster Stelle, da er so gut wie nie ins Freie gelassen wurde.

Trotz Lindas verzweifeltem Bemühen, Holly zu einem Versuch mit einer konservativen Lösung zu bewegen, konnte Holly sich nicht mit einem Verhaltenstraining befreunden und tendierte nach wie vor zu der allzu praktischen chirurgischen Radikalkur. Vor diesem Hintergrund rief ich Holly also an, um einen kostenlosen Beratungstermin mit ihr zu vereinbaren, bei dem wir uns gemeinsam Möglichkeiten überlegen konnten, wie wir den jungen McTavish von seinem ärgerlichen Zeitvertreib abbringen und seinen Tatendrang in eine neue Richtung lenken könnten. Ich muß zugeben, daß ich den Anruf immer wieder hinausgeschoben hatte, weil ich zu der Zeit in Arbeit förmlich ertrank, aber schließlich schaffte ich es doch. Ich sprach dabei jedoch nicht mit Holly selbst, sondern hinterließ ihr nur eine Nachricht auf dem Anrufbeantworter, sowohl zu Hause als auch bei ihrer Arbeitsstelle. Jetzt lag die Sache bei ihr. Als ich an diesem Tag spätabends nach Hause kam, fand ich Linda vor dem Computer, fassungslos auf den Bildschirm starrend. Als ich zu ihr ging, sah sie wie betäubt zu mir hoch und sagte mir, daß sie soeben von Mrs. Hines gehört habe, aber leider nicht das, was sie gern hören wollte. Offenbar war ich mit meinem Angebot zu spät gekommen. Holly hatte

McTavish bereits vor einigen Wochen zu einem anderen Tierarzt gebracht und ihm dort die Krallen entfernen lassen. Sie fügte hinzu, daß sie und McTavish ihren Entschluß nicht bedauerten und es ihnen jetzt beiden besserginge. Meinte sie das im Ernst? Meine Frau war völlig am Boden zerstört und haderte mit sich selbst, daß sie nicht erkannt hatte, wie dringlich die Sache gewesen war. Den ganzen Abend grübelte sie darüber nach, wie sie die Operation hätte abwenden können, doch derlei Überlegungen waren nun müßig.

Die Entfernung der Krallen bei Katzen spaltet die Menschheit in zwei Lager. Da sind jene, die ihren Katzen die Krallen entfernen lassen, ohne überhaupt einen Gedanken an diese Entscheidung zu verschwenden. Die gleichen Leute glauben auch, daß es eine schmerzlose Methode ist, ein Kamel zu kastrieren, wenn man ihm die Hoden zwischen zwei Steinen zerquetscht – es sei denn, man gerät selbst mit den Fingern zwischen die Steine. Traurigerweise gehören auch einige Tierärzte in diese Kategorie und bieten ihren Kunden an, ihrer Katze mit den Impfungen und der Entwurmung gleich auch noch die Krallen zu entfernen. Am andere Ende des Spektrums stehen die Menschen, die diese Methode am liebsten verboten sähen. Natürlich gibt es auch Positionen zwischen diesen Extremen. Meiner Überzeugung nach sollte die Methode der Krallenentfernung um jeden Preis vermieden werden – außer wenn die Einschläferung die unausweichliche Lösung ist. Linda und ich kämpfen gemeinsam dafür, daß diese brutale Lösung nicht mehr praktiziert wird, was für manche unserer Klienten schmerzhaft sein mag, aber jedenfalls nicht für unsere Patienten.

Man kann sich unschwer vorstellen, wie mir bei einer Vorlesung zumute war, bei der die Gastreferentin die operative Entfernung der Klauen als geeignete Methode pries, eine Katze daran zu hindern, die Möbel ihres Besitzers zu zerkratzen.

Diese Ärztin, die kurz zuvor noch stolz verkündet hatte, wie selten sie verhaltensmodifizierende Medikamente einsetze, ließ sich nun darüber aus, wie effektiv die Entfernung der Krallen bei ihren eigenen Katzen gewesen sei. Ich wollte meine Studenten auf keinen Fall mit dem Eindruck aus der Stunde entlassen, daß die Entfernung der Krallen ein annehmbarer Weg sei, das Zerkratzen von Möbeln zu unterbinden, und sah mich daher gezwungen, ihnen gleich im Anschluß an den Vortrag auch die andere Seite der Medaille klarzumachen. Etwas verschüchtert erhob ich mich und versuchte es zunächst mit einer sachlichen, höflichen Widerlegung. Doch leider sind Takt und Diplomatie nicht meine starke Seite, und in diesem Fall stand, was ich zu sagen hatte, auch noch in krassem Gegensatz zum zuvor Gesagten. So war es unausweichlich, daß mein kritischer Kommentar als Angriff empfunden wurde.

»Dr. Wilson«, begann ich, »hat uns soeben berichtet, wie selten sie bei der Behandlung von Verhaltensstörungen auf Medikamente zurückgreifen muß. Ich weiß nicht recht, was daran besonders rühmenswert sein soll. Immerhin können Medikamente, wenn sie richtig eingesetzt werden, Schmerzen und Leiden lindern und Heilung beschleunigen. An den tierärztlichen Ausbildungsstätten und Hochschulen in Kalifornien und Pennsylvania und an unserer eigenen Klinik wird die medikamentöse Therapie in dreißig bis siebzig Prozent aller Fälle von Verhaltensstörungen unterstützend angewandt, und diese Methode hat sich durchaus bewährt. Katzen machen sogar den größeren Teil dieses Prozentsatzes aus, weil die Probleme, vor die sie uns stellen, weniger gut auf Verhaltenstherapien ansprechen als Störungen bei Hunden. Das Unterlassen der Verabreichung von Medikamenten, vor allem, wenn es um Katzen geht, scheint deshalb eher ein Fehler als eine empfehlenswerte Strategie, ja es ist in meinen Augen sogar unsinnig. Schmerzhafte chirurgische Lösungen für Verhaltensstörungen sind jedoch auf jeden Fall eine völlig andere Sache und dürfen, wenn überhaupt, niemals leichtfertig gewählt werden.«

Damit war der Konflikt zementiert. Dr. Wilson bekräftigte noch einmal ihre Position und sprach sich erneut gegen den Einsatz von Medikamenten aus. Die Studenten waren peinlich berührt, zwischen die Fronten geraten zu sein; Studentsein ist schon schwierig genug, auch ohne daß die Lehrenden unterschiedlicher Meinung sind und einander in einer Sache so heftig widersprechen. Unter anderen Umständen hätte ich mich mit meiner Meinungsäußerung auch zurückgehalten, doch nachdem ich jahrelang als Anästhesist das grauenvolle Erwachen der Opfer dieser Operation zu überwachen hatte, durfte ich das Gesagte einfach nicht kommentarlos stehenlassen. Natürlich gab es Beschwerden über unsere Kontroverse, und der Streit wurde hinter den Kulissen fortgesetzt. Noch heute wahren wir bei unseren seltenen beruflichen Begegnungen einen brüchigen Burgfrieden. Ein typischer Fall von einmal gebissen (oder gekratzt), doppelt vorsichtig, und zwar auf beiden Seiten.

Vielleicht hat meine Ansicht über Verstümmelung und das, was ich dafür halte, ja etwas mit meinem englischen Erbe zu tun. Auf der anderen Seite des Ozeans spielt der Tierschutz eine wichtige Rolle, und viele der kosmetischen und aus purer Bequemlichkeit durchgeführten Operationen, die in den USA noch Routine sind, sind dort längst verboten. Das bedeutende Lehrbuch von Turner und Bateson über die Verhaltensbiologie bei Katzen beschließt das Kapitel über das Kratzen mit der lapidaren Aussage: »Die operative Entfernung der Krallen, wie sie manchmal zum Schutz von Sesseln und Vorhängen praktiziert wird, ist ein Akt des Mißbrauchs und sollte in allen, nicht nur in einigen Ländern gesetzlich verboten werden.« Dieser Satz bringt auch meine Haltung zu dieser Frage auf den Punkt. Was aber soll jemand tun, der sich aus ethischen Gründen den

Reihen der Krallenbewahrer zurechnet, wenn seine Katze plötzlich anfängt, die Möbel zu Kleinholz zu machen? Gibt es Alternativen, oder bleibt nur die Möglichkeit, die Möbel wegzuschließen? Die Antwort ist ja, es gibt andere Wege, und nein, man braucht seine Möbel nicht durch verschlossene Türen zu schützen. Zum besseren Verständnis dieses schwierigen Problems ist es vielleicht ganz hilfreich, die Motive, die hinter dieser Verhaltensweise stehen, etwas transparent zu machen.

Die Erklärung, daß Katzen Möbel zerkratzen, weil sie die Krallen wetzen wollen, ist meiner Ansicht nach zu simpel. Wer würde schon einen Ring mit Fischhaken über einen Lehnstuhl ziehen in der Absicht, ihre Spitzen zu schärfen? Das Kratzen an Möbeln schärft die Krallen nicht; es ist lediglich ein Muskeltraining und dient dazu, abgestorbene Nagelhülsen zu entfernen (die immer am Boden eines vielbenutzten Kratzbaums zu finden sind). Ein weiterer Grund dafür, daß Katzen ihre Krallen ausfahren und in Polstermöbel schlagen, ist ganz einfach, daß es sich gut anfühlt. Wir alle recken und strecken uns gern, vor allem nach einem Nickerchen. Auch der visuelle Aspekt spielt eine Rolle. Die zurückbleibenden Kratzer verkünden: »Kilroy war hier.« Denken wir nur an unsere Schulzeit, in der sämtliche Besitztümer mit Inschriften versehen wurden, wie zum Beispiel: »Dieser Schreibtisch gehört John Smith.« Genau das gleiche Prinzip liegt dem Möbelzerkratzen zugrunde. Deshalb befinden sich die durch Katzenkrallen verursachten Kratzer auch stets an einer strategischen, nämlich gut sichtbaren Stelle wie etwa an der der Tür zugewandten Armlehne eines Sofas (und nicht an der der Wand zugekehrten Seite). Einer meiner Kollegen besitzt ein Foto eines über und über zerkratzten Baums auf dem Vorzeigerasen vor dem Haus eines Freundes. Der Baum steht allein mitten auf dem Rasenstück. Nicht, daß auf dem Grundstück nicht noch Unmengen weiterer Bäume stünden, aber irgendeine Nachbarskatze hat sich ausgerechnet dieses gut sichtbare Objekt ausgesucht, das ihrer Präsenz auch wirklich den richtigen Nachdruck verleiht. Typisch Katze.

Die Geruchskomponente, die beim Kratzen ebenfalls eine Rolle spielt, unterstreicht seine Bedeutung als Markierverhalten noch. Das Markieren durch Gerüche ist für eine Katze dasselbe wie das Schreiben für einen Menschen: Sie hinterläßt auf diese Weise eine Botschaft, die noch lange nach ihrem Fortgehen nachwirkt. Von den Drüsen in den Pfoten freigesetzte Pheromone lassen bei einer anderen Katze keinen Zweifel darüber aufkommen, wer Kilroy ist und was er dachte, als er das letzte Mal hier vorbeikam. Das sichtbare Zeichen dient dabei gleichsam als Hinweis, der die Aufmerksamkeit auf die eigentliche Botschaft lenkt. Das erklärt, warum Katzen Bewegungsmuster des Kratzens an Möbeln auch dann beibehalten, wenn sie gar keine Krallen mehr haben, die sie schärfen müßten, und ihre Mühen gar keine sichtbaren Früchte mehr tragen. Eine andere Erklärung für das müßige Kratzen solcher Katzen ist, daß es sich dabei um ein Ritualverhalten handelt, das sich unauslöschlich in die Nervenbahnen eingegraben hat. Mit anderen Worten, sie tun es, auch wenn es keinen Grund mehr dafür gibt, weil sie praktisch dazu gezwungen sind.

Da das Kratzen Markierfunktion hat und Markierverhalten durch Streß verstärkt wird, müßte seine Auftretenshäufigkeit bei zunehmender Spannung ansteigen, und dies scheint auch tatsächlich der Fall zu sein. Ich hatte einmal eine Katze als Patientin, die am Türrahmen der offenen Wohnzimmertür zu kratzen begann, als ihre Besitzer eine weitere Katze aufnahmen. Dieses Revierverhalten entspricht dem Markieren mit Urin. Spinnt man diesen Gedanken weiter, so müßte ein natürliches Verhalten wie das Kratzen sich unter Umständen auch zwanghaft entladen. Das Resultat wäre ein exzessives und scheinbar sinnloses Zerkratzen von Möbeln. Eine sorgfältige

Situationsanalyse würde dabei wahrscheinlich zu der Diagnose führen, daß wir es hier mit einem Individuum unter Streß zu tun haben. Theoretisch ist die Neigung zu solchen Streßreaktionen erblich, und das scheint auch für das Zerkratzen von Möbeln zu gelten. Wenn man keinen zwanghaften Möbelmarkierer möchte, sollte man sich also tunlichst ein Kätzchen aussuchen, dessen Eltern dieses Verhalten nicht oder zumindest nicht in auffälligem Maße zeigen. Diese Eigenschaft zugleich als Beleg für eine angeborene Ängstlichkeit des Tieres zu werten würde jedoch zu weit führen, da beim Kratzen immer auch das Lernverhalten eine Rolle spielt. Bevor wir definitive Aussagen darüber machen können, welche Rolle Vererbung und Aufzucht, Temperament und Lernen bei der Übertragung dieses Verhaltens von einer Generation auf die nächste spielen, müßten diese Zusammenhänge zunächst in kontrollierten Studien untersucht werden – ein interessantes Forschungsthema, das die Verhaltenswissenschaft möglicherweise einen guten Schritt voranbringen würde. Stellt das Kratzen tatsächlich ein zwanghaftes Markierverhalten dar, so wird die Behandlung die Minimierung möglicher Streßfaktoren in der Umwelt wie z. B. Konflikte mit Artgenossen, das Umlenken des Kratzens auf ein akzeptables Objekt und in besonders schweren Fällen den wohlüberlegten Einsatz eines angstreduzierenden Medikaments umfassen. Wir orientieren uns dabei an dem therapeutischen Vorgehen, das sich bei einer anderen Form zwanghaften Markierverhaltens, dem Urin-Markieren, bewährt hat.

Gehen wir einmal davon aus, daß wir es nicht mit einer zwanghaften Katze zu tun haben, sondern einfach mit einer, die in regelmäßigen Abständen Dampf abläßt, indem sie einen Satz kostbarer Sessel in seine Bestandteile zerlegt und im Haus verteilt. Diese Katze ist kein Fall für den auf Zwangsneurosen spezialisierten ›Katzenpsychiater‹. Hier geht es ganz einfach darum, die freiwerdenden Energien in akzeptable Bahnen zu lenken. An dieser Stelle kommt der Kratzbaum ins Spiel, der sehr wohl seinen Zweck erfüllt, wenn man weiß, wie er aussehen muß und zu postieren ist. Die beste Lehrmeisterin in der edlen Kunst des Kratzens ist die Katzenmutter, doch wenn sie aus irgendwelchen Gründen nicht greifbar oder nicht daran gewöhnt ist, einen Kratzbaum zu benutzen, sind wir Menschen gefragt. Die erste Regel ist, daß der Kratzbaum groß genug sein muß, so daß die Katze sich an ihm zu ihrer vollen Größe aufrichten und den Rücken krümmen kann, während sie die Krallen hineinschlägt. Mindestens ein solcher Baum sollte in der Nähe des bevorzugten Ruheplätzchens der Katze stehen. Jede Katze wünscht sich nach einem behaglichen Nikkerchen ein wohliges Krallenstrecken und -wetzen. Die zweite Regel lautet, daß Kratzbäume absolut standfest sein sollten. Für Katzen gibt es nichts Schlimmeres, als wenn der Baum, sobald sie gerade so richtig am Kratzen sind, schwankt oder gar umfällt. Drittens muß der Baum den richtigen Überzug besitzen. Ein mit Teppichboden bezogener Baum ist völlig uninteressant, es muß schon Jute oder ein anderes, zerreißbares Material sein. Katzen bevorzugen grundsätzlich vertikal verlaufende Fasern, die für sie leichter zu zerreißen sind. Viele Besitzer wechseln den Kratzbaum aus, wenn er alt und abgenutzt ist. Das ist ein Kapitalfehler, da das Zerspleißen der Fasern auf häufige Benutzung deutet, was man ja gerade anstrebt. Am begeisterndsten an einem Kratzbaum ist für die Katze, daß sie die Krallen in das Material schlagen und hauchdünne Fäden herausziehen kann, gewissermaßen zum sichtbaren Beweis dafür, daß sie zuerst da war. Die meisten lieben es, mehr als einen Baum zu haben, am besten stellt man in jedem belebten Bereich im Haus einen auf. Unterschiedliche Kratzbäume bieten unterschiedliche Herausforderungen, so daß auch in diesem Punkt die Phantasie der Katzenbesitzer gefragt ist. Ein Baum mit seitlich angebrachten Kuschelhöhlen, Röhren zum Durchkriechen und beweglichem Spielzeug macht großen Spaß und eignet sich besonders gut als Lern- und Konditionierungsobjekt. Eigentlich sollte vor jedem mit Kratzern markierten Bereich in der Wohnung oder doch zumindest an den Stellen, an denen sich rauhe, zum Kratzen verlockende Oberflächen finden, ein Kratzbaum stehen. Für die menschlichen Bewohner mag es zunächst ein wenig lästig sein, in ihrem Wohnraum auf Schritt und Tritt einem Arrangement von mit Jute umwickelten Kratzbäumen ausweichen zu müssen, vor allem nachts, wenn man das Licht nicht angeknipst hat, aber keine Angst, mit der Zeit können diese Hindernisse an weniger störende Orte verlegt werden.

Manchmal kann man eine zögernde Katze mit einem Trick dazu bringen, einen Kratzbaum zu benutzen. Einer dieser Tricks ist, den Stoff, mit dem der Kratzbaum überzogen ist, mit Katzenminze zu parfümieren. Schätzungsweise ein Drittel aller Katzen reagiert emphatisch auf die verführerischen Wirkungen dieser Droge (für die anderen empfehlen sich andere olfaktorische Verlockungen), doch wir wissen nicht, warum das so ist. Diejenigen, die auf den Geruch ansprechen, rollen sich in höchster Ekstase herum, sabbern und bieten ein Bild wollüstiger Verzückung. Viele Leute halten das für eine sexuelle Reaktion, eine Annahme, gegen die sich jedoch vieles einwenden läßt. Das überzeugendste Gegenargument ist wohl, daß Katzenminze bei männlichen und weiblichen Katzen die gleiche Wirkung hervorruft. Da wir andererseits aber auch wissen, daß sexuelle Verhaltensweisen nicht ausschließlich dem einen oder anderen Geschlecht zuzuordnen, sondern in der Regel nur bei einem Geschlecht häufiger anzutreffen sind, kann diese These nicht ganz ausgeschlossen werden. Eine andere Auffassung besagt, daß Katzenminze Beutefangverhalten hervorrufe – was eindeutig bestritten wurde, weil Katzen unter

Einfluß von Katzenminze auch Verhaltensweisen zeigen, die nicht zu ihrem normalen Jagdverhalten gehören. So wäre es beispielsweise alles andere als ratsam, wenn die Katze den Weg zu ihrem arglosen Beutetier mit Speichel kennzeichnen und bei der Verfolgung immer wieder innehalten würde, um sich auf den Rücken zu werfen und genüßlich herumzuwälzen. Das angepeilte Mittagessen könnte sich angesichts dieses Schauspiels allenfalls totlachen, und das wäre noch das Beste, was der Katze passieren könnte. Doch ganz gleich, was die Wirkung von Katzenminze auslöst, auf jeden Fall scheint sie vielen Katzen allergrößten sinnlichen Genuß zu bereiten und kann dadurch sogar einen vom Besitzer favorisierten Ort – wie zum Beispiel einen Kratzbaum – unwiderstehlich für sie machen.

Wenn Sie Ihrer Katze einen bestimmten Ort zum Krallenwetzen schmackhaft machen möchten, ist es wichtig, daß Sie ihr gleichzeitig die Stellen, die Sie gern verschont sähen – wie zum Beispiel die Stereolautsprecher oder die Lehne ihres Lieblingssessels –, wirkungsvoll verleiden. Zu diesem Zweck können Sie sich die ganz normale Aversion von Katzen gegen Aluminiumfolie oder Plastik zunutze machen und die betreffenden Gegenstände damit umwickeln. Bei schwer zu verpakkenden Dingen können Sie auf aversive Gerüche wie zum Beispiel Zitrussprays zurückgreifen, die meist auch sehr überzeugend wirken. Der französische Verhaltensforscher Pageat vertritt die These, daß pheromonhaltige, ölige Sekrete aus den Drüsen zwischen den Augen und Ohren der Katze ein olfaktorisches Abschreckungsmittel gegen Kratzen darstellen. Sie enthalten die Botschaft: »Schon besetzt – Pfoten weg!« Ich habe – als entgegengesetzte Strategie – schon oft erwogen, handelsübliche Geruchsneutralisatoren zu benutzen, um die Botschaft zu löschen, aber bisher habe ich lediglich zitrusduftende Geruchsüberdecker verwendet (und mir mit limonenduftender Möbelpolitur eigenhändig meine Möbel ruiniert).

Wenn das alles fehlschlägt, können wir heute auf ein relativ neues Mittel gegen Möbelzerkratzen zurückgreifen, das meines Wissens zumindest in manchen Fällen gewirkt hat. Ich rede von den sogenannten *Softpaws*. Diese weichen Plastikkappen werden der Katze einfach auf die Krallen geklebt, so daß sie weniger scharf sind und weniger Schaden anrichten können. Manche meiner Klienten sind selig über den Erfolg. Es gibt diese Kappen in verschiedenen Farben, so daß Ihre Katze mit ihrer modischen Nagelfarbe angeben und sich gleichzeitig, ohne Schaden anzurichten, wohlig dehnen und strecken kann. Die *Softpaws* können einen arglosen Tierarzt ganz schön erschrecken. Das erste Mal, als ich eine Katze mit blauen Nägeln sah, riß es mich fast vom Stuhl, bis mir klar wurde, was da los war. Zuerst dachte ich, der Besitzer sei vielleicht ein Nagellack-Fetischist, doch die Realität stellte sich dann als weit weniger aufregend heraus.

Auf die eine oder andere Weise sollten wir Menschen also – sofern wir richtig und ausreichend informiert sind – in der Lage sein, eine Katze vom Möbelzerkratzen abzuhalten. Andererseits sind Katzen bemerkenswert kluge Strategiker und geben ihrem Menschen bei dieser Aufgabe echte Nüsse zu knacken. Eine Katzenbesitzerin berichtete in einem Leserbrief zu einem Artikel in der Zeitschrift *Catnip* von noch einem anderen Grund, warum Katzen Möbel zerkratzen. Sie schrieb über ihren elfjährigen Kater Smokey:

Ich besitze einen solchen ›Kratzer‹, der sich nicht an die in Ihrem Magazin beschriebenen Normen hält. Bei schönem Wetter darf er tagsüber hinaus, nachts hole ich ihn herein (womit er nicht immer einverstanden ist, aber ich bin größer und gewinne deshalb die Kämpfe, die sich gelegentlich aus dieser Meinungsverschiedenheit ergeben!). Auf meinem Grundstück stehen mehrere Bäume, und ich habe beobachtet, daß er sie alle als Kratz- und Kletterbäume benutzt. Trotzdem kratzt er auch in der Wohnung, aber nicht aus einem der Gründe, die Sie in Ihrer Zeitschrift anführen. Wenn er hinauswill, kratzt er an der Rückseite des Sofas, um meine Aufmerksamkeit zu erregen. Das hat er nicht immer getan. Ursprünglich setzte er sich vor mich hin und starrte mich eine Weile hypnotisierend an – auch darin sind Katzen ja bekanntlich Meister. Wenn das nicht wirkte, nahm er die Stimme zu Hilfe; die Bandbreite an Miauen und ähnlichen Lauten, die er dabei erzeugte, war eindrucksvoll. Hatte er mich auf diese Art mürbe gemacht, so stand ich gewöhnlich auf und ließ ihn hinaus. Wenn ihm das Ganze jedoch nicht schnell genug ging, tänzelte er zur Rückseite des Sofas, wobei er mich (wie ich aus den Augenwinkeln feststellen konnte) die ganze Zeit fixierte, und fing an, den Stoff mit seinen Krallen zu bearbeiten. Wie Sie sich vorstellen können, hatte er damit sofort meine volle Aufmerksamkeit und bekam, was er wollte. Inzwischen hat er zwei Hussen in Fädchen zerlegt. In dieser Kunst übt er sich nach wie vor, aber zum Glück gelang es mir, den Schaden zu begrenzen. Ich habe kürzlich ein neues Sofa gekauft – nicht wegen des Katers, sondern weil es mir gefiel. Sein Bezug besteht aus einem harten, rupfenartigen Material, dem seine Krallen nichts anhaben können; sein Kratzen schadet dem Sofa also nicht mehr. Was für ein Glück für mich, hätte ich mich doch ebensogut in ein Sofa mit Damastbezug verlieben können!

Ich glaube nicht, daß ein Kratzbaum in diesem Fall gewirkt hätte. Smokey gehört zu den Katzenpersönlichkeiten, die ihren Menschen immer wieder mit unkonventionellem Verhalten überraschen. Er ist ein Nonkonformist, so wie ich. Wir sind ein gutes Team.

Damit haben wir die vierte Ursache, warum Katzen Möbel zerkratzen: Das Kratzverhalten kann ganz einfach durch Konditionieren verstärkt werden. Wenn eine Katze für ein bestimmtes Verhalten mit Aufmerksamkeit belohnt wird, dann wird sich die Auftretenshäufigkeit dieses Verhaltens steigern. Die Geschichte von Smokey macht deutlich, daß der Umgang mit Verhaltensproblemen weit mehr erfordert als die Anwendung einiger empirischer Regeln. Nötig ist eine detaillierte Anamnese, die aufzeigt, wann und wo das betreffende Verhalten auftritt und was ihm vorangeht bzw. folgt. Nur unter sorgfältiger Beachtung auch der winzigsten Details kann ein wirksamer Behandlungsplan ausgearbeitet werden. Smokeys Besitzerin hatte recht damit, daß ihr Kater wahrscheinlich keinen Kratzbaum benutzt hätte – er zerkratzte das Sofa ja nicht aus den üblichen Gründen. Er hatte vielmehr gelernt, daß dieses (schlechte) Benehmen ihm verschaffte, was er wollte, und so unkonventionell er in anderen Dingen auch immer sein mochte, auf das operante Konditionieren sprach er bestens an. Seine Besitzerin war am Ende zwar mit ihrer Lösung durch ein ›unzerstörbares Sofa‹ zufrieden, eine andere Strategie, die in diesem Fall wohl ebenfalls gewirkt hätte, wäre es jedoch gewesen, das Kratzen zu ignorieren und Smokey auf ein anderes Signal zu konditionieren. Immerhin entschied die Frau sich nicht für die chirurgische Radikalkur, sondern fand ihren eigenen Weg, mit dem Problem umzugehen. So gibt es stets viele phantasievolle Lösungen, die der Katze erlauben, ihre Krallen zu behalten, bevor man auf das grausame Zerrbild einer Lösung, die Amputation, zurückgreifen muß. Um es mit einem alten englischen Sprichwort zu sagen: Es gibt viele Möglichkeiten, eine Katze zu kurieren.

Kapitel 10
In der Hitze der Nacht

Tara Woods hatte sich immer ein Kätzchen gewünscht, aber ihre Eltern und der Vermieter ihrer Maisonnettewohnung in Worcester erlaubten es nicht. Im Alter von dreiundzwanzig zog sie schließlich in eine eigene Wohnung und verwirklichte ihren langgehegten Traum: Sie kaufte das süßeste kleine Kätzchen der ganzen Stadt. Taras Neuerwerb, Pebbles, stammte von einer Freundin, deren Katze im Jahr zuvor unerwartet geworfen hatte. Für Außenstehende war an Pebbles ganz und gar nichts Außergewöhnliches: Sie war noch jung (sechs Monate, um genau zu sein), eine Kurzhaar-Hauskatze (sind sie das nicht alle?) und lackschwarz. Ihre besonderen Eigenschaften waren, daß sie ein liebenswertes Wesen hatte, quietschvergnügt und gesund war und von ganzem Herzen geliebt wurde.

Alles verlief so, wie man es sich vorgestellt hatte. Tara war überglücklich und spielte in jeder freien Minute mit Pebbles. Pebbles gab ihr diese Zuwendung mit Zinsen zurück, und Kätzchen und Besitzerin schlossen sich eng aneinander an. Es war ein ideales Arrangement – bis Pebbles' Verhalten eines Tages praktisch ins Gegenteil umschlug. Aus dem liebevollen, liebenswerten Tier wurde ein unzufriedenes Ungeheuer. Es war geradezu die Verwandlung von Dr. Jekyll in Mr. Hyde. Pebbles gab keine Ruhe mehr, strich unablässig maunzend durch die Wohnung, nur manchmal blieb sie an einem Fenster stehen und blickte sehnsüchtig hinaus. Zwar rieb sie gelegentlich noch immer ihr Köpfchen an Taras Beinen, aber nur kurz; schon Sekunden später nahm sie ihr ruheloses Herumtigern wieder auf, als folge sie einem geheimen Zwang. Mitten in dieser Tätigkeit duckte sie sich plötzlich auf den Boden, machte einen Katzenbuckel, stöhnte und schlug die Krallen in den Teppichboden. Dann wieder wälzte und wand sie sich und verbog ihren Körper in die unmöglichsten Stellungen, als leide sie Schmerzen. Außerdem verbrachte sie sehr viel mehr Zeit in der Nähe des Katzenklos, auch wenn die Ergebnisse ihrer ständigen Bemühungen zu urinieren alles andere als überwältigend waren.

Tara war völlig ratlos. Was ging da vor? Sie wußte, daß etwas nicht stimmte, hatte aber keine Ahnung, was. Völlig frustriert, rief sie die Freundin an, von der sie Pebbeles übernommen hatte. Beide diskutierten die Möglichkeiten einer Vergiftung, einer Blaseninfektion, ja sogar eines Anfallsleidens. Schließlich kamen sie zu dem Schluß, daß sie nicht mehr weiterwußten und fachliche Hilfe benötigten. Tara rief noch am späten Abend des gleichen Tages in der tiermedizinischen Klinik an. Ich hatte nicht Dienst, doch eine Kollegin, Dr. Nishi Dhupa, riet ihr, doch gleich einmal vorbeizukommen, damit sie sich Pebbles persönlich ansehen konnte.

Erleichtert setzte Tara sich ins Auto und raste zur Klinik, Pebbles in einem Katzenkorb neben sich. Als wolle sie die Dringlichkeit des Unternehmens bestätigen, schrie Pebbles während der ganzen Fahrt. Es war nicht das übliche Maunzen, sondern ein langgezogenes, haßerfülltes, hohlklingendes Schreien aus vollem Halse.

Als sie in der Klinik ankam, begleitete Dr. Dhupa sie in den Untersuchungsraum.

»Bitte erzählen Sie mir noch einmal, inwiefern Pebbles sich auffällig benimmt«, bat Dr. Dhupa, als sie den Käfig öffnete und Pebbles sich augenblicklich davonzumachen versuchte.

Tara haspelte ihre Geschichte getreulich noch einmal ab

und ließ auch nicht Pebbles' Sich-Winden und Maunzen aus, während Dr. Dhupa die Katze aufmerksam beobachtete.

Die Ärztin sagte zunächst nichts, sondern hob Pebbles auf den Edelstahltisch und fing mit der Untersuchung an. Gelegentlich hielt sie inne und kritzelte etwas auf ein Formular. Tara konnte die Spannung kaum ertragen.

Endlich legte Dr. Dhupa den Stift aus der Hand und sah lächelnd auf.

»Sie müssen sich keine Sorgen machen, Ms Woods. Pebbles ist völlig gesund, das Verhalten, das Sie beobachtet haben, ist normal. Pebbles ist ganz einfach rollig.

Tara fiel der Kiefer herunter. Sie war gleichzeitig erleichtert und verblüfft. Nie hätte sie gedacht, daß eine junge Katze so plötzlich, mitten im Winter, das Verlangen nach einem Gefährten verspüren könnte. Selbst wenn sie erwartet hätte, daß Pebbles so früh geschlechtsreif werden könnte, hätte sie die Anzeichen nicht richtig deuten können, weil sie noch keine rollige Katze gesehen hatte. Bei den Katzen ihrer Freundinnen hatte sie dergleichen nie miterlebt und wußte daher nicht, daß die Verhaltensänderung so dramatische Ausmaße annehmen konnte. Wer hätte gedacht, daß eine Katze so ein Drama daraus machte? Das ganze Maunzen, Sich-Winden, Sich-Herumrollen, Kratzen, Krallen und Urinieren war also völlig normal! Als sie sich ihres Irrtums schließlich so richtig bewußt wurde, verwandelte sich Taras anfängliche Erleichterung in Verlegenheit, doch Dr. Dhupa tröstete sie, indem sie ihr eine Reihe von Krankheiten aufzählte, die die gleichen Auswirkungen hatten. Die Liste reichte von verschiedenen neurologischen Störungen einschließlich Tollwut und Staupe über Vergiftungen bis hin zu Stoffwechselproblemen. Danach kam Tara sich schon sehr viel weniger dumm vor und schob Pebbles für die Heimfahrt wieder in ihren Korb zurück.

»In dem Moment, in dem ich ihre Temperatur maß, wußte

ich, was los war«, sagte Dr. Dhupa. »Als ich das Thermometer ins Rektum einführte, hob sie den Rumpf und spreizte die Beine. Diese Pose ist charakteristisch für rollige Katzen.«

Die beiden Frauen lächelten einander zu und schieden als Freundinnen. Tara hielt ein Blatt mit Anweisungen fest umklammert. Unnötig zu sagen, daß diese Anweisungen unter anderem den Rat enthielten, Pebbles so rasch wie möglich, gleich nach dem Ende der Rolligkeit, kastrieren zu lassen.

Selbst wenn man weiß, was einen erwartet, ist das Brunstverhalten einer weiblichen Katze schwer zu tolerieren. Und nicht nur das. Wenn das betont extravierte Verhalten schließlich den gewünschten Erfolg zeitigt und das andere Geschlecht herbeilockt, muß man unzählige Besuche von in der Nachbarschaft herumstreunenden Katern über sich ergehen lassen, deren lärmende Anwesenheit vor dem Haus die Konfusion komplett macht. Ein weiterer unangenehmer Aspekt der herumlungernden Kater ist, daß sie gegen sämtliche Gartensträucher, an den Hauseingang und die Fenster pinkeln, um ihre Anwesenheit kundzutun. Damit erregen sie nicht gerade Begeisterung bei den Hausbesitzern, die an einem schönen Frühlingstag arglos ihre Haustür oder ihr Fenster öffnen, nur um sogleich von einem stechenden Gestank nach Katzenurin erstickt zu werden, so dick, daß man ihn mit dem Messer schneiden kann. Diese im wahrsten Sinne des Wortes umwerfende Erfahrung, verbunden mit dem nächtlichen Schlachtgetümmel der kämpfenden Rivalen, reicht in der Regel aus, auch die geduldigsten Katzenbesitzer die Hilfe eines Fachmannes suchen zu lassen. Hinzu kommt, daß man diese Zeit nicht etwa nur ein oder zweimal im Jahr durchstehen muß, sondern in der entsprechenden Jahreszeit – von Januar bis Oktober – gleich mehrmals (weil Katzen in diesen Monaten alle vierzehn Tage rollig werden können und damit den für ihre Reproduktionsfähigkeit berüchtigten Kaninchen in nichts nachstehen.

Dazu kommt, daß Katzen bis zu neun der insgesamt einundzwanzig Tage ihres Zyklus rollig sind, es sei denn, sie sind trächtig (oder scheinträchtig). Die Paarung verkürzt die Rolligkeit, weil bei Katzen die Eizelle im Zuge des Deckaktes in den Uterus entlassen wird, woraufhin die Rolligkeit abklingt.

Wer keine Nachkommen von seiner Katze will, kommt um das Sterilisieren oder Kastrieren nicht herum. Es verhindert die unerwünschte Raunze und reduziert zusätzlich die Gefahr von Gesäugekrebs im höheren Lebensalter. Diese Krebsart kommt bei älteren Katzen relativ häufig vor, so daß das Kastrieren schon allein aus diesem Grund ratsam ist. Der Hauptgrund für die Kastration von Katzen ist jedoch die Geburtenkontrolle. Ungewollte Kätzchen – und die meisten Kätzchen außerhalb der Zucht sind ungewollt – erhöhen lediglich die ohnehin bereits schwindelerregend hohe Sterblichkeitsrate von Katzen, falls sie den Weg in die staatlichen Tierheime finden. Andernfalls enden sie als heimatlose Streuner, eine Belastung und Gefahr für sich selbst und für andere.

An dieser Stelle ist ein kurzer Exkurs angebracht. In den Vereinigten Staaten gibt es ca. sechzig Millionen Katzen, die in Haushalten leben, daneben aber vierzig Millionen herrenlose Katzen, die sich selbst durchschlagen müssen. Manche dieser streunenden Katzen wurden ursprünglich in einem schützenden Heim groß und sind relativ gut sozialisiert. Andere – ein paar Generationen später geborene – sind unsozialisiert und wild. Doch schon die erste Gruppe muß jedem Tierfreund und mitfühlenden Zeitgenossen Sorgen machen, denn leider geht es diesen Tieren in der Regel besonders schlecht, weil sie nicht die Fähigkeiten haben, die sie bräuchten, um im Dschungel der Städte zu überleben. So sind sie immer neuen Schrecken ausgesetzt, haben unter allen erdenklichen Quälereien und Unmenschlichkeiten zu leiden und sind ständig vom Tod durch Krankheiten oder Unfälle bedroht. Außerdem sind sie natürlich nicht geimpft, was vom Standpunkt der Volksgesundheit aus eine Gefahr darstellt, da sie die Tollwut von kranken Tieren auf Menschen übertragen können. Aber auch die echten wilden Katzen stellen ein Problem dar. Sie sind zwar fähig zu überleben, doch auch sie sollten sich – vor allem in Stadtgebieten – nicht unkontrolliert vermehren. Wenn solche Tiere eingefangen werden, sind sie wegen ihrer Wildheit nicht vermittelbar – wahrlich ein trauriges Kapitel. Denn weder wilde Katzen noch solche, die früher ein Heim hatten, haben große Überlebenschancen, wenn die Behörden ihrer habhaft werden. Sind sie erst einmal gefangen, so erhöhen sie in der Regel nur die erschreckend hohe Zahl der alljährlich getöteten Katzen.

Von den fünf Millionen Katzen, die jährlich in den Tierheimen landen, werden dreieinhalb Millionen auf humane Weise eingeschläfert, weil sie unvermittelbar sind. Zehn Prozent dieser Zahl stellen die wilden Katzen, die übrigen Tiere zeigen Verhaltensstörungen, was der Grund dafür sein mag, daß sie ihr Heim verloren haben. Seltsamerweise ist die Zahl der Katzenbesitzer, die ihre Katzen mit dem ausdrücklichen Wunsch nach Einschläferung ins Tierheim bringen, im Vergleich zu den Hundebesitzern relativ klein – ein Beleg dafür, daß viele frustrierte Katzenbesitzer als Lösung für die Verhaltensstörungen ihrer Katze schlicht und einfach die Methode des Aussetzens wählen. Wie auch immer, die immens hohe Sterblichkeitsrate bei Katzen ist absolut inakzeptabel und schreit nach einer Lösung. Diese traurige Statistik ist der überzeugendste Grund dafür, das Kastrieren ernst zu nehmen.

Ich habe das Kastrieren weiblicher Katzen geradezu als moralische Verpflichtung hingestellt, dem aufmerksamen Leser wird dabei jedoch nicht entgangen sein, daß ich noch nichts über die andere Hälfte der Katzenbevölkerung gesagt habe. Zum Tangotanzen sind ja immerhin zwei nötig, und ein einziger Kater kann in seinem mehrere Quadratkilometer umfassenden Revier ganz auf sich gestellt, wenn man so sagen will, einen deutlichen Aufwärtstrend in der Kurve der ungewollten Schwangerschaften bewirken. Daher empfiehlt sich grundsätzlich auch das Kastrieren der männlichen Katzen. Für diese Maßnahme sprechen darüber hinaus verhaltenstheoretische Gründe, zum Beispiel das Streunen und das Urin-Markieren. Wer wünscht sich schon eine Katze, die ihre Tage mit dem Aushecken von Plänen verbringt, wie sie am besten ausrücken und mal wieder eine Nacht so richtig auf den Putz hauen kann? In dieser Hinsicht geben uns schon unsere Teenager genügend zu knacken, da brauchen wir nicht auch noch eine ähnlich veranlagte Katze. Denken wir außerdem noch an die ebenfalls wenig erwünschten Begleiterscheinungen des Lebensstils eines Katers, wie die ständigen Rivalenkämpfe und das Besteigen sämtlicher verfügbarer Weibchen, so erscheint den meisten von uns das Kastrieren als durchaus annehmbare Alternative. Ohnehin muß man als Katzenbesitzer in der Regel nicht erst vom Tierarzt dazu überredet werden, sein männliches Kätzchen kastrieren zu lassen – das erledigt schon der Gestank.

Manche Leute müssen die ›Katerschaft‹ um der Fortpflanzung willen tolerieren. Ich meine damit die Züchter, die jedoch meistens wissen, womit sie es zu tun haben, und ihre eigenen Umgangsweisen damit gefunden haben, aber eben nur meistens, beileibe nicht immer. Kürzlich hatte ich Besuch von zwei älteren Züchterinnen von englischen Kurzhaar-Katzen, die mich wegen ihres männlichen Zucht-Champions konsultierten. Ihre eigentliche Frage betraf die Aggressivität des Tieres gegen die Preisrichter bei Katzenschauen, aber sie machten sich außerdem Sorgen wegen seines – wie sie es nannten – exzessiven Urin-Markierens. Mein erster Gedanke war, daß Aggressivität bei einem unkastrierten männlichen Tier doch eigentlich nicht so ungewöhnlich ist, doch wie sich herausstellte, spielten die Hormone in diesem Fall unerwünschten Verhaltens absolut keine Rolle. Im Laufe des Anamnese-Gesprächs kamen noch einige andere Fakten ans Licht. Der Kater war während der entscheidenden Phase seiner Entwicklung isoliert gehalten worden, was meiner Ansicht nach zwangsläufig zu Problemen führt, und hatte dadurch eine allgemeine Angststörung, also insbesondere große Angst vor Fremden entwickelt. Noch jetzt waren seine Lebensumstände, was den Sozialkontakt mit Menschen anging, alles andere als normal, doch so ist das nun einmal im Leben eines Zuchtkaters: Der Ruhm fordert seinen Tribut. Seine Besitzerinnen hielten den armen Kerl Tag und Nacht in einem Raum. Bei den seltenen Gelegenheiten, zu denen er sein Gefängnis verlassen durfte, mußte er eine Art Windel tragen, die das Markieren unterbinden sollte. In seinem Zimmer jedoch, wo er das Windelhöschen ablegen durfte, sprühte er wie ein Rasensprenger, jedenfalls mehr, als die beiden Züchterinnen für normal hielten. Außerdem versuchte er ständig, eine kleine, kastrierte Katze zu besteigen, die ihm in seinem isolierten Dasein Gesellschaft leistete, deshalb konnten die beiden um des lieben Friedens willen nie gleichzeitig losgelassen werden.

Meiner Ansicht nach waren Angst und Frustration die Auslöser beider Verhaltensstörungen des Katers. Um seine Frustration bei der Konfrontation mit der kastrierten Katze zu reduzieren, riet ich den Frauen, die beiden zu trennen und einen weniger provozierenden Zimmergenossen für ihren Kater zu suchen. Was seine Abneigung gegen die Preisrichter betraf, empfahl ich eine systematische Desensibilisierung unter schauähnlichen Bedingungen, bei der sie sich der Hilfe eines mit Bowler behüteten Ebenbilds des Richters bedienen konnten. Ergänzend zu Umweltveränderung und Verhaltenstraining hielt ich das angstreduzierende Medikament Bespar für angezeigt, das meiner Ansicht nach ohne die anderen Maßnahmen jedoch keinen langfristigen Erfolg bringen würde.

Ich glaubte nicht, daß das Urin-Markieren und das Bedürfnis zur Besteigung von Weibchen verschwinden würden (jedenfalls nicht ohne Kastrieren), nahm aber an, daß mit der Reduzierung der Angst das Markierbedürfnis abnehmen und das Verhalten des Katers gegenüber den Richtern sich bessern würde. Beim Kontrolltermin war das Urin-Sprühen tatsächlich zurückgegangen, seine Angst vor den Preisrichtern war jedoch trotz Verhaltenstrainings gleich stark geblieben. So verordnete ich zusätzlich Fluctin, um die Desensibilisierung zu erleichtern. Das Resultat war erstaunlich. Das Urin-Sprühen hörte ganz auf, und sein Verhalten gegenüber den Preisrichtern machte gute Fortschritte (obwohl er auf meinen Rat hin noch nicht wieder an Schauen teilnahm). Seine Besitzerinnen frohlockten, beim letzten Kontrolltermin dachten sie bereits über das Absetzen der Medikamente nach und planten, ihn schon bald wieder auf einer Schau vorzuführen. Ich war dagegen, solange er noch Medikamente bekam, weil das meiner Ansicht nach das Urteil der Richter unzulässig beeinflussen könnte und ethisch nicht vertretbar war. Trotzdem hielt ich es für richtig, ihn mit Medikamenten zu behandeln, weil seine Ängste meiner Ansicht nach umweltbedingt waren.

Das Kastrieren läßt viele unerwünschte Katereigenschaften verschwinden. So hören das Streunen, Markieren und die Rauflust in achtzig bis neunzig Prozent aller Fälle fast ganz auf. Manchmal tritt die Verhaltensänderung sehr schnell ein, innerhalb weniger Wochen, manchmal dauert es auch einige Monate. Es kommt aber auch darauf an, welche Verhaltensweise durch die Kastration gemildert oder gelöscht werden sollte. Das Urin-Markieren geht manchmal bereits innerhalb weniger Tage nach dem Eingriff deutlich zurück, während der Hang zum Streunen und die Aggressivität bei etwa der Hälfte der Kater langsam nachlassen. Eigentlich ist es ganz logisch, daß manche Verhaltensbereiche stärker auf die Kastration ansprechen als andere, rätselhaft bleiben dabei allerdings die starken individuellen Unterschiede in der Reaktion. Um eine Erklärung dafür zu finden, müssen wir uns der grundlegenden Frage zuwenden, warum ein männliches Tier ein männliches Tier ist und wie sein typisch männliches Verhalten zustande kommt.

Es beginnt wie immer mit den Genen. Die alte Geschichte: XX bzw. XY – alles eine Sache der Chromosomen. Die noch ungeborenen XY(männlichen)-Kätzchen werden förmlich mit männlichen Geschlechtshormonen, nach ihren sich entwickelnden Geschlechtsorganen Testosterone genannt, überschwemmt. Diese Hormonflut stimuliert den Fötus zur Ausprägung männlicher Merkmale – also dazu, sich gleichsam nach dem männlichen Schema zu entwickeln. Aus verhaltenstheoretischer Sicht sind dabei vor allem die mikroskopischen Veränderungen in der Zellarchitektur des Gehirns interessant: Diese Veränderungen bewirken die typisch männlichen Verhaltenseigenschaften. Nach getaner Arbeit sinkt der Testosteronspiegel allmählich wieder und steigt erst in der Pubertät erneut an. Allerdings sind die männlichen Tiere in ihrem Verhalten bereits vor der zweiten Testosteronwelle, in der Adoleszenz, auf ihr Mannsein programmiert und zeigen zumindest Rudimente des späteren vollen männlichen Verhaltensspektrums. Ein präpubertäres oder auch ein kastriertes männliches Tier kann man sich also gewissermaßen als eine Lampe mit Dimmer vorstellen, die nie ganz ausgestellt werden kann. Das Testosteron bewirkt, daß das Licht in voller Stärke aufgedreht wird, die Entfernung der Testosteronquelle durch die Kastration reduziert das Licht auf ein sanftes Glimmen, kann es aber nicht ganz auslöschen. In welchem Ausmaß ein männliches Tier typisch männliches Verhalten zeigt, hängt wahrscheinlich von der Höhe des pränatalen Testosteronschubs ab. Das mag zum Teil genetisch festgelegt sein, möglich ist aber auch, daß die in seiner unmittelbaren Nähe liegenden Föten den Maskulinisierungsprozeß durch die Veränderung des hormonellen Milieus verstärken. Ein männlicher Fötus, der von zwei weiteren männlichen Föten flankiert wird, wird möglicherweise ein ›Supermacho‹, dessen Sexualverhalten ungewöhnlich stark ausgeprägt ist. Aber auch noch andere Faktoren beeinflussen die Ausbildung männlichen Verhaltens, darunter Erfahrung und Lernen. Die Rolle der beiden letztgenannten Aspekte wird durch die Beobachtung bestätigt, daß eine späte Kastration sich weniger stark auf das typisch männliche Verhalten auswirkt als eine frühe. Es hat den Anschein, daß Katzen – wie Elefanten – nie vergessen.

Zum typisch männlichen Paarungsverhalten gehören die Suche nach einer Partnerin (Streunen), Kämpfe mit Rivalen (Aggression zwischen männlichen Katzen), das Hofieren der Angebeteten (das zunächst meist mit einer handfesten Zurückweisung quittiert wird) und schließlich der Sieg der Hartnäckigkeit. Die Penetration selbst ist recht kurz, sie dauert nur etwa zehn Sekunden und wird dadurch beendet, daß das Weibchen nach dem Männchen schlägt und wegläuft – eine verständliche Reaktion auf ein Paarungsgeschehen, bei dem das Weibchen ins Genick gebissen und schmerzhaft festgehalten wird. Außerdem ist der Penis des Katers mit Widerhaken besetzt, was, wie man sich vorstellen kann, zum Unbehagen des Weibchens bei der Vereinigung beiträgt. Für das Weibchen scheint das Vergnügen denn auch erst nach dem Akt zu kommen, wenn es sich in offensichtlicher Ekstase umherwälzt und windet, während der Gefährte sich zurückzieht und seinen Penis leckt (wie nett). Dieser Vorgang wiederholt sich mehrmals, bis das Pärchen sich schließlich trennt und jeder wieder seiner Wege geht. Das Kastrieren führt bei Katern in der Regel nicht zum sofortigen Verschwinden des Paarungsverhaltens, und etwa zwanzig Prozent der Männchen werden auch nach der Kastration noch Weibchen besteigen. Andere scheinen die Freuden des Geschlechtsverkehrs niemals zu vergessen, ganz gleich, ob das erste Objekt ihrer amourösen Avancen ein rolliges Weibchen oder eine alte Socke war. In solchen Fällen machen sich möglicherweise andere Bedürfnisse geltend.

Ein Beispiel dafür ist die Konsultation einer Klientin aus New York. Die junge Frau hatte bei ihrem Kater Rex schon alles mögliche versucht, doch wie so oft schien nichts zu helfen. Völlig verzweifelt wandte sie sich an mich. Unser erster Kontakt bestand in einem Fax:

Lieber Dr. Dodman,
mein Kater Rex ist ein Jahr alt. Ich bekam ihn als ein paar Tage altes Kätzchen (seine Eltern waren wahrscheinlich wilde Katzen, die in unserer Straße lebten) und zog ihn mit der Flasche auf. Mit sechs Monaten ließ ich ihn kastrieren, nachdem sich die ersten Anzeichen seiner ›Liebe‹ zu Socken bemerkbar gemacht hatten. Leider half das Kastrieren nichts. In dem offensichtlichen Versuch, Geschlechtsverkehr nachzuahmen, nimmt er eine Socke ins Maul und zieht sie wiederholt zwischen seine Beine. Dieses Ritual scheint er bevorzugt im Beisein menschlicher Zuschauer durchzuführen, obwohl ich natürlich nicht weiß, was er treibt, wenn er allein ist. Dazu stößt er höchst seltsame Laute aus. Kürzlich bin ich nachts davon aufgewacht, daß Rex neben mir auf dem Kopfkissen mit einer Socke Sex hatte. Als ich die Socke fortschleuderte, sprang er hinterher, holte sie zurück und fing von vorn an. Das wiederholte sich mehrmals, bis er schließlich böse auf mich wurde und ich auf ihn, weil es vier Uhr morgens war.
Hinzu kommt, daß er nach dem Spielen, Streicheln, ja eigentlich nach jeder Art von Kontakt zunehmend aggressiver wird. Bei einem dieser Wutanfälle hat er mich schlimm gebissen.

Ein anderes Mal, als ich neben ihm auf dem Fußboden saß,
sprang er hoch und biß mich in die Nase, daß sie blutete.

Außerdem hat er angefangen zu schreien. Meistens legt er in
den frühen Morgenstunden los und miaut unaufhörlich, bis ich
aufstehe. Wenn ich ihn lange genug ignoriere (etwa eine Stunde),
hört er schließlich auf, aber am nächsten Tag fängt dasselbe Spiel
wieder von vorn an. Auch wenn ich die Wohnung verlasse, miaut
er laut, es sei denn, ich gebe ihm zur Ablenkung etwas Thunfisch.
Auch wenn ich abends von der Arbeit zurückkomme, beginnt er
wieder damit.

Wenn ich mit ihm spiele, bekommt er manchmal eine Art
Anfall und versucht verzweifelt, an meinen Fingern zu saugen.
Dabei bringt er sich schier um, um ihrer habhaft zu werden.
Wenn es ihm gelingt, scheint ihn das zu beruhigen.

Seit Dezember hat er ziemlich viel häuslichen Streß, weil
mein Freund (an dem er sehr hing) ausgezogen ist. Am ersten
April zog ich dann mit zwei anderen Leuten in eine Wohnung in
New York. Rex schrie weiterhin und hatte auch weiterhin Sex
mit Socken. Außerdem schmiß er Lampen um und machte Bil-
derrahmen kaputt, was er nie zuvor gemacht hat. Mit der Zeit
hatte er sich an meine Mitbewohner gewöhnt, doch dann zog ich
am ersten Juli erneut um. Die ersten Tage nach dem Umzug war
er sehr ruhig, doch dann ging alles wieder los: das Schreien, die
Socken, das Saugen usw. Was ist der Grund für diese Probleme,
und was kann ich dagegen tun? Bitte helfen Sie mir.

Catherine

Ich rief Catherine an, sobald ich ihr Fax gelesen hatte, und wir
plauderten eine ganze Weile, während ich ihr erklärte, was sich
da wahrscheinlich in Rex abspielte. Als erstes ging ich auf den
meiner Ansicht nach wichtigsten Grund für viele seiner Verhaltensstörungen ein: seinen Stand als Waisenkind. Eine

Waise zu sein ist an sich schon schlimm genug, erläuterte ich, aber als Waise von einem Angehörigen einer anderen Spezies aufgezogen zu werden, ist noch mal etwas ganz anderes. Es geht dabei vor allem um das Phänomen der Prägung, das erstmals von dem Verhaltensforscher und Nobelpreisträger Konrad Lorenz beschrieben wurde. Lorenz stellte fest, daß frisch geschlüpfte Entenküken auf ihn ›geprägt‹ wurden, wenn er das erste große, sich bewegende Objekt war, das sie sahen. Das bedeutete, daß sie ihm unermüdlich folgten, offensichtlich in dem Glauben, er sei ihre Mutter. Der Fachbegriff für dieses Phänomen lautet ›Prägen‹, d. h. die Fähigkeit, die eigenen Eltern zu erkennen. Für das Überleben in der Wildnis bietet die Prägung offenbar entscheidende Vorteile, nicht aber für das einer domestizierten Waisenkatze. Anscheinend war Rex auf Catherine geprägt, was seine Versuche, bei Streß an ihren Fingern zu saugen, erklären würde. Verhaltenswissenschaftler beschreiben die möglichen Folgen so aufgezogener Kätzchen als ›übertriebene Bindung‹, doch meiner Ansicht nach verdunkelt dieser Begriff den faszinierenden Vorgang, der ihm zugrunde liegt.

Dann informierte ich Catherine über eine andere Form der Prägung, die sexuelle Prägung, die später im Leben erfolgt und bei der die Tiere die Schemata ihrer künftigen Geschlechtspartner ausbilden. Wer oder was auch immer in dieser empfänglichen Phase relevante Signale aussendet, wird einen bleibenden Eindruck in dem aufnahmebereiten Gedächtnis des jungen Tieres hinterlassen, das dieses Bild dann für die Zukunft speichert. Bei Rex füllten offenbar warme, wuschelige Socken diese Leere und wurden daraufhin zum Gegenstand seines sexuellen Begehrens. Daß die Kastration dieses Begehren nicht verschwinden ließ, hatte den gleichen Grund, aus dem die Kastration auch andere sexuell orientierte Verhaltenweisen nicht auf einmal zum Verschwinden bringt:

Es dauert ganz einfach einige Zeit, bis diese halb instinktiven, halb gelernten Reaktionen gelöscht sind.

»Das klingt plausibel«, seufzte Catherine erleichtert. »Ich bin bloß froh, daß ich keine wie auch immer geartete Rolle in seinen sexuellen Phantasien spiele, sondern daß es die Socken sind, die ihn erregen.«

»Ich mache Ihnen jetzt ein paar Vorschläge, was Sie tun können«, fuhr ich fort. »Der Socken-Fetisch wird sicherlich mit der Zeit an Bedeutung verlieren, aber wir wollen lieber nicht einfach nur abwarten, sondern aktiv etwas unternehmen. Es gibt mehrere Möglichkeiten. Sie könnten grundsätzlich verhindern, daß er mit Socken in Berührung kommt, indem sie sie in einer Schublade oder einem Deckelkorb aufbewahren. Damit wäre die Ursache seiner Faszination verschwunden, was den Vergessensprozeß möglicherweise beschleunigen würde. Die andere Möglichkeit wäre, bewußt Socken herumliegen zu lassen, ihren ›Socken‹- oder ›Sex-Appeal‹ jedoch durch aversive Zusatzreize abzuschwächen. Zum Beispiel könnten Sie versuchen, die Socken mit einem nach Zitrone duftenden Tuch zusammen im Trockner zu trocknen. Katzen hassen Zitrusgeruch, so daß der neue Geruch ausreichen könnte, ihn abzuschrecken. Oder Sie könnten versuchen, einige Socken mit einer Art Sprengladung zu versehen. Befestigen Sie das Ende eines Bindfadens an einer Socke und das andere an einem Gefäß, das ein lautes Geräusch macht, wenn es bewegt wird – zum Beispiel an einer leeren Getränkedose, die mit Pfennigen gefüllt und verschlossen ist. Dann lassen Sie die Socke so liegen, daß Rex drankommen kann. Wenn er die Socke packt, wird die Dose herunterfallen – am besten wäre es, sie trifft auf einer harten Oberfläche auf; das Geräusch, das sie dabei erzeugt, wird ihm als Abschreckung gegen künftige Socken-Attacken dienen. Und schließlich könnten Sie versuchen, seine amourösen Interessen auf ein geeigneteres Objekt umzulenken, nämlich eine

Angehörige des anderen Geschlechts. Denken Sie doch einmal darüber nach, ihm ein Weibchen als Gefährtin zu besorgen. Das würde seine Gedanken wieder in die richtigen Bahnen lenken und ihm klarmachen, daß er auf dem Holzweg war. Ich bin mir wohl bewußt, daß die Anschaffung einer weiteren Katze vielleicht etwas viel verlangt ist, aber es wäre die ideale Lösung, eben weil sie ihm die richtige Richtung weist und nicht auf Vermeidung und Korrektur ausgelegt ist. Meiner Ansicht nach würde es ihm dadurch insgesamt leichter fallen, sich als Katze zu verstehen und wie eine Katze zu denken, und es könnte auch seine übermäßige Bindung an Sie und sein unangebrachtes Saugverhalten bessern.«

Glücklicherweise war Catherine eine Klientin, wie man sie sich erträumt, die alle meine Vorschläge – sogar die Idee mit der Anschaffung einer weiteren Katze – gut fand. Blieb noch das Aggressionsproblem.

»Lassen Sie mich noch kurz auf seine Aggression Ihnen gegenüber eingehen«, meinte ich daher. »Besorgniserregend finde ich sein aufdringliches Wesen und seine Weigerung, ein ›Nein‹ zu akzeptieren.«

Catherine schien wieder beunruhigt.

»Dieses Verhalten hängt zusammen mit einer Charaktereigenschaft, die als Dominanz bezeichnet wird. Ich bezeichne die Gesamtsituation, die darauf entsteht, gewöhnlich als Alpha-Katzen-Syndrom. Rex liebt Sie zwar, aber gleichzeitig ist er sehr dominant und möchte das Geschehen bestimmen. Ihre Zuneigung und Nachsicht hat er als Schwäche gedeutet und schätzt nun seinen eigenen Rang in der Familie sehr hoch ein. Dieser Entwicklung können Sie nur Einhalt gebieten, wenn Sie ihm energisch Grenzen setzen. Entscheiden Sie, wie Ihr Zusammenleben mit Ihrer Katze aussehen soll, setzen Sie ihr Grenzen, und vor allem, bleiben Sie bei einem einmal gefaßten Entschluß. Schenken Sie seinem Betteln um Aufmerksamkeit keine Beachtung, streicheln Sie ihn nicht, wenn er es fordert. Und geben Sie ihm keinen Thunfisch, wenn er sie anschreit. Sonst belohnen Sie seine Ungezogenheit nur. Fragen Sie sich immer: ›Wer trainiert hier wen?‹ Und denken Sie daran, Sie ernten, was Sie säen.«

Nach unserem Gespräch war ich mir ganz sicher, daß Catherine unseren gemeinsam entwickelten Plan mit einigem Erfolg in die Tat umsetzen würde. Nach einer Woche wollten wir uns über die Fortschritte austauschen. Als es soweit war, war Catherine ganz aufgekratzt. Sie hatte nur Gutes zu berichten. Rex' Manieren hatten sich bedeutend gebessert, und er genoß bereits die Gesellschaft eines neuen Kätzchens. Sein Sokken-Fetischismus war vollständig verschwunden, und er hatte seine amourösen Aufmerksamkeiten seiner neuen Gespielin zugewandt. Zwar konnte man auf sein Verhalten ihr gegenüber durchaus die Bezeichnung ›sexuelle Belästigung‹ anwenden, aber sie wußte sich offenbar bestens zu wehren. Das Saugen am Finger hatte er jedoch beibehalten. Ich gab ihr noch einige Ratschläge, was sie dagegen unternehmen konnte, doch im großen und ganzen lief alles ausnehmend gut, und ich war sicher, daß die Geschichte von Catherine und Rex auf dem Weg zu einem glücklichen Ende war.

Es ist erstaunlich, welch starken Einfluß das Sexualverhalten auf die Welt einer Katze hat. Wer sich ein Kätzchen anschafft, muß schon über Sex nachdenken, noch bevor er ›Sigmund Freud‹ sagen kann. Die Augen davor zu verschließen nützt leider überhaupt nichts, da das kleine Geschöpf sehr schnell nicht mehr zu ignorierende einschlägige Verhaltensweisen an den Tag legt. Im Alter von etwa sechs Monaten fangen Kätzinnen an, sich jaulend über den Fußboden zu rollen in dem Versuch, jeden verfügbaren Kater in der Stadt anzulokken. Kater wiederum entwickeln eine unbezähmbare Wanderlust und fangen an, alles und jedes mit Urin zu markieren. Das

Kastrieren ist eine wirkungsvolle Methode, derartige Verhaltensweisen zu reduzieren, der Effekt läßt jedoch, wie schon gesagt, bei den männlichen Tieren manchmal zu wünschen übrig (die Sterilität ist nach dem Eingriff natürlich bei beiden Geschlechtern garantiert). Damit wären wir wieder einmal beim Unterschied zwischen männlichen und weiblichen Tieren, der allerdings nicht so gravierend ist, wie man vielleicht früher glaubte. Die sexuell dimorphen Verhaltensweisen (Verhaltensweisen, die typisch für jeweils ein Geschlecht sind) zeigen sich nämlich nicht ausschließlich bei den Katern. Auch weibliche Katzen zeigen Aggressivität, besteigen andere Katzen und versprühen manchmal Urin wie die Kater. Der Grund für diese fehlende Exklusivität ist nicht mit Sicherheit bekannt. Man geht jedoch davon aus, daß beide Geschlechter ähnlich programmiert sind; welche Verhaltensweisen letztlich manifestiert werden, ist dann davon abhängig, welche Gehirnwindungen aktiviert werden. Die Aktivierung der männlichen Mechanismen bei Weibchen ist möglicherweise auf vorgeburtliche Veränderungen zurückzuführen, die durch Testosteron ausgelöst werden, das von anderen Föten oder aus einer anderen Quelle stammt. So wie ein männlicher Fötus, der zwischen zwei weiteren männlichen Föten liegt, ein ›Supermännchen‹ werden kann, so kann ein weiblicher Fötus, der zwischen zwei männlichen Föten zu liegen kommt, vermännlicht werden. Theoretisch kann das Kastrieren solcher Weibchen durch die Ausschaltung der Progesteronquelle, eines Hormoms, das für seine beruhigende Wirkung bekannt ist, ihre maskulinen Tendenzen verstärken. Diese These muß bei Katzen zwar erst noch bewiesen werden, die Verstärkung der Aggression bei weiblichen Hunden nach dem Kastrieren wurde jedoch bereits beobachtet.

Doch gleichgültig, welche Auswirkungen das Kastrieren auf die geschlechtsgebundenen Verhaltensweisen haben mag, für Katzen, die als Haustiere gehalten werden sollen, ist es in jedem Fall unerläßlich. Trotz des verständlichen Bedürfnisses, einen unkastrierten, majestätischen ›König der Straße‹ oder eine entsprechende Königin zu besitzen, ein ›eigenständiges, ungebundenes wildes Tier‹, das einen gelegentlich mit einem Besuch beehrt, ist ein solches Verhalten völlig unverantwortlich, nicht zuletzt wegen des Beitrags, den solche Tiere zur Population der wildlebenden Katzen liefern. Es gibt keine Alternative: Die Kastration ist unumgänglich, es sei denn, man möchte züchten und ist bereit, seine Katze als reine Wohnungskatze zu halten.

Teil III
Zwanghaftes Verhalten

Kapitel 11
Nuckel-Lucky

Sigmund Freud, der Pionier der modernen Psychoanalyse, sah die Ursache vieler psychologischer Probleme, die uns als Erwachsenen zu schaffen machen, im Säuglingsalter und in der frühen Kindheit verwurzelt. Er unterteilte die Menschen in vier Haupttypen: den oral-retentiven, den oral-expulsiven, den anal-retentiven und den anal-expulsiven. Nach der Freudschen Theorie entbehrte der oral-retentive Typ im Säuglingsalter ganz oder doch weitgehend die notwendige nährende und fürsorgende Nähe der primären Bezugsperson, in der Regel der Mutter, was eine spätere orale Fixierung zur Folge hat. Diese Theorie könnte auch als Erklärung für eine merkwürdige Störung bei Katzen herangezogen werden, das sogenannte Woll-Nuckeln.

Woll-Nuckeln kann sich auf sehr unterschiedliche Art manifestieren. Manche Katzen saugen und nuckeln einfach an ihrem eigenen oder dem Fell einer anderen Katze, so daß es ständig in kleinen, nassen, verklebten Büscheln absteht. Andere erweitern diese orale Fixierung auf das Saugen an Wolldecken oder am Haar ihrer Besitzer. Soweit erinnert das Verhalten noch an das ganz normale Saugverhalten von Katzen, zu dem auch das Kneten oder Treteln gehört, das den Milchfluß bei der Mutter stimuliert. In seiner extremsten Ausformung richtet es sich jedoch auf alle Arten von Fasern und Stoffen einschließlich Leinen, Nylon, Acryl und einige Plastikarten, die ins Maul genommen, durchgekaut, manchmal sogar richtig aufgefressen werden. Decken, Socken, Joggingbekleidung,

Unterwäsche, Duschvorhänge und Schnürsenkel sind die typischen Zielobjekte dieses anomalen Freßverhaltens. Manche Experten sprechen in solchen Extremfällen von Pikazismus, dem abnormen Verlangen nach ausgefallenen Speisen. Der Großteil solcherart aufgenommenen Materials passiert den Verdauungstrakt zwar relativ problemlos, doch es kommt immer wieder vor, daß Dinge steckenbleiben und die Verdauung zum Erliegen bringen.

Für die Entwicklung oder Ausbildung des Woll-Nuckelns sind im wesentlichen zwei Faktoren verantwortlich. Der erste ist offenbar genetischer Natur, da diese Form oraler Fixierung bevorzugt bei bestimmten Katzenrassen auftritt. So stellen die orientalischen Rassen wie zum Beispiel Siamesen, Burmesen und Himalaja-Katzen den größten Anteil der Woll-Nuckler, ja bei ihnen ist dieses Verhalten so ausgeprägt, daß ich, wenn jemand anruft und sagt: »Dr. Dodman, ich habe eine Katze, die Löcher in meine Decken kaut«, immer als erstes frage: »Ist Ihre Katze ein Orientale oder ein Mischling mit orientalischem Blut?« Manchmal kann der Besitzer mir zwar keine Auskunft darüber geben, doch ich gehe eigentlich davon aus, daß sich bei den meisten diesen Katzen zumindest in früheren Generationen ein orientalischer Einschlag nachweisen ließe.

Neben der Veranlagung spielen aber auch die Aufzuchtbedingungen für das Woll-Nuckeln eine Rolle, darunter vor allem das zu frühe Entwöhnen. Dieser zweite Faktor ist denn auch der Grund für meine zweite und dritte Telefon-Frage: »Wann wurde Ihre Katze entwöhnt?« und »Wann hat sie das bewußte Verhalten zum ersten Mal gezeigt?« Die genetische Theorie und die Theorie von der zu frühen Entwöhnung sind dabei keineswegs unvereinbar, ja es besteht hier im Gegenteil wahrscheinlich sogar eine gewisse Wechselwirkung zwischen Anlage und Umwelt, die das abweichende Verhalten letztendlich erzeugt. So saugen die orientalischen Rassekatzen länger als ihre gemischtrassigen Verwandten – in der Regel sechzehn statt der bei den gewöhnlichen Hauskatzen üblichen acht bis zehn Wochen –, was natürlich zur Folge hat, daß ihr Saugtrieb auch nach dem Entwöhnen noch relativ stark ist. Die übliche Entwöhnung der Kätzchen zwischen sechs und acht Wochen ist also für Orientalen zu früh, nicht aber für gewöhnliche Hauskatzen. Wenn allerdings eine normale Hauskatze schon mit vier Wochen entwöhnt wird, ist der Saugtrieb auch bei ihr noch sehr stark ausgeprägt und kann zu ritualisierten oralen Aktivitäten entarten. Das Ganze ist eine Sache der Relativität. (Jetzt sehe ich beide, Einstein und Freud, lächeln.)

An einem stickigen Julitag hatte ich mich gerade halb durch einen randvollen Terminkalender, vorwiegend mit Hundepatienten, hindurchgearbeitet, als die nächste Klientin mit einem Katzenkorb in der Hand auf mich zukam. *Gut*, dachte ich, *es wird auch wahrlich Zeit für ein bißchen Abwechslung*. Bevor ich die Besitzerin, Susan Bronson aus Pawtucket, Rhode Island, begrüßte, warf ich noch rasch einen Blick in meine Akte und merkte mir den Namen der Patientin, Lucky. Dann nahm ich Susan den Korb ab, und wir gingen ins Sprechzimmer. Lucky war eine dreijährige kastrierte Hauskatze. Ich spähte durch das Drahtgitter des Transportkorbes und erblickte eine etwa zwanzig Pfund schwere Tigerkatze, die ein bißchen wie die Cheshire-Katze aus *Alice im Wunderland* aussah. Nur daß Lucky nicht lächelte.

Sue und ich setzten uns, und Sue stellte Lucky, die noch immer im Korb war, vor mich auf den Schreibtisch.

»Ich habe ein Problem mit Lucky«, erklärte sie. »Sie frißt mich buchstäblich um Haus und Hof – und damit meine ich keineswegs das Futter.«

Nach dieser dramatischen Ankündigung kramte sie ein Weilchen in ihrer Tasche, die sie auf den Boden gestellt hatte, dann richtete sie sich auf und breitete eine Decke vor mir aus.

Was für ein Anblick! Die Decke war übersät mit zahllosen Löchern, etwa fünfzehn Zentimeter im Durchmesser, und durch eines dieser Löcher sah Sue mich an.

»Das hat sie an einem einzigen Tag gemacht«, erzählte sie verzweifelt. »Sie frißt einfach alles. Wenn sie etwas in den Pfoten hatte, finde ich keine Spur mehr davon, höchstens in ihrem Kot.«

Sie faltete die Decke zusammen, legte sie zurück in die Tasche und setzte sich wieder.

»Wir haben schon alles ausprobiert«, fuhr sie fort. »Ich habe als Sprechstundenhilfe bei einer Tierärztin gearbeitet. Wir haben alles versucht, was man sich nur denken kann – Tranquilizer, Vitamine, Medikamente zum Ausscheiden verschluckter Haarbälle, Bestrafung – nichts half. Sie sind meine letzte Rettung. Haben Sie vielleicht noch eine Idee?«

Ich betrachtete Lucky versonnen und dachte an meine Freudschen Theorien.

»Ja, das habe ich, und ich glaube, daß ich Ihnen und Lucky helfen kann«, antwortete ich. »Die Bezeichnung für das Verhalten, das sie zeigt, ist Woll-Nuckeln. Es ist ein merkwürdiges, ja bizarres Leiden, das offenbar auf das Säuglingsalter zurückgeht. Aber bevor ich Ihnen mehr darüber erzähle, möchte ich gern ein paar Dinge über Lucky wissen. Ich möchte Ihre Antworten nicht beeinflussen.«

»Gut«, meinte Sue und lehnte sich zurück. »Schießen Sie los.«

»Erstens«, begann ich, »wissen Sie vielleicht, ob Lucky orientalische Katzenverwandte hat?«

»Nein, leider nicht«, meinte Sue, »ich weiß gar nichts über ihre Herkunft; sie ist ein Findelkind.«

»Na gut, Pech gehabt. Wie alt war Lucky, als sie zu Ihnen kam?«

»Auch das weiß ich nicht genau«, entgegnete Sue. »Auf jeden Fall war sie noch sehr jung. Ich hätte sie auf etwa vier Wochen geschätzt. Spaziergänger haben den Wurf in einem Hauseingang gefunden und angenommen, daß die Mutter überfahren wurde, da das Haus an einer vielbefahrenen Straße stand. Sie haben die kleine Familie in die Praxis gebracht, in der ich arbeitete. Die Kätzchen taten mir so leid, daß ich einfach etwas unternehmen mußte, und so kam es, daß ich dieses hier aufgenommen habe. Die Tierärztin erklärte mir, daß ein so früh entwöhntes Kätzchen diese besondere Störung entwickeln kann. Glauben Sie das auch?«

»Und ob«, antwortete ich. »Wann ist Ihnen das Problem zum ersten Mal aufgefallen?«

»Als sie knapp ein Jahr alt war. Als erstes fiel mir auf, daß sie an den Brustwarzen meines Hundes saugte. Das tut sie übrigens heute noch. Dabei macht sie so laute Geräusche, daß sie nachts alle Leute im Haus aufweckt. Man hört überdeutlich, wie sie saugt und schlürft. Wenn ich davon aufwache und schreie: ›Hör auf, Lucky!‹, läuft sie weg und versteckt sich – wenn ich Glück habe.«

»Sie haben also ein anomales Saugverhalten beobachtet, als sie erst wenige Monate alt war. Wann genau fing sie an, an Wolle und anderen Stoffen zu nuckeln?«

»Sie war ein Jahr alt, als sie es zum ersten Mal so richtig machte, und seither ist es laufend schlimmer geworden. Inzwischen ist es der reinste Horror, wie Sie ja gesehen haben.« Sie deutete auf ihre Tasche. »Ich kann sie überhaupt nicht mehr alleine lassen. Wenn ich weggehe, muß ich sie in den Keller einschließen, und wenn ich zu Hause bin, muß ich sie ständig im Blick haben und davon abhalten, alles zu zerkauen. Aber jedesmal, wenn ich fort war, hat sie wieder irgend etwas angerichtet. Der Keller ist der einzig sichere Platz.«

»Was geben Sie ihr zu fressen?« fragte ich.

»Allerbestes Dosenfutter«, antwortete sie. »Zweimal täglich eine große Schüssel voll, und sie frißt alles ratzeputz auf. Es scheint ihr zu schmecken. Warum, spielt das eine Rolle?«

»Vielleicht, vielleicht auch nicht«, sagte ich. »Aber ich will Ihnen kurz eine Theorie erläutern, nach der die Fütterung durchaus zur Aufrechterhaltung dieses Problems beiträgt. Diese Theorie besagt, daß die betroffenen Katzen einen großen Bedarf an Ballaststoffen haben. Ich kann dem Ansatz zwar nicht in allen Punkten beistimmen, aber es ist nicht zu leugnen, daß Futter mit einem hohen Anteil an Ballaststoffen, das eine starke Kautätigkeit verlangt, eine beruhigende, ja sogar normalisierende Wirkung auf diese Katzen hat. Meiner Ansicht nach wirkt eine Diät, indem sie die Zwangsstörung, unter der das Tier leidet, auf ein annehmbareres Ziel lenkt, heilt sie aber nicht. Doch was macht das schon, wenn es nur hilft? Ich bin prinzipiell dafür, einige diätetische Maßnahmen auszuprobieren. Eine Ernährungsumstellung wäre auf jeden Fall ein einfaches und unschädliches Mittel, wenn das Problem damit zu lösen ist.«

Um Sue eine Vorstellung davon zu geben, was schon allein mit diätetischen Maßnahmen zu erreichen ist, erzählte ich ihr von einer anderen Klientin von mir, Besitzerin eines neunjährigen Siamkaters, der sieben Jahre lang alle möglichen Utensilien aufgefressen hatte. Als sie endlich zu mir kam, war sie am Rande eines Nervenzusammenbruchs. Der Kater fraß alle nur vorstellbaren Haushaltsgegenstände, bevorzugte jedoch – wie die meisten Patienten mit diesem Problem – Wolle, Acrylfasern, Plastik und Schnürsenkel. Seine Besitzerin hatte sich weitgehend mit seiner Marotte abgefunden, aber einige Dinge wollte sie doch gern retten, zum Beispiel ihre Joggingsachen und ein paar Lieblingsstücke, die sie aus diesem Grund in einem Deckelkorb aufbewahrte. Als es dem Kater gelang, den Verschluß des Korbes aufzubeißen und ihr Nike-Shirt, ihre Shorts und die Schnürsenkel ihrer Laufschuhe zu zerkauen, war das letzte Kapitel einer langen Geschichte von halbaufgefressenen Duschvorhängen, zerfetzten Handtüchern und durchlöcherter Unterwäsche erreicht. Jetzt ging es nicht mehr um Freßorgien, sondern um eine persönliche Kränkung.

Kurz bevor diese Klientin zu mir kam, hatte ich mit einigen Kollegen über woll-nuckelnde Katzen und ihren entarteten Appetit diskutiert. Einer pries den therapeutischen Nutzen von ballaststoffreichem, kaufförderndem Futter in Form ungekochter Hühnerflügel. Der andere bestätigte die Wirksamkeit dieser Diät, bevorzugte jedoch Hühnerhälse, weil bei ihnen das Risiko einer intestinalen Perforation durch gesplitterte Hühnerknochen geringer war. Bei dieser Gelegenheit möchte ich eine eindringliche Warnung aussprechen: *Gekochtes Huhn* – ganz gleich welche Teile – ist potentiell tödlich. Ungekochte Knochen dagegen sind relativ sicher, da die Proteine nicht durch das Kochen denaturiert sind und deshalb nicht so leicht splittern. Immerhin fressen Katzen ja auch Vögel, die aber natürlich nicht vorgekocht sind. Ich erwähne das, weil ich einmal eine woll-nuckelnde Katze in Behandlung hatte, die auf operativem Weg von einem (vermutlich gekochten) Hühnerknochen in ihren Eingeweiden befreit werden mußte. Es mag abergläubisch sein, aber seither habe ich Vorbehalte gegenüber der Therapie mit Hühnerknochen.

Unser Gespräch wandte sich der Alternative einer ballaststoffreichen, gewichtsreduzierenden Diät zu, und wir waren uns einig, daß sie eine vernünftige und wahrscheinlich wirkungsvolle Behandlungsform darstellt. Diese Diskussion, die kurz zuvor stattgefunden hatte, brachte mich auf die Idee, mir die Freßgewohnheiten des Nike-T-Shirts bevorzugenden Katers genauer beschreiben zu lassen. Wie sich herausstellte, bekam er seit Jahren Dosenfutter von schleimartiger Konsistenz, weil der Tierarzt seiner Besitzerin gesagt hatte, daß Trockenfutter zur Entstehung des sogenannten Urologischen Syndroms bei Katzen beitragen könne. Ohne Futter, das er so richtig zerbeißen konnte, hätte der Nike-Kater für ein Bröckchen Trockenfutter seine Seele verkauft. Ich zählte zwei und zwei zusammen und hielt einen Versuch mit einer ballaststoffreichen Diät für vielversprechend. Deshalb empfahl ich eine Trockenfutterversion mit hohem Ballaststoffanteil und riet, dafür zu sorgen, daß sein Schälchen den ganzen Tag über gefüllt war und der Siamese so immer eine Alternative zu Duschvorhängen und Acrylfasern hatte, wenn er von dem entsprechenden Bedürfnis überwältigt wurde. Es funktionierte traumhaft. Vor die Wahl zwischen Plastik und Trockenfutter gestellt, entschied der Kater sich rückhaltlos für die vernünftige Alternative. Am dritten Tag testete ich den Erfolg der Therapie, indem ich den Patienten mit einer bis dahin für ihn unwiderstehlichen Verlockung konfrontierte: Seine Besitzerin sollte ein Paar aufgerollte Laufsocken mitten auf dem Wohnzimmerfußboden liegenlassen. Sie berichtete mir, daß der Kater die Socken einen Moment lang mit abwesendem Gesichtsausdruck fixierte und dann so betont gleichgültig davonschlenderte, wie nur Katzen es können. Nach Aussage seiner Besitzerin leitete dieser historische Augenblick eine neue, nukkelfreie Ära ein. Nach sieben Jahren der Zerstörung war die Plage vorüber oder doch zumindest in andere Bahnen gelenkt.

Als ich meine Geschichte beendet hatte, sah meine Klientin etwas skeptisch drein.

»Aber ich gebe Lucky doch Trockenfutter. Glauben Sie, daß die Umstellung auf ballaststoffreiche Nahrung auch in ihrem Fall wirkt?«

»Es gibt nur einen Weg, das herauszufinden«, meinte ich.

Sue nickte. Ich erledigte rasch den Papierkram und entließ Lucky und Sue mit genauen schriftlichen Anweisungen über unser weiteres Vorgehen. So sollte Lucky nicht für etwas gestraft werden, was ich für ein sich ihrer Kontrolle entziehendes

Verhalten hielt. Außerdem schlug ich vor, sie soweit wie möglich von allen Versuchungen fernzuhalten. Darüber hinaus sollte Sue Lucky schnellstens wieder in das Familienleben integrieren, da ich ihr Einsiedlerdasein für alles andere als ideal, ja sogar für einen Mitauslöser der Verhaltensstörung hielt, weil es unweigerlich ihr Angstlevel erhöhte.

Sue versuchte es einige Wochen lang mit der Diät und kam dann noch einmal zu einem Kontrolltermin in die Klinik. Der Bericht fiel leider nicht ganz so gut aus, wie ich gehofft hatte, aber doch akzeptabel. Sue schätzte, daß Lucky sich zu etwa achtzig Prozent gebessert hatte. Wie bei dem oben geschilderten Fall war die Veränderung auch hier extrem schnell eingetreten; die Behandlung hatte eine fast sofortige Wirkung gezeigt. Sue hatte mittlerweile keine Angst mehr, Lucky unbeaufsichtigt in der Wohnung zu lassen, wenn sie zur Arbeit ging, und die Kellertür stand seit dem Termin bei mir fast ständig offen. Lucky hatte sich nur noch ein- oder zweimal danebenbenommen – was grundsätzlich betrachtet ein unglaublicher Fortschritt war. Doch Sue hatte wenig Lust, weiterhin einen Pulli oder eine Decke pro Woche an ihre Maxi-Motte zu verlieren, was ich durchaus nachvollziehen konnte.

»Gibt es denn keine Möglichkeit, eine weitere Besserung zu erzielen?« fragte sie. »Ich will ja nicht hartherzig erscheinen, aber ich glaube nicht, daß ich Lucky behalten kann, wenn es so weitergeht. Es wird mir allmählich wirklich zuviel.«

Ich zerbrach mir den Kopf über eine Lösung. Dann hatte ich es. Vielleicht müßte man Luckys Problem als zwanghaftes Verhalten behandeln. Ich rief meinen Kollegen Lou Shuster an, um den Fall mit ihm zu besprechen. Lou und ich hatten zusammen viel auf dem Gebiet der Endorphinblocker geforscht, die bei perseverierendem Verhalten bei Pferden und Hunden eingesetzt werden, und ich wollte ihn fragen, ob er eine Behandlung mit einem dieser Präparate oder aber mit einem Psychopharmakon wie zum Beispiel Fluctin für geraten hielt. Lou war sehr interessiert, und wir diskutierten die verschiedenen Möglichkeiten. Schließlich meinte er: »Warum probieren wir nicht als erstes den Endorphinblocker? Er wirkt auf jeden Fall schnell. In ein paar Tagen weißt du, ob er hilft. Andersherum wird die Geduld der Klientin wahrscheinlich überstrapaziert.«

Das war ein Argument. Wenn ich Lucky mit einem Fluctin-verwandten Medikament behandelte, konnte es Wochen dauern, bis sich herausstellte, ob die Behandlung anschlug; bei einem Endorphinblocker dagegen würde ich nach einigen Tagen Bescheid wissen. Ich legte den Hörer auf und wandte mich an Sue.

»Wenn Sie einverstanden sind, verordne ich Lucky einen Endorphinblocker namens Naltrexon«, sagte ich. »Das Medikament wird die Auswirkungen der Endorphine auf ihr Verhalten unterbinden. Endorphine sind eine Art natürliche Morphine. Das Gehirn setzt sie frei, um uns für Aktivitäten zu belohnen, die für das Überleben wichtig sind, zum Beispiel Essen, Geschlechtsverkehr und Körperertüchtigung. Es gibt Hinweise darauf, daß Endorphine bei der Regulation des Appetits beteiligt sind und die Nahrungsmenge, die ein Lebewesen zu sich nimmt, erhöhen. Menschen mit zwanghaften Eßstörungen wie zum Beispiel Schokoladensucht setzen diesen chemischen Stoff möglicherweise im Übermaß frei, da ihr Suchtdruck manchmal mit Endorphinblockern gedämpft werden kann. Ich habe zuvor noch nie Endorphinblocker gegen Woll-Nuckeln verschrieben, aber diese Medikamente sind verhältnismäßig nebenwirkungsfrei, und wir haben nichts zu verlieren. Wollen wir es damit versuchen?«

Sue nickte. Ich erklärte ihr, daß ich das Medikament wechseln müsse, falls das Naltrexon wirkungslos blieb, ging aber zu diesem Zeitpunkt noch nicht näher auf die möglichen Alternativen ein. Schließlich untersuchte ich Lucky noch, um mir ein Bild von ihrem Temperament zu machen. Mir fiel auf, daß sie eher ängstlich wirkte, ein Eindruck, den Sue bestätigte, indem sie mir unaufgefordert erzählte, daß Lucky sich jedesmal versteckte, wenn fremder Besuch kam. Ich fragte mich, ob dieses Verhalten genetisch verankert oder eine Folge der Umstände ihrer frühen Kindheit war.

Eine Woche später rief Sue an, um mir von Luckys Fortschritten zu berichten. Ihr Verhalten hatte sich gebessert, genug, um mich zu überzeugen, daß das Naltrexon nicht wirkungslos war, aber es war nicht zu der dramatischen Wende gekommen, die ich mir versprochen hatte. Ich war ein bißchen enttäuscht, beschloß aber trotzdem, die Behandlung noch ein Weilchen fortzusetzen. In der folgenden Woche rief Sue abermals an, und diesmal merkte ich, daß sie frustriert war. Lucky hatte ihren Lieblingsschal kaputtgemacht und war wieder in den Keller verbannt worden. Hier war offensichtlich eine Behandlungsumstellung dringend angezeigt. Ich erzählte Sue daher von den Fluctin-verwandten Medikamenten und inwiefern sie eventuell helfen könnten. Sie fragte nach dem Wirkungsprinzip. Ich erklärte ihr, daß das Woll-Nuckeln in vieler Hinsicht identisch mit zwanghaftem Verhalten bei Menschen sei und daß Lucky, falls sich diese hypothetische Analogie bewahrheitete, auf die entsprechende Medikation reagieren müsse. Sue war neugierig geworden und erklärte sich bereit, Lucky das Präparat zu verabreichen, zumindest für eine Weile. Ich verschrieb schließlich Anafranil (das eine ähnliche Wirkung wie Fluctin hat), da ich zum damaligen Zeitpunkt mit diesem Medikament mehr Erfahrung mit der Dosierung bei Katzen hatte. Die Verschreibung wurde telefonisch an Sues Apotheke durchgegeben, so daß sie sofort mit der Behandlung beginnen konnte.

Zehn Tage später rief Sue mich an und berichtete, daß das Anafranil sehr gut wirke. Lucky war nicht mehr in Ungnade und Decken, Kleidungsstücke und Vorhänge sicherer vor ihr als je zuvor. Das einzige Gebiet, auf dem sich ihre alte Schwäche nach wie vor bemerkbar machte – sozusagen Luckys Achillesferse – waren Schnürsenkel. Bis auf diese letzte Versuchung konnte sie inzwischem allem widerstehen, und für Sue war dieses letzte Überbleibsel ihrer Sucht durchaus tolerabel. Sie dankte ihrem Schicksal, daß sie sonst nichts mehr vor ihrer Katze in Sicherheit bringen mußte. Nach diesem Anruf vergingen mehrere Wochen, in denen ich nichts von Sue hörte. Ich fing gerade an, mich zu fragen, wie es ihr wohl ging, als sie anrief. Sie war immer noch glücklich und Lucky sehr brav, obwohl es in der Zwischenzeit zu einem leichten Rückfall gekommen war, den Sue jedoch selbst in den Griff bekommen hatte, indem sie die Anafranil-Dosierung minimal erhöht hatte. Diese Maßnahme hatte den gewünschen Effekt, und das Verhalten war wieder verschwunden, diesmal sogar einschließlich des Schnürsenkelfressens – ein Resultat, das ich mir im Leben nicht hätte träumen lassen. Auch ich war dankbar für den ermutigenden Ausgang des Falles.

Seit meinem Erfolg bei Lucky habe ich noch mehrere andere woll-nuckelnde Katzen mit recht gutem Ergebnis mit Medikamenten gegen Zwangsstörungen behandelt. Meine jüngsten, sehr interessanten Nuckel-Fälle waren ein schöner orangefarbener Kurzhaarkater namens Monty und seine Schwester Mimi. Die beiden lebten zusammen und wurden mir als zwanghafte Plastikfresser vorgestellt. Bei Monty war es besonders schlimm. Zwei oder drei Monate vor dem Termin bei mir hatte das Lecken, Kauen und Verschlucken von Plastikteilen so bei ihm zugenommen, daß er jetzt fast ständig damit beschäftigt war. Verblüffenderweise wurde er aber gar nicht deswegen zu mir gebracht. Der Termin war vielmehr vereinbart worden, weil Monty auf einmal angefangen hatte, alles und jedes mit Urin zu markieren, sich also eindeutig in einer schlimmen Streßsituation befand. Zum einen belasteten ihn die Katzen, die vor seiner Wohnung paradierten, aber auch bestimmte Vorgänge innerhalb der Wohnung versetzten ihn in Streß, vor allem der Konflikt mit einer dritten im Haushalt lebenden Katze, Mildred. Das Plastikfressen war lediglich ein sekundäres Problem für Montys Besitzerin, die sich bereits ernsthaft überlegte, ob sie den Kater, der täglich mehr und unerwünschtere Orte einsprühte, weiter behalten konnte. Da ihr größter Kummer das Sprühen war, konzentrierten wir die Behandlung zunächst darauf. Der Behandlungsplan sah vor, die fremden Katzen durch (für Katzen) aversiv parfümierte Steine fernzuhalten. Außerdem wurden die beiden unverträglichen Katzen getrennt, und ich erklärte der Besitzerin, wie sie sie allmählich mit Hilfe einer systematischen Desensibilisierung wieder aneinander gewöhnen konnte. Angesichts des Ernstes der Lage fuhr ich wirklich alle Geschütze auf und verschrieb Monty zusätzlich Fluctin, um sein Angstlevel herabzusetzen. Darüber hinaus verordnete ich ihm gegen das sekundäre Problem, das Plastikfressen, eine ballaststoffreiche Diät.

Meine Assistentin Jean DeNapoli übernahm den Fall Monty nach der ersten Konsultation, und der Kater machte tatsächlich fabelhafte Fortschritte, er sprühte sogar überhaupt nicht mehr. Seine überglückliche Besitzerin meinte, daß wir ihm damit das Leben gerettet hätten. Einen schöneren Lohn für unsere Arbeit gibt es nicht. Erleichtert fragte ich Jean nach dem Plastikfressen, doch in der Begeisterung hatte sie vergessen, sich danach zu erkundigen, deshalb rief ich Montys Besitzerin, Claire, zwei Monate nach dem ersten Termin selbst noch einmal an.

»Wie ich höre, hat Monty das Sprühen inzwischen eingestellt, aber leider hat Jean vergessen, nach dem Plastikfressen zu fragen. Wie geht es denn damit?« fragte ich.

»Davon ist er ebenfalls völlig geheilt«, kam die Antwort. »Er rührt kein Plastik mehr an.«

»Ausgezeichnet«, antwortete ich. »Damit können wir also einen weiteren Erfolg von Fluctin verzeichnen.«

»Nicht so schnell«, meinte Claire. »Ich glaube, es war die Ernährungsumstellung, die gegen das Plastik-Problem geholfen hat, nicht die Medizin. Wissen Sie, ich habe sie jetzt alle drei auf ballastoffreiche Diät gesetzt.«

Hmmmmm, dachte ich, *damit könnte sie durchaus recht haben.* Aber dann fragte ich doch nach: »Und was ist mit Mimi? Hat sie auch aufgehört?«

»Nein, sie nicht. Jetzt, wo Sie fragen, muß ich sagen, daß sie es nach wie vor macht. Es muß also doch das Fluctin gewesen sein! Ich habe mir das bis jetzt nicht so klargemacht.«

In jüngerer Zeit ergänze ich die medikamentöse Behandlung des Woll-Nuckelns (und Plastikfressens) zusätzlich durch eine attraktivere Gestaltung der Umwelt der Patienten, weil Umwelt und Lebensweise meiner Ansicht nach viel mit diesem Problem zu tun haben. Katzenspielzeug und Spielen überhaupt können umweltbedingte Spannungen lösen und das Absetzen der Medikamente zu einem frühen Zeitpunkt begünstigen. Ich brauche zwar noch weitere Daten, bevor ich gültige Aussagen über die Wirksamkeit dieser unterstützenden Maßnahmen machen kann, bin aber jetzt schon ziemlich sicher, daß sie auf jeden Fall sinnvoll sind.

Die zufriedenstellende Wirkung der medikamentösen Behandlung deutet darauf hin, daß das Woll-Nuckeln eine feline Form einer Zwangsneurose ist. Diese Schlußfolgerung muß allerdings zunächst mit Vorsicht betrachtet werden, da das Ansprechen auf Fluctin noch kein Beleg für das Vorhandensein einer solchen Erkrankung ist. So reagieren zum Beispiel Stotterer sehr gut auf Psychopharmaka wie Fluctin, obwohl Stottern an sich nicht als Zwangserkrankung gilt. Ein weiterer Einwand gegen die Deutung des Woll-Nuckelns als Zwangsstörung kann daraus abgeleitet werden, daß diese Störung oberflächlich gesehen kaum Ähnlichkeit mit vergleichbaren krankhaften Zuständen beim Menschen hat. Zweifellos ist es ein großer Schritt von der woll-nuckelnden Katze zu einem Menschen, der sich Dutzende von Malen am Tag die Hände wäscht oder übersteigerte Sorgen um seine persönliche Sicherheit macht. Biologisch gesehen, könnte man allerdings einen Zusammenhang vermuten.

Viele Verhaltensweisen, die wichtig für das Überleben des Tieres sind, wie zum Beispiel Beutefang- und Freßverhalten sowie Angstreaktionen sind bis zu einem gewissen Grad in den subkortikalen Bereichen des Gehirns verankert. Experimentell können sie durch Stimulation der entsprechenden Gehirnregion mittels winziger elektrischer Impulse aktiviert werden. Das Ergebnis der direkten Stimulation ist eine bestimmte, automatisierte Verhaltensweise. Wenn die Einflüsse, die dieses Verhalten normalerweise hemmen, auf irgendeine Weise (zum Beispiel durch chronischen Streß oder durch Angst) unterbunden werden, wird das Verhalten unaufhörlich und funktionslos wiederholt. Möglicherweise steht etwas ähnliches – wenn man so will, ein zentrales Bremsenversagen – hinter zwanghaftem Verhalten. Wenn das stimmt, kann man davon ausgehen, daß nicht nur die angeborenen Schutzmechanismen betroffen wären, sondern auch andere angeborene Verhaltensweisen einschließlich des Freß- und des Sexualverhaltens.

Es gibt jedoch noch weitere Vorbehalte dagegen, zwanghaftes Verhalten bei Tieren mit Zwangsneurosen bei Menschen gleichzusetzen. Sie werden vor allem an der angeblichen Unfähigkeit von Tieren zur Obsession (und unserer Unfähigkeit, eine solche Störung zu erkennen, selbst wenn sie vorliegt) festgemacht, doch auch dazu läßt sich einiges sagen. Zwanghaftes Verhalten bei Kindern kommt dem, was wir bei Tieren beobachten, vielleicht am nächsten und kann deshalb sehr viel besser zum Vergleich herangezogen werden als die komplizierten Formen der Zwangsneurosen bei Erwachsenen. Die pädiatrischen Zwangsstörungen umfassen perseverierende Aktivitäten einer elementareren Form, die manchmal, aber nicht immer, aus Obsessionen resultieren. Obsessionen sind also keine zwingende Voraussetzung dafür, daß ein Zustand wissenschaftlich als Zwangserkrankung anerkannt wird – damit wäre dieser Einwand widerlegt. Ob es Katzen schlechtgeht bei dem, was sie tun (wie es bei Menschen der Fall ist), ist eine andere Sache.

Die Frage bleibt, ob die orale Vorliebe von Katzen wie Lucky ein Zwang ist oder ob sie dabei lediglich auf automatisierte Weise Spannungen abreagieren. Sind solche Störungen genetisch vorprogrammiert, oder entstehen sie durch eine zu frühe Entwöhnung und Trennung von der Mutter? Bis jetzt kennen wir die Antwort auf diese Fragen noch nicht, aber wir finden ständig neue Puzzleteilchen, die sich aneinanderfügen und schließlich das richtige Bild ergeben werden. Ein Kätzchen, von dem man mir erzählte, begann mit dem Woll-Nukkeln, noch während es von der Mutter gesäugt wurde. Das spricht gegen die Freudsche Theorie und für eine genetische Erklärung (eventuell eine Zwangserkrankung). Ich glaube jedoch, daß die Faktoren unabhängig voneinander oder gemeinsam wirken können, und damit bleibt Raum für weitere Überlegungen und Untersuchungen. Manche Katzen haben vielleicht eine so ausgeprägte Disposition zu zwanghaftem Verhalten, daß es auf jeden Fall zum Durchbruch kommen wird. Andere mit einer ähnlichen, aber schwächer ausgeprägten Neigung zeigen es dagegen vielleicht nie, es sei denn, der Druck in ihrer Umwelt wird zu groß. Auf jeden Fall ist eine solche Disposition nur sehr schwer genetisch zu bestimmen, doch mit der Zeit und vor allem angesichts der rasanten Fortschritte der Gentechnologie werden wir sicherlich dahinterkommen. In der Zwischenzeit wissen wir zumindest, wie wir entsprechende Fälle behandeln können, und Katzen wie Lucky dürfen weiterleben und sich in neue Abenteuer stürzen. Zur Zeit der Abfassung dieses Buches ist sie jedenfalls noch am Leben, bekommt weiterhin ihr Medikament, und Schnürsenkel und Schals sind sicher vor ihr. Neu ist das wachsende Interesse der Medizinerschaft an den tierischen Äquivalenten zu menschlichen Zwangserkrankungen. Dieses Interesse und die neugewonnenen wissenschaftlichen Erkenntnisse sind ein Segen für uns Veterinärmediziner, und wir warten gespannt auf weitere aufschlußreiche Untersuchungen, die helfen können, den Ursachen des Woll-Nuckelns bei Katzen und anderen zwanghaften Verhaltensweisen bei Katzen und anderen Spezies auf die Spur zu kommen.

Kapitel 12
Auch ich war ein Kater mit üppigem Fell ...

Die psychogene Alopezie ist eine bizarre, offenbar mit Streß in Zusammenhang stehende Störung. Katzen, die darunter leiden, reißen sich buchstäblich selbst die Haare aus bzw. striegeln sie durch ein Übermaß an Fellpflege mit ihrer rauhen Zunge praktisch ab. Manche Patienten sind dabei so emsig, daß sich an ihren Flanken und unter dem Bauch große, nahezu symmetrische, kahle Platten bilden, ganz ähnlich einer Glatze bei Männern. Nun ist sich eine Katze ihrer äußeren Erscheinung zwar nicht bewußt und wird durch diese Verstümmelung wohl kaum in Verlegenheit gebracht, der Zustand verdient jedoch insofern höchste Beachtung, als er ein äußeres Alarmzeichen für inneren Aufruhr ist. Selbst in der Umgangssprache ist die Wendung ›sich die Haare ausraufen‹ ein Bild für starke Frustration. Vor vielen Jahren, als ich mich noch in einem Alter befand, in dem Comics mich faszinierten, konnte ich einfach nicht begreifen, warum eine Comicfigur wie Dennis the Menace sich vor Verzweiflung die Haare ausrupfte, wenn er von seinem Vater zur Strafe in die Ecke gestellt wurde. *Warum um alles in der Welt sollte er so etwas machen*? Heute kann ich es etwas besser nachvollziehen und glaube, daß Katzen aus dem gleichen Grund so reagieren wie Dennis.

Bei einem der ersten Fälle von psychogener Alopezie, mit denen ich zu tun hatte, ging es um die Katze eines Freundes und Kollegen, Dr. Bob Fleishman, für den meine Frau damals arbeitete. Bobs Katze, eine ziemlich nervöse fünfjährige Schecke namens Gabriella, fing mit dem Fellausreißen an, nachdem Bob sich eine zweite Katze zugelegt hatte. Der Neue war eine ziemlich wilde, herrschsüchtige Persönlichkeit, ganz anders als Gabriella. Während er herumstolzierte und sein neues Heim auskundschaftete, verkroch sich Gabriella, und die fatale Leckerei begann. Man kann gut nachfühlen, wie belastend die neue Situation für Gabriella war. Stellen Sie sich vor, Sie wären gezwungen, mit einer Ihnen zutiefst verhaßten Person zusammenzuleben, ohne jede Aussicht, daß es wieder einmal anders wird! Reicht das nicht aus, um jeden Menschen soweit zu bringen, sich die Haare auszuraufen?

Katzen und andere Tiere zeigen, wenn sie sich in einem unlösbaren Dilemma befinden, häufig Übersprunghandlungen. Das geschieht, wenn zwei diametral entgegengesetzte Antriebe von annähernd gleicher Intensität aufeinanderprallen. In diesem Fall zeigt sich unvermittelt ein drittes, in der Situation scheinbar völlig irrelevantes Verhalten. Ein gutes Beispiel für eine solche Übersprunghandlung erzählte mir einmal ein Kollege von der Veterinärschule in Guelph / Kanada. Es ging um einen Polizeihund. Der Hund war abgerichtet, auf Kommando anzugreifen und vom Angriff abzulassen, wenn das Opfer die Hände über den Kopf nahm. Eines Nachts, als er mit seinem Hundeführer einen Kontrollgang machte, ertappten die beiden einen Einbrecher in einem Möbelhaus. Als der Polizist das Gebäude betrat, stürzte sich der Eindringling, vom Strahl der Taschenlampe geblendet, auf ihn, einen Stuhl über dem Kopf schwingend. Da er mit dieser Waffe in den Händen eine ernsthafte Bedrohung darstellte, gab der Polizist dem Hund den Befehl anzugreifen, und auf einmal befand sich der Hund in der sprichwörtlichen Zwickmühle. Wie sollte er auf zwei gleichzeitig gegebene, dabei jedoch diametral entgegengesetzte Befehle reagieren? Sollte er die verbale Anweisung befolgen und angreifen oder die visuelle und ruhig bleiben? Das Ergebnis war, daß er weder das eine noch das andere tat. Statt dessen brannte ihm (bildlich gesprochen) eine Sicherung durch, und er fing an, sich wie toll im Kreis zu drehen, während sich neben ihm ein wildes Handgemenge entspann. Der arme Kerl hat sich nie ganz von dieser Erfahrung erholt und endete in einer Klapsmühle für Hunde, wo er ständig riesige Achten lief, gehetzt von der Erinnerung an jenen schicksalhaften Tag.

Übersprunghandlungen sind an sich nichts Ungewöhnliches oder Unnormales, auch wenn sich gelegentlich, unter den richtigen Umständen (bzw. den falschen, je nach Blickwinkel) ein permanentes oder doch semipermanentes Merkmal des Verhaltensrepertoires des Tieres daraus entwickeln kann. Hat Ihre Mutter Sie, als Sie noch klein waren, nicht auch gewarnt: »Wenn du weiter solche Grimassen schneidest, wird dein Gesicht eines Tages darin erstarren?« So ähnlich ist es auch mit manchen perseverierenden Verhaltensweisen. Meine eigenen Katzen flüchten sich, wenn sie verwirrt sind, zwar hin und wieder in die Übersprunghandlung der Fellpflege, aber doch niemals in so bedenklicher Form wie der oben beschriebene Hund, und sie finden stets auch wieder heraus. Es geht meist damit los, daß ich in ein Zimmer stürze und plötzlich innehalte, um zu überlegen, was ich eigentlich hier wollte (was sehr häufig vorkommt). Die beiden schauen mich dann halb erschrocken, halb überrascht an, und ein ganz bestimmter, völlig verdutzter Ausdruck tritt in ihre Augen. Ich denke immer, sie versuchen sich darüber klarzuwerden, ob ich gerade komme oder gehe und ob sie zu mir kommen sollen, weil sie dann vielleicht gestreichelt werden, oder lieber weglaufen und sich verstecken. Am Ende sind sie von dieser Entscheidung überfordert, und es kommt zur Übersprunghandlung der beiläufig betriebenen Fellpflege (wie bei Menschen, die angelegentlich ihre Fingernägel betrachten, während sie auf das Ergebnis einer wichtigen Prüfung warten). Der Unterschied zwischen dem Verhalten meiner Katzen und dem Gabriellas liegt darin, daß meine irgendwann auch wieder aufhören, sich zu lecken, wenn der Streß (also ich) wieder weg ist, wohingegen Gabriella offenbar kein Ende mehr fand. Die Perseveration hing möglicherweise damit zusammen, daß sie der streßerzeugenden Situation länger ausgesetzt war; möglich ist aber auch, daß es ganz einfach ihrer Persönlichkeit entsprach, die Dinge sehr viel schwärzer zu sehen, als sie wirklich waren. Wie auch immer, Gabriellas Fellpflegetrieb verselbständigte sich und wurde zu einem unbezwingbaren Bedürfnis. Meiner Meinung nach konnte ihr Verhalten als Zwangsneurose bezeichnet werden. Nach der rücksichtslosen Invasion ihres selbstbewußten Artgenossen fing Gabriella an, sich zu lecken, und sie leckte sich weiter, bis sie allmählich aussah wie ein gerupftes Huhn. Schließlich rief Bob mich an.

»Was soll ich bloß machen, Nick«, fragte er. »Ich weiß, daß das Ganze mit dem Streß wegen des neuen Katers zu tun hat, aber ich möchte ihn nicht wieder weggeben. Ich mag ihn, und er braucht ein Zuhause. Ich habe versucht, Gabriella gegen seine Anwesenheit zu desensibilisieren, aber es hat nicht geklappt. Was bleibt mir jetzt noch? Hast du vielleicht eine Idee?«

»Kann sein«, überlegte ich, und ließ im Geiste einige Fälle von streßbedingten Problemen Revue passieren, die gut ausgegangen waren, aber ich kann natürlich keine Garantie übernehmen. Es wäre schon ein Glückstreffer, wenn es helfen würde.«

»Ich bin zu allem bereit«, erklärte Bob. »So kann es jedenfalls nicht weitergehen. Es muß etwas geschehen.«

»Ich würde Gabriella gern zunächst einen Endorphinblocker geben, zum Beispiel Naltrexon. Ich habe das Medikament bereits erfolgreich bei allen Formen perseverierenden Verhaltens bei Pferden und Hunden eingesetzt und habe auch bei Katzen einige, wenn auch eingeschränkte, Erfahrungen damit. Erst kürzlich habe ich es bei einer woll-nuckelnden Katze ausprobiert, und anfangs schien es auch tatsächlich zu wirken. Bei einer psychogenen Alopezie, die ja sehr viel eindeutiger streßbedingt ist, halte ich es für noch wesentlich erfolgversprechender. Endorphine gelten allgemein als Streßhormone, fungieren zugleich als eine Art intrinsisches Belohnungssystem der Natur und regeln darüber hinaus auch die Fellpflege; es gibt also verschiedene Ansätze dafür, daß ein Endorphinblokker bei Gabriellas Verhalten anschlägt.«

»Ich bin dafür, es auszuprobieren«, meinte Bob, und wir unternahmen die notwendigen Schritte.

Die Theorie, die hinter dieser Behandlung stand, war zwar einfach, die Verabreichung des Medikaments allerdings gestaltete sich schwierig. Jede Tablette mußte zunächst geteilt und zerstoßen und Gabriella dann auf irgendeine Weise eingeflößt werden. Leider schmeckt das Medikament ganz abscheulich. So ist es zum Beispiel sehr schwer, autistische Kinder, denen Naltrexon offenbar auch zu helfen scheint, dazu zu bringen, es zu nehmen. Es schmeckt dermaßen bitter, daß der Geschmack durch nichts überdeckt werden kann. (Für Kinder wird deshalb zur Zeit ein Implantat entwickelt, das den Wirkstoff allmählich freisetzt, um dieses Problem zu umgehen. Irgendwie gelang es Bob und seiner Frau jedoch, Gabriella das Naltrexon trotz seines Geschmacks einzutrichtern. Später erfuhr ich, daß die Ehre für diese echte Heldentat hauptsächlich Bobs Frau Sandy gebührte.

Einen Monat später hörte ich wieder von Bob. Er hatte sowohl Gutes als auch Negatives zu berichten. Ich wollte zuerst die guten Neuigkeiten hören und vernahm, daß Gabriellas Lecken sich wesentlich gebessert hatte und daß auf den kahlen Stellen bereits wieder neue Haare sprossen – genau das, was ich mir erhofft hatte! Und die schlechten Neuigkeiten? Sie ahnen es wahrscheinlich schon: Inzwischen hatte Gabriella das Spiel durchschaut und ließ sich, wenn es Zeit für die Medizin wurde, nicht mehr einfangen. Die Fleishmans fanden, daß sie nun genug versucht hatten und dann eben mit einer kahlen Katze leben mußten. Ich konnte ihnen zum damaligen Zeitpunkt noch keine andere Behandlungsmethode anbieten, also stand ihnen allenfalls noch das bisher erfolglos gebliebene Desensibilisierungsprogramm offen, das Gabriella ihren neuen Hausgenossen sympathischer machen sollte. Wir alle hofften, daß sie die Gegenwart des Usurpators eines Tages akzeptieren und ihr Fell wieder wachsen würde.

Erst einige Jahre später sprach ich die Fleishmans erneut auf das Problem an, wobei ich davon ausging, daß nach wie vor alles beim alten war. Bob erzählte mir, daß Gabriella sich wie erwartet weiter geleckt und trotz aller Resozialisierungsversuche nie wieder ein schönes Fell bekommen hatte. Später war sie an einem Nierenleiden erkrankt, an dem sie inzwischen gestorben war. Wie durch eine Ironie des Schicksals hatte ihr böser Geist kurz nach ihrem Tod ebenfalls eine psychogene Alopezie entwickelt. War es möglich, daß er Gabriella vermißte? Zwei Katzen mit psychogener Alopezie in einem Haushalt – wie hoch ist wohl die Chance, ein solches Phänomen anzutreffen?

Im Laufe der Jahre hat die Zahl der Katzen, die mit psychogener Alopezie zu mir überwiesen wurden, ständig zugenommen. Da ich inzwischen wußte, wie es schwer es ist, ihnen das Naltrexon zu verabreichen, suchte ich nach anderen therapeutischen Lösungen, und weil ich andere Zwangsstörungen bei Katzen erfolgreich mit Fluctin und Fluctin-verwandten Medikamenten behandelt hatte, beschloß ich, es auch bei dieser Störung damit zu versuchen. Dabei war ich mir durchaus bewußt, daß meine Kritiker mich in der Luft zerreißen würden, weil ich wieder einmal auf eine medikamentöse Lösung zurückgriff, aber meiner Meinung nach gab es keine auch nur annähernd erfolgversprechende Alternative. Falls die Krankheit tatsächlich Ähnlichkeit mit einer menschlichen Zwangserkrankung hat, wird sie auf kein noch so intensives Trainingsprogramm ansprechen. Bei Menschen mit Zwangsneurosen gibt es zwei Behandlungsansätze, die kognitive Therapie und die Medikation. Da ich nicht an die Möglichkeit einer kognitiven Therapie bei Katzen glaube, entschied ich mich für eine Verbesserung der Umweltbedingungen und die Medikation.

Eine der ersten Patientinnen, die ich mit der damals noch neuen Methode behandelte, war eine siebenjährige Hauskatze namens Annabel. Annabel, von ihrer Besitzerin Suzanne selbst aufgezogen, war eine ängstliche, leicht erregbare Katze und damit förmlich prädestiniert für dieses Störungsbild. Zwei Traumata in ihrem Leben hatten zum Auftreten des exzessiven Leckens geführt. Das erste war der Verlust ihres geliebten Katzenfreundes Tibby, der vor einem Jahr auf Grund einer chronischen Krankheit, die sich verschlimmert hatte, eingeschläfert werden mußte. Als Tibby nicht vom Tierarzt zurückkam, pilgerte Annabel zwei Tage lang ruhelos und laut klagend durchs Haus. Dieser psychischen Verletzung fügten ihre Besitzer unbeabsichtigt eine weitere hinzu, indem sie kurz darauf zwei neue Katzen aufnahmen. Die Neuzugänge, zwei Geschwisterchen, wurden zunächst drei Wochen von Annabel getrennt gehalten und dann langsam mit ihr zusammengeführt. Doch auch dieser behutsame Eingewöhnungsprozeß half nicht. Immer, wenn Annabel die beiden sah, regte sie sich fürchterlich auf und fauchte laut. Gleichzeitig begann das Lecken.

Nach der Ankunft der neuen Katzen leckte Annabel sich fast ständig. Dabei konzentrierte sie sich in erster Linie auf ihr linkes Vorderbein, die Flanken und die Knöchel. Das Lecken trat zwar Tag und Nacht auf, schien allerdings am Morgen und am Abend etwas stärker, während der Mittag und die Nacht ruhiger waren und ihr scheinbar etwas Erleichterung brachten. Die einzige längere Erholung fand sie, als der Tierarzt ihr eine Zeitlang Valium verordnete. Unter der angstreduzierenden Behandlung leckte Annabel sich weniger, und ihr Fell begann nachzuwachsen, doch Suzanne machte sich Sorgen wegen des Valiums. Sie wußte, daß das Medikament abhängig macht, und wollte es so schnell wie möglich wieder absetzen. Danach erreichte das Lecken wieder seine ursprüngliche Intensität, und mit der leichten Besserung von Annabels Fellzustand war es vorbei.

Annabel war fast kahl und eine tief unglückliche Katze, als ich sie zum ersten Mal sah. Die beiden anderen Kätzchen waren inzwischen erwachsen und jagten sie erbarmungslos durchs ganze Haus, so daß sie praktisch das Leben einer Einsiedlerin führte. Der Schock über die schlechten Erfahrungen mit den beiden war mittlerweile zu einer allgemeinen Abneigung gegen alle Artgenossen generalisiert, so daß sie beim Anblick einer fremden Katze, ob Freund oder Feind, in Panik geriet. Das Leben hielt keinerlei Freuden mehr für sie bereit. Natürlich untersuchte ich Annabel zunächst sorgfältig und ließ ihr Erscheinungsbild auch von unserem Dermatologen genauestens abklären. Die Ergebnisse der Tests bestätigten per Ausschlußdiagnose den Befund der psychogenen Alopezie. Was die Behandlung anging, so konnte ich an Annabels häuslicher Situation nichts ändern; die beiden neuen Katzen sollten bleiben. Ändern konnte ich lediglich ihre Reaktion auf die Zwillinge, indem ich ihr ein wirksames, nicht abhängig machendes Medikament verordnete, das Suzanne weniger beunruhigen würde als Valium. Ich entschied mich für Anafranil. Dieses Medikament ist wie Fluctin ein Serotonin-Verstärker und wirkt bei Depressionen und Zwangsneurosen bei Menschen. Vorsichtshalber begann ich mit einer sehr niedrigen Dosis.

Das erste Telefongespräch etwa drei Wochen nach Beginn

der Behandlung gab zwar Anlaß zur Hoffnung, ließ aber immer noch Raum für eine weitere Besserung. Annabel fauchte und knurrte die beiden anderen Katzen zwar nicht mehr an, das Lecken allerdings hatte noch kaum nachgelassen. Da der Konflikt sich abgeschwächt hatte, war jedoch meiner Ansicht nach auch die Lösung des Leckproblems nicht mehr allzu fern. Dazu mußte ich die Dosis mehrmals erhöhen, und auf einmal war es offenbar ein wenig zuviel des Guten. Der paradoxe Effekt dieser Überdosis war, daß Annabel sich den ganzen Tag unter dem Bett verkroch. Es war, als sei sie plötzlich paranoid geworden. Fluctin und die dem Präparat verwandten Mittel scheinen, wenn die Dosis zu rasch erhöht wird, zu Ruhelosigkeit und Angst zu führen, und genau das war offenbar bei Annabel passiert. Nach einer erneuten Anpassung der Dosis verschwand diese Nebenwirkung jedoch wieder, und Annabels Lecken ließ allmählich nach. Nach wenigen Wochen war ihr Fell nachgewachsen, und solange sie das Medikament bekam, trat es auch nicht mehr auf, zumindest nicht am Rumpf und an den Extremitäten. Allerdings widmete sie ihrem Schwanz nach wie vor beträchtliche Aufmerksamkeit, was bedeutete, daß das Verhalten lediglich unterdrückt, aber nicht verschwunden war.

Ein Jahr nach Beginn der Behandlung wurde Annabel abermals in die Klinik gebracht; ihre Flanken und Beine bis hinab zu den Pfoten zierte prachtvolles langes Fell. Ihr Schwanz hingegen zeigte da, wo sie sich weiterhin gelegentlich leckte, einen kleinen, ausgedünnten Bereich. Suzanne war trotzdem mit dem Erfolg zufrieden. Ihre einzige Sorge war, daß Annabel sich immer noch gelegentlich in einem Schrank versteckte. Ich fragte mich, was wohl passieren würde, wenn ich das Medikament absetzte. Würde das Lecken wieder so stark wie zuvor, Annabels Persönlichkeit dafür aber etwas extravertierter werden? Suzanne war einverstanden, einen Versuch zu wagen. Wie erwartet kehrte das Lecken in voller Stärke zurück, doch dafür war Annabel wesentlich zugänglicher und freundlicher. In meinen Augen war das kein Grund zur Beunruhigung, auch wenn diese Rückfallquote einigen meiner Kollegen besorgniserregend scheint. Menschen mit Zwangsneurosen neigen ebenfalls zu Rückfällen, wenn das Medikament abgesetzt wird. Das heißt weder, daß Fluctin und ähnliche Medikamente von den Patienten nicht als hilfreich erlebt werden, noch daß die Behandlung objektiv nutzlos ist, wie anderthalb Milliarden Dollar Jahresumsatz mit Fluctin beweisen. Größere Sorgen machte mir das während der Behandlung auftretende Verstecken im Schrank, weil es zeigte, daß Annabel sich in ihrem neuen Leben immer noch nicht recht wohl fühlte, meiner Ansicht nach ein ernstzunehmender Befund, der gegen den Einsatz von Anafranil bei künftigen Patienten mit ähnlichen Störungen sprach. Auf alle Fälle fühlte ich mich bewogen, Annabel kein Anafranil mehr zu verschreiben, sondern ein anderes angstreduzierendes Medikament: Bespar. Mit Bespar war sie endlich völlig glücklich und gelöst, das Lecken trat stark zurück, wenn es auch nicht völlig verschwand. Mehr war in ihrem Fall wohl nicht zu erreichen, deshalb beließ ich es dabei.

Von einem weiteren Fall von psychogener Alopezie erfuhr ich über Petfax, unseren Informationsdienst für ratsuchende Tierhalter. Es ging um eine neuneinhalbjährige Amerikanische Kurzhaar-Katze namens Taylor. Die Besitzerin von Taylor, Lee, beschrieb ihre Katze lehrbuchmäßig als scheues, ängstliches Tier mit einer starken Bindung an alle Lebewesen, die sie kannte. Besondere Zuneigung brachte sie Maddie, einer Katzenkollegin, entgegen. Taylors Leckproblem begann, als Maddie nach einer schweren Operation vom Tierarzt zurückkam – kahlgeschoren von den Vorderbeinen bis zum Rumpf. Offenbar verunsicherte Maddies verändertes Aussehen (oder noch wahrscheinlicher ihr veränderter Geruch) Taylor, und das gab den Anstoß zu ihrem plan- und ziellosen Lecken. Anfangs beschränkte sich das Lecken und der Fellverlust auf eine kleine Stelle über der einen Hüfte. Doch dann kam es zur Katastrophe. Maddie erlag ihrer Krankheit und starb. Die arme Taylor war völlig außer sich. Ihr Lecken verstärkte sich, und bald tauchten auf der Innenseite ihrer Vorderbeine, am Bauch und am Schwanz kahle Flecken auf. Der Tierarzt schloß körperliche Ursachen aus und injizierte versuchsweise ein Steroid mit Langzeitwirkung, um zu sehen, ob es helfen würde. Es half nicht. Taylor leckte weiter. Nun kam ich ins Spiel. Ich riet Lee, den umweltbedingten Streß für Taylor zu minimieren und soviel Zeit wie möglich mit ihr zu verbringen. Die eigentliche Ursache des Problems ließ sich jedoch nicht beseitigen, da Maddie für immer fort war. Ein Medikament schien immer noch die ›humanste‹ Lösung für Taylors Elend, deshalb verordnete ich ihr ein Antidepressivum. Ich entschied mich, allen Bedenken zum Trotz, für Anafranil in der Hoffnung, daß es bei Taylor nicht die gleichen Nebenwirkungen haben würde wie bei Annabel. Nach zwei oder drei Wochen ging das Lecken tatsächlich zurück, und das Fell wuchs wieder nach. Dafür gab es jedoch eine Reihe anderer Probleme. Zum einen entwickelte Taylor verständlicherweise einen Widerwillen gegen den bitteren Geschmack des Medikaments und lief jedesmal weg, wenn es Zeit zur Einnahme war. Zweitens wurde sie zur Einsiedlerin. Als es soweit gekommen war, setzten wir das Anafranil wieder ab. Taylor wurde wieder zugänglicher, doch wie bei Annabel kehrte auch das Lecken zurück. Lee bat ihren Tierarzt um ein weiteres Rezept für Anafranil. Seltsamerweise hörte das Lecken diesmal fast sofort völlig auf, mehr noch, die Besserung hielt auch nach dem erneuten Absetzen des Medikaments an. Lee war überglücklich, als ich nach fünf Monaten einen Kontrollanruf bei ihr machte.

»Wie kann ich Ihnen je danken?« fragte sie.

»Ich freue mich, daß es Taylor wieder bessergeht, aber denken Sie an uns, wenn neue Probleme auftreten«, witzelte ich.

»Nun ja, wenn Sie es schon ansprechen, da wäre schon noch etwas. Wissen Sie, wir haben ein neues Katerchen. Er hat angefangen, neben das Katzenklo zu pinkeln, und ...« Schon waren wir wieder mittendrin.

Heute, nach vielen erfolgreich behandelten Fällen von psychogener Alopezie, habe ich großes Vertrauen in die Behandlung mit Anafranil. Zwar sprachen nicht alle Patienten so darauf an wie Annabel und Taylor, aber bei den meisten ging das Lecken doch so weit zurück, daß ihnen das Fell völlig normal nachwachsen konnte. Hinzu kommt, daß durchaus nicht alle Katzen während der Behandlung zu Einsiedlern werden und sich verkriechen. Bei manchen zeigen sich überhaupt keine Nebenwirkungen, und wieder andere machen sogar einen zufriedeneren Eindruck als vorher.

Die Behandlung einer Störung ist eine Sache, das Wissen darum, was diese Störung auslöst und welche Vorgänge dabei ablaufen, eine andere. Leiden die betroffenen Katzen tatsächlich unter der felinen Form einer Zwangsneurose, oder zeigen sie nur ähnliche Symptome? Ist diese Ähnlichkeit nur oberflächlicher Natur, oder geht sie tiefer? Beim Menschen umfaßt eine klassische Zwangsneurose ein recht eng begrenztes Spektrum von Symptomen, zu denen irreale Sorgen über die eigene Sicherheit und das Hamstern (als typisches Vermächtnis einer Jäger-und-Sammler-Spezies) gehören. Wie aber paßt das zwanghafte Haareausreißen in dieses Bild? Beim Menschen wird die sogenannte Trichotillomanie als Impulskontrollverlust klassifiziert, was sie in einigen Punkten von einer Zwangserkrankung unterscheidet. Rein taxonomisch tendiert die Wissenschaft inzwischen trotzdem dazu, die Trichotillomanie als obsessiv-zwanghaftes Verhalten zu betrachten, zumal man eine Verwandtschaft zwischen verschiedenen Zwangserkrankungen gelten läßt. Die Liste der eventuell als obsessiv-zwanghaft einzuordnenden Störungen ist entsprechend lang und schließt Krankheitsbilder wie Pyromanie, zwanghaftes Spielen und Trichotillomanie ein. Dieses neue Verständnis von Zwangserkrankungen kommt uns Tierverhaltensforschern sehr entgegen, weil es uns erlaubt, Zwänge als speziesübergreifendes biologisches Phänomen anzusehen. Wir werden nie wissen, ob die betroffenen Katzen wirklich besessen von der Fellpflege sind, da uns die Obsessionen, die sie möglicherweise im Griff haben, nicht zugänglich sind. Wenn man jedoch davon ausgeht, daß Katzen mit psychogener Alopezie ähnliche Gefühle haben wie Menschen mit Trichotillomanie, würde man ohnehin nicht von Obsession sprechen. Das Gefühl, das Menschen beim zwanghaften Haareausreißen haben, erinnert weniger an eine Obsession als an Impulskontrollverlust – eine Erfahrung, die den Berichten der Betroffenen zufolge nach nicht an sich unangenehm ist, auch wenn die Auswirkungen verheerend sein können.

Warum gibt es überhaupt so viele unterschiedliche Formen von Zwangserkrankungen? Um das zu beantworten, müssen wir kurz auf die Genetik eingehen. Eine der gängigen Theorien über Zwangserkrankungen definiert diese als Manifestationen eines genetisch festgelegten Verhaltens, das gleichsam entgleist. Bestimmte Verhaltensweisen sind so wichtig für das Überleben der Spezies, daß sie sozusagen in ihr Verhaltensrepertoire eingebaut sind. Beispiele dafür sind die Fähigkeit junger Vögel, sich durch Picken aus der Eierschale zu befreien, die Fähigkeit der Beuteltiere, den Weg in den Beutel, und der Säugetiere, die Zitzen des Muttertieres zu finden. Zu diesen genetisch verankerten Verhaltensmustern gehören auch Jagen, Futtersuchen und Fressen, Fellpflege und Sexualverhalten. Welches Verhalten in die Perseveration abgleitet, hängt von der jeweiligen Spezies ab und von der Bedeutung, die das betreffende Verhalten für diese Spezies hat.

Auch bei den Menschen – ursprünglich Jäger und Sammler – sind die für das Überleben wichtigen Verhaltensweisen tief ins Gehirn gegraben. Es ist irgendwie einleuchtend, daß gerade dieses Verhalten bei manchen Formen der Zwangserkrankung pervertiert wird. Solange ein Beutefangverhalten wie Jagen, Schießen oder Fischen zum Gegenstand der Obsession wird, sehen wir in dem Betroffenen meist nur einen Enthusiasten, also einen durchaus vernünftigen Menschen, auch wenn er sein ganzes Geld für seine Leidenschaft ausgibt und seine Familie darüber vernachlässigt. Nach Ansicht der Psychiater handelt es sich in diesen Fällen deshalb nicht um eine Obsession, weil die Betreffenden Freude an der Ausübung der Zwangshandlung haben und sich nicht schuldig dabei fühlen. Das trifft jedoch auch auf die Personen mit obsessiv-zwanghaften Störungen, wie zum Beispiel auf Spielsüchtige und Pyromanen, zu. Ich frage mich sogar manchmal, ob die extremen Sportfans nicht ebenfalls an einer Zwangserkrankung leiden: Immerhin sind manche von ihnen so besessen vom Sport, daß sie ihrer Leidenschaft in einem Ausmaß frönen, die das, was wir unter einem ›normalen‹ Leben verstehen, praktisch unmöglich macht. Im schottischen Glasgow, wo die Fußballteams der Rangers und Celtics allwöchentlich ihre Wettkämpfe austragen, gibt es nicht umsonst ein Lied mit dem Text: »He's football crazy, he's football mad, and the football game has robbed him o' the wee bit o' sense he had (Er ist fußballverrückt, er ist fußballbesessen, und das Fußballspiel hat ihm das letzte bißchen Verstand geraubt).« Ich kann bezeugen, daß diese Beschreibung auf viele Menschen – zumeist Männer – zutrifft, denen ich begegnet bin. Der Ausdruck ›Golfwitwe‹ beschreibt die Folgen einer anderen Form von überzogener Sportbegeisterung. Bei einer Zwangserkrankung geht es ganz offensichtlich nicht darum, *was* man tut, entscheidend ist, *wie* man es tut.

Der entgleiste menschliche Sammler-Instinkt etwa nimmt die Form des Hamsterns, des Geizes oder der Kleptomanie an, Haltungen, die allesamt eher als abnorm gewertet werden als eine fanatische Sportbegeisterung. Aus der Tatsache, daß manche menschlichen, an einer Zwangsstörung leidenden Patienten im Verlauf ihrer Erkrankung von irrationalen Sorgen um ihre persönliche Sicherheit gepeinigt werden, kann per Umkehrschluß gefolgert werden, daß diese Sorge um die Sicherheit wohl irgendwann im Laufe der Evolution genetisch verankert wurde. Ich nehme an, daß auch Jäger vorsichtig sein mußten.

Wo sind nun aber die Katzen einzuordnen? Welche Verhaltensweisen können zu Recht als typisch für diese Spezies und notwendig für ihr Überleben angesehen werden, so daß man davon ausgehen darf, daß sie genetisch determiniert sind? Da ist zum Beispiel das Fressen und das Jagen. Beide Verhaltensweisen können als arttypisch und überlebenswichtig angesehen werden. Und wie steht es mit der Fellpflege, die die verräterischen Spuren der zuletzt eingenommenen Mahlzeit tilgen soll? Auch sie war höchstwahrscheinlich von Vorteil für das Überleben, denn wenn eine Katze herumlief und nach zwei Tagen noch nach dem Mittagessen von vorgestern roch, erregte sie damit höchstwahrscheinlich sowohl die unerwünschte Aufmerksamkeit eventueller Beutetiere als auch möglicher natürlicher Feinde. Die Entfernung von an der Hautoberfläche sitzenden Parasiten und die Verdunstungskälte in warmen Klimazonen sind weitere positive Aspekte sorgfältiger Fellpflege.

Gibt es auch so etwas wie zwanghaftes Fressen? Diese Frage ist mit Ja zu beantworten. Zwanghaftes Fressen manifestiert sich als Woll-Nuckeln oder Pikazismus. Aber Jagen als

Zwang – kann das Beutemachen bei Katzen tatsächlich die Form eines Zwangs annehmen? Meiner Ansicht nach schon. Bei gelangweilten Katzen äußert sich dieser besondere Zwang manchmal in Gestalt zwanghaften Schwanzjagens. Die zwanghafte Fellpflege schließlich zeigt sich in der Form der psychogenen Alopezie. So ergeben die einzelnen Puzzleteilchen plötzlich ein Bild.

Wenn es weitere zwanghafte Verhaltensweisen bei Katzen gibt, die sich eventuell auf evolutionäre Wurzeln zurückführen lassen, dann müßten sie aus anderen genetisch verankerten Verhaltensmustern, die bei Katzen zu beobachten sind, vorhersagbar sein. Sicherlich haben Sie schon gesehen, wie Katzen sich die Lippen oder die Nase lecken. Immerhin kommen diese beiden Leckbewegungen in der Fellpflege am häufigsten vor, und beide Verhaltensweisen sind stereotypisiert. Aus dieser Beobachtung könnte man ableiten, daß es zu zwanghaftem Lippen- und Nasenlecken kommen kann – und so ist es denn auch. Die erste Störung führt zu einer Hauterosion am Maul, die als Lippengranulom bezeichnet wird, während die Nasenerosion Teil eines Syndroms sein kann, das als eosinophiles Geschwür bekannt geworden ist. Bleibt die Frage nach der Fremdfellpflege, bei der zwei Katzen sich gegenseitig lecken. Könnte auch dieses Verhalten nützlich im Sinne des Überlebens der Spezies sein, und kennen wir ebenfalls zwanghafte Manifestationen davon? Auch diese Frage ist mit einem zweifachen Ja zu beantworten. Die Angehörigen einer Katzenrasse, deren Registrierung noch aussteht, die Ohos Azules, haben sogar einen stark ausgeprägten Hang zur zwanghaften Pflege der Haare ihrer Besitzer. Leute mit langem Haar sehen sich teilweise genötigt, ein neues Zuhause für ihre Katze zu finden, um endlich wieder in Frieden leben zu können, denn diese treibt Tag und Nacht Fellpflege bei ihnen. Darüber hinaus scheint das Verhalten rezessiv vererbt zu werden, ebenso wie die psychogene Alopezie bei zumindest einer anderen Rasse, den Singapur-Katzen. Der gleiche Vererbungsmodus zeigt sich beim zwanghaften Hamstern (von Schmuck und anderen kleinen Gegenständen) bei manchen Munchkin-Katzen, einer Rasse mit sehr kurzen Beinen, regelrechten Zwergen (wie sie auch die menschliche Anatomie kennt), die an Achondroplasie leiden. Können Sie sich vorstellen, daß es überlebenswichtig sein kann, Gegenstände ins Nest zurückzubringen? Ich schon. So bringen zum Beispiel Katzenmütter ihre Beute zu ihren Jungen ins Nest, und meist schleppen sie auch neugierige Katzenkinder, die sich auf Erkundungsgang begeben haben, auf diese Weise zurück in Sicherheit. Und wie steht es mit zwanghaftem Sexualverhalten? Ich habe von kastrierten Katern gehört, die angeblich masturbierten, bis sie schielten (ich übertreibe bewußt, um deutlich zu machen, was ich meine). Ich glaube, dem ist nichts hinzuzufügen.

Der genetische Aspekt dieser Verhaltensweisen ist zwiefacher Natur. Erstens sind die Verhaltensmuster selbst, wie schon deutlich wurde, fest im Gehirn verankert, und zweitens besteht eine ebenfalls angelegte Tendenz, daß sie bei umweltbedingtem Streß zwanghaft werden. Diese letztere Komponente ist besonders interessant, weil sie den Weg für ein besseres Verständnis dieser Befindlichkeiten und für entsprechende Behandlungsmethoden ebnet. Ich glaube, daß ein ängstliches Naturell für eine solche Störung anfälliger ist, da alle meine davon betroffenen Patienten furchtsam oder ängstlich waren. Das soll nicht heißen, daß die Umwelt nicht mitbeteiligt wäre. Wie bereits gesagt, für den tatsächlichen Ausbruch einer Zwangserkrankung ist wahrscheinlich ein Zusammentreffen bestimmter Persönlichkeitszüge und Umwelterfahrungen nötig.

Eine Besonderheit der Zwangserkrankungen bei Menschen wie bei Tieren ist ihr unterschiedliches Ansprechen auf die medikamentöse Therapie. Die in der Regel erfolgreichste Behandlung verspricht ein Serotoninverstärker, aber auch dieses Medikament wirkt nicht bei allen Individuen gleich. Manche Tiere reagieren auf Endorphinblocker wie zum Beispiel Naltrexon, bei wieder anderen schlägt eine Behandlung mit Neuroleptika sehr gut an. Diese rätselhaften Reaktionsunterschiede waren mit dafür verantworlich, daß die Wissenschaftler die verschiedenen Zwangserkrankungen als völlig getrennte Leiden ansahen, was insofern richtig ist, als bei unterschiedlichen Verhaltensweisen unterschiedliche neuronale Bahnen und unterschiedliche Neurotransmitter aktiviert werden. Auf einer anderen, fundamentaleren Ebene aber lassen sich diese Verhaltensweisen, wie wir sahen, durchaus auf einen gemeinsamen Nenner bringen (zumindest, was das Krankheitsverständnis angeht). Ihre Gemeinsamkeit besteht in der unangemessenen Auslösung von speziestypischen, überlebenswichtigen Verhaltensweisen bei dafür anfälligen Individuen als Reaktion auf Streß.

Eines Tages saß ich an meinem Schreibtisch und dachte über dieses Phänomen nach, als ich einen Anruf von unserer Pressereferentin Cristin Merck erhielt. Sie war auf eine Zeitschriftenanzeige gestoßen, in der Freiwillige gesucht wurden, die bereit waren, an einer Untersuchung über Trichotillomanie bei Menschen teilzunehmen, und dachte, daß das vielleicht für mich interesssant sein könnte. Sie beeilte sich hinzuzufügen, daß sie natürlich wüßte, daß ich nicht an dieser Störung litt, aber gedacht habe, ich würde vielleicht gern Kontakt zu dem Arzt aufnehmen, der die Studie durchführte. Ich dankte ihr und schrieb mir die Nummer auf. Ein paar Tage später rief ich dort an und wurde schließlich mit einem Dr. Richard O'Sullivan vom Masschusetts General Hospital verbunden. Nach einem einleitenden Pläuschchen über die Lage der Nation und andere Themen verabredeten wir ein Treffen. Meine gesamte verhaltensmedizinische Belegschaft wurde in die Klinik eingeladen, und wir nahmen an einigen von Richards Konsultationen teil. Ich lernte ungeheuer viel dabei, weil ich zur Abwechslung einmal Patienten vor mir sitzen hatte, die sprechen konnten. Am auffallendsten war für mich, daß sie sämtlich unter starkem psychischem Streß standen oder gestanden hatten. Eine Patientin hatte einen alkoholkranken und einen nicht kranken Elternteil. Leider starb der nicht kranke Elternteil, als die Patientin noch ein Kind war, und sie kam zu Verwandten. Damals war die Trichotillomanie jedoch noch nicht aufgetreten. Es brauchte noch einige Jahre und einige weitere psychisch belastende Situationen, bis der Zwang zum ersten Mal durchbrach. Ein anderer Betroffener, ein Harvard-Intellektueller, der sich regelmäßig die Barthaare ausriß, berichtete, daß seine Trichotillomanie abnahm, als er per Anhalter durch Kanada fuhr. Offenbar führte die Rückkehr zur Natur, bei der er allen Druck des städtischen Lebens hinter sich ließ, zu dieser Besserung. Einer Patientin ging es, wahrscheinlich aus dem gleichen Grund, besser, als sie eine Kreuzfahrt machte. Als ich Richard darauf ansprach, meinte er nur, daß solche Streßsituationen allgegenwärtig seien und nicht als Ursache für zwanghafte Verhaltensweisen gelten könnten. Ich gab ihm im stillen unrecht und staunte darüber, wie ähnlich diese Patienten doch meinen Katzen waren.

Richard wollte wissen, ob ich tierische Formen der Trichotillomanie kenne, die vielleicht ein Licht auf diese rätselhafte Erkrankung beim Menschen werfen konnten. Ich weihte ihn in meinen gesamten Kenntnisstand ein, und er war entzückt über diese Quelle, von der bisher noch nie Gebrauch gemacht worden war. Schon nach kurzer Zeit waren wir soweit, über ein gemeinsames Projekt nachzudenken. Für mich bot sich hier eine Chance, wie man sie nur einmal im Leben bekommt. Richard war an einer Zusammenarbeit zwar vor allem deshalb interessiert, weil er Neues über die Zwangserkrankungen beim Menschen erfahren wollte, doch das stand meinem Ziel – mehr über diesen Zustand bei Tieren herauszufinden – nicht entgegen. Wir kamen jedoch überein, keinerlei Untersuchungen durchzuführen, die für unsere Patienten unangenehm wären. Dank des hervorragenden Forschungsteams und der reichlichen Mittel, die uns zur Verfügung stehen, haben wir nun die Möglichkeit, Hirnveränderungen bei betroffenen Hunden und Katzen mit nichtinvasiven diagnostischen Methoden wie der Magnetresonanzbildgebung (MRI) und der passenderweise in PET abgekürzten Positronen-Emissions-Tomographie aufzuzeichnen. Mit der MRI-Methode können mit Hilfe hochkomplizierter bildgebender Verfahren bereits kleinste lokale Veränderungen im Flüssigkeitshaushalt des Gehirns, die auf erhöhte neuronale Aktivität an den betreffenden Stellen deuten, sichtbar gemacht werden. Die PET liefert durch den Einsatz verschiedener radioaktiv markierter Substanzen ähnliche, aber noch spezifischere Daten, zum Beispiel über den Sauerstoffverbrauch oder die Aktivität des Dopamin-Neurotransmitter-Systems.

Die Nutzung dieser Technologien ist ganz eindeutig die Methode der Zukunft. Ein besseres Verständnis der lokalen Hirnaktivität bei Tieren, die zwanghaftes Verhalten zeigen, wird sowohl uns als auch unseren Kollegen von der humanmedizinischen Fakultät von Nutzen sein und uns über bloß augenfällige Ähnlichkeiten hinausgehende Vergleiche im Hinblick auf Zwangserkrankungen bei Tieren und Menschen ermöglichen. Wir werden unsere Ergebnisse natürlich der Wissenschaft zugänglich machen, so daß sich Ärzte und Tierärzte, die es mit Trichotillomanie und anderen Zwangserkrankungen zu tun haben, in Zukunft nicht mehr selbst die Haare einzeln ausreißen müssen aus Verzweiflung über die Tatsache, daß sie völlig im dunkeln tappen.

Kapitel 13
Dämonen im Angriff

Es war wieder einmal ein hektischer Tag in der Klinik. Die Angestellten hasteten in Schlangenlinien durch die Gänge, den fahrbaren Krankenbahren und einander ausweichend. Der ohnehin nicht gerade niedrige Lärmpegel wurde ständig noch von Lautsprecherdurchsagen übertönt, so daß eine Atmosphäre wie auf der Grand Central Station zur Rush Hour herrschte. In weiße Kittel gewandete Ärzte strebten, scheinbar völlig unberührt von dem Tumult um sie herum, mit einem Tier im Schlepptau zielsicher einem geheimnisvollen Bestimmungsort zu oder standen grüppchenweise, ins Gespräch vertieft, beisammen. Durch den ganzen Wirrwarr hindurch drang auf einmal die Lautsprecherstimme in mein Bewußtsein.

»Dr. Dodman, bitte kommen Sie auf Station B. Dr. Dodman auf Station B, bitte.«

Ich war auf dem Weg in mein Büro gewesen, um endlich einmal den riesigen Stapel Papierkram auf meinem Schreibtisch anzugehen, der schon lange der Erledigung harrte. Jetzt machte ich eine Kehrtwendung und eilte in Richtung Station B. Dort bemerkte ich als erstes eine Ansammlung von Ärzten und Studenten, die sich um einen der Katzenkäfige drängten. Den Gegenstand ihrer Aufmerksamkeit konnte ich leider nicht ausmachen, aber was immer es war, es erregte offenbar größtes Interesse. Einer der Studenten entdeckte mich und bahnte mir eine schmale Gasse, durch die ich mich vorkämpfte. Dann starrte auch ich in den Käfig. Ich sah einen außergewöhnlich schönen Siamesen mit hellbraunem, dunkel abgegrenztem Fell in höchster Alarmstimmung. Der Kater drückte sich steif in eine Ecke des Käfigs und fixierte uns, die Pupillen groß wie Untertassen. Ich hatte diesen Blick schon oft gesehen und wußte, daß es höchst unklug gewesen wäre, sich der Katze in diesem Zustand zu nähern. Bei näherem Hinsehen fiel mir auf, daß der Schwanz des Tieres praktisch haarlos war und aussah wie ein Rattenschwanz.

»Dr. Dodman«, rief einer der umstehenden Ärzte, »dem Himmel sei Dank, daß Sie da sind. Der Kater ist zur Beobachtung bei uns, weil man ein Anfallsleiden bei ihm vermutet, aber ich glaube, es handelt sich eher um ein Verhaltensproblem. Er ist manchmal äußerst aggressiv und bekommt merkwürdige Anfälle, bei denen er sich extrem agitiert und feindselig gebärdet. Haben Sie eine Ahnung, was dahinterstecken könnte?«

Während er sprach, hatte ich einen Blick auf das am Käfig befestigte Kärtchen geworfen, das den Insassen als Jean-Paul, einen viereinhalbjährigen kastrierten Siamkater, auswies.

»Er hat gerade einen der Studenten gebissen«, fuhr der Arzt fort. »Die Bißwunde ist so schlimm, daß der Arme ins St. Vincent's gebracht werden mußte, um sich einer Antibiotikatherapie zu unterziehen.«

»Was hat er getan, daß er dermaßen gebissen wurde?« wollte ich wissen.

»Ihn einfach nur gestreichelt. Der Angriff erfolgte buchstäblich aus heiterem Himmel, ohne jede Vorwarnung. Was meinen Sie dazu?«

»Das kann eine ganze Reihe von Ursachen haben«, antwortete ich. »Besteht vielleicht die Möglichkeit, daß ich mich mit dem Besitzer unterhalte, um ein wenig mehr über den Kater zu erfahren?«

»Klar. Die Eigentümerin ist völlig außer sich wegen dem

gebissenen Studenten. Sie meint, es sehe Jean-Paul überhaupt nicht ähnlich, herumzugehen und Leute zu beißen, und sie möchte selber liebend gern wissen, wie das passieren konnte. Ihrer Ansicht nach lag es an der fremden Umgebung und dem ganzen Trubel, der ihn maßlos aufregt.«

»Wann kann ich sie sprechen?« drängte ich.

»Jetzt gleich, wenn Sie Zeit haben. Sie wartet in einem der Sprechzimmer.«

Ich sah die Gelegenheit, meinen Papierstapel ein wenig abzutragen, davonschwimmen, aber Jean-Paul hatte mich neugierig gemacht. Ich mußte einfach mehr über diese rebellische Katze und ihre unvermittelte Aggressivität herausbekommen. Also machte ich mich auf den Weg zum bezeichneten Zimmer, klopfte höflich an und öffnete die Tür. Jean-Pauls Besitzerin, Mrs. Rogers, saß ruhig auf einem Stuhl. Als ich eintrat, wandte sie den Kopf und lächelte mich an.

»Hallo, ich bin Dr. Dodman«, sagte ich. »Haben Sie vielleicht ein paar Minuten Zeit, mit mir über Jean-Pauls Verhalten zu reden?«

»Natürlich«, antwortete sie freundlich. »Ich mache mir schon seit einiger Zeit Sorgen um ihn und wüßte selbst gern, warum er sich so aufführt.«

Ich setzte mich, die Akte in der Hand, und begann mit einer sorgfältigen Anamnese. Mrs. Rogers wußte eine ganze Menge über Jean-Paul, da sie ihn besaß, seit er sechs Wochen alt war. Außer einem kurzen Anfall von Urin-Sprühen im Alter von sechs Monaten, ein Problem, das durch eine rechtzeitige Kastration behoben wurde, war Jean-Pauls Krankengeschichte unauffällig. Eigentlich war er bis zum 1. April 1993, drei Monate vor seiner Einlieferung bei Tufts, als die Verhaltensauffälligkeiten einsetzten, ein völlig normaler Kater gewesen. Damals waren unvermittelt Anfälle von Erregung oder Unruhe aufgetreten, die in der Regel damit begannen, daß er seinen Schwanz hin und her schnellen ließ. Dann sprang er plötzlich auf und raste wie von der Tarantel gestochen ziellos herum, unterbrochen nur von kurzen Stops, bei denen er hektisch seinen Schwanz leckte. Die Attacken waren ebenso schnell wieder vorbei, wie sie gekommen waren; allerdings war Jean-Paul danach immer noch eine Zeitlang sehr erregt, wie an seinen geweiteten Pupillen und dem häufigen Zucken seiner Rückenhaut zu sehen war. Die rätselhaften Anfälle traten mehrmals täglich auf, vor allem gegen vier Uhr nachmittags, acht Uhr abends und drei Uhr morgens. Mrs. Rogers machte sich große Sorgen deswegen. Auf Nachfragen hin fiel ihr noch ein anderes merkwürdiges Verhalten ein. Offenbar nagte Jean-Paul manchmal zwanghaft an den Krallen seiner Hinterpfoten und widmete auch seiner Schwanzwurzel übermäßige Aufmerksamkeit. Mrs. Rogers' Tierarzt hatte eine psychomotorische Epilepsie diagnostiziert und den Kater auf Phenobarbital gesetzt. Als das nicht wirkte, hatte er es zunächst mit Steroiden und dann mit Valium versucht, alles ohne sichtbares Ergebnis. Schließlich schlug er einen Besuch beim medizinischen Service von Tufts vor.

Was ich bis jetzt gehört hatte, klang verdächtig nach felinem Hyperästhesie-Syndrom. Dabei handelt es sich um ein bizarres Verhaltenssyndrom, das vor allem Siamkatzen zeigen. Der Terminus ›Hyperästhesie‹ bedeutet ›erhöhte Empfindlichkeit‹ und bezieht sich auf eine gesteigerte Empfindlichkeit gegenüber Berührungen, vor allem in der Mitte des Rückens, manchmal aber auch bis zur Schwanzmitte hinunter, unter der die betroffenen Katzen leiden. Wer einer solchen Katze über den Rücken streicht, provoziert einen Anfall, der mit äußerster Erregung, Haut- und Schwanzzucken und autoaggressiver Fellpflege einhergeht. Manchmal kommt es zusätzlich zu nervöser Aggression, deshalb hatte Jean-Paul den Studenten wohl so heftig gebissen.

Nun ging es darum, eine Behandlung für Jean-Pauls Zustand zu finden. Nach klassischer Auffassung gilt die feline Hyperästhesie als Anfallsleiden, und als solches war es auch von Jean-Pauls Tierarzt behandelt worden. Das Medikament der Wahl ist in diesem Fall ein Antikonvulsivum wie zum Beispiel Phenobarbital. Phenobarbital war bei Jean-Paul jedoch bereits angewandt worden – mit wenig bzw. gar keinem Erfolg. Was nun? Sollte ich seinen Zustand als Verhaltens-Stereotypie behandeln, das heißt als sinnloses, perseverierendes Verhalten, oder als Zwangsstörung? Zum damaligen Zeitpunkt hatte ich mit beiden Ansätzen noch keinerlei Erfahrung, und auch in der Literatur fanden sich keine relevanten Hinweise. Andererseits hatte ich autoaggressive Verhaltensweisen bei anderen Spezies bereits erfolgreich als Stereotypie behandelt, also schien mir diese Hypothese relativ vielversprechend. Zumindest die Verhaltenskomponente des Leckens entsprach der Definition stereotypen Verhaltens, auch wenn die anderen Aspekte atypisch waren. Die These, daß es sich um einen Zwang handelte, schien jedoch noch weiter hergeholt, denn in diesem Fall hätte man von dem ungewöhnlichen Zusammentreffen ausgehen müssen, daß die Fellpflege und die Aggression gleichzeitig auftreten.

Nachdem ich mich entschieden hatte, Jean-Pauls Verhalten als Stereotypie zu behandeln, verordnete ich ihm den Endorphinblocker Naltrexon und erläuterte der Klientin die Gründe für diese Wahl: Falls Jean-Pauls Verhalten von durch Streß freigesetzten Endorphinen ausgelöst wurde, würden diese Endorphine durch das Medikament neutralisiert werden. Mrs. Rogers lauschte aufmerksam, nickte verstehend und meinte, sie hätte sich bei den ticartigen Bewegungen ihres Katers an das Tourette-Syndrom beim Menschen erinnert gefühlt. Überrascht über ihre Kenntnisse, fragte ich sie, ob sie beruflich mit dem Fachgebiet Medizin zu tun habe. Es stellte sich heraus, daß sie Psychologin war und mit Kindern arbeitete, die an Aufmerksamkeitsstörungen und anderen Impulskontroll-Störungen litten. Glück gehabt – mit einer informierten Klientin zu arbeiten ist in der Regel sehr viel einfacher, vor allem wenn man neue, bislang noch unerprobte Behandlungsformen in Betracht ziehen muß.

Zwei Wochen später fand mein erstes Folgegespräch mit Mrs. Rogers statt. Sie berichtete, daß die Intensität von Jean-Pauls Attacken stark nachgelassen habe und er sich sehr viel gesitteter benehme als zuvor. Zugleich zeigte er größere Lust zum Spielen und folgte ihrem Mann wieder wie früher durchs ganze Haus. Eines jedoch hatte sich nicht verändert: Die Attacken traten nach wie vor sehr häufig auf, bis zu dreimal täglich. Ich beschloß, die Naltrexon-Dosis zu erhöhen, um zu sehen, ob sich dadurch eine weitere Besserung erreichen ließ. Zwei Wochen später sprach ich erneut mit Mrs. Rogers und erfuhr, daß es kaum Veränderungen gab. Es hatte den Anschein, als könne Jean-Paul zwar von seinem abweichenden Verhalten abgelenkt werden, eine wirkliche Besserung schien jedoch unmöglich, zumindest schien ein bestimmtes Anfallslevel erhalten zu bleiben. Weitere zehn Tage später gab es Entmutigendes zu berichten: Jean-Paul hatte einen Rückfall und war hinter seinem Schwanz her wie in seinen schlimmsten Zeiten. Außerdem widmete er sich intensiv seiner Fellpflege, vor allem in der Gegend seines Hinterteils, und zu allem Übel hatte er auch noch die Angewohnheit entwickelt, ein Paar Socken herumzuschleppen und bei den Mahlzeiten, zwischen zwei Happen Futter, darauf herumzukauen. Es wurde höchste Zeit für Plan B.

Ich erklärte Mrs. Rogers, daß man Jean-Pauls Zustand auch als felines Zwangsverhalten betrachten könnte. In diesem Fall würde man das Medikament Anafranil einsetzen. Die Parallelen zwischen Jean-Pauls Zustand und einer Zwangserkrankung beim Menschen leuchteten ihr ein, auch wenn wir uns beide der gleichzeitig vorhandenen Unterschiede durchaus bewußt waren. Ich verordnete Jean-Paul also eine niedrige Dosis Anafranil in der Hoffnung, daß sie ihn etwas beruhigen und seine wechselhaften Launen stabilisieren würde.

Bei dem in der folgenden Woche anberaumten Termin berichtete Mrs. Rogers, daß Jean-Paul sehr viel entspannter sei. Er hatte in der letzten Woche nur noch einige kurze Attacken gehabt, und sowohl Mrs. Rogers als auch ihr Mann waren hocherfreut über seine Fortschritte. Sie meinten zwar, daß er etwas weniger fräße und manchmal etwas reserviert sei, führten dies jedoch auf das stickige Augustwetter zurück. Ich klärte sie darüber auf, daß dieses Verhalten wahrscheinlich eine Nebenwirkung der Behandlung sei, in ein bis zwei Wochen aber wohl von selbst wieder verschwinden würde.

Einige Wochen später brachte Mrs. Rogers Jean-Paul zu einer Kontrolluntersuchung in die Klinik. Die Besserung war von Dauer gewesen, und das Fell am Schwanz wuchs bereits wieder nach. Sein Appetit war normal, er spielte wieder und schenkte seiner Umgebung wieder größere Aufmerksamkeit. Bevor ich Jean-Paul entließ, machte ich noch ein paar Bilder von seinem ›Rattenschwanz‹ zur Erinnerung an das Kopfzerbrechen, das mir dieser Fall bereitet hatte, doch wegen des guten Behandlungserfolgs und des neuen Haarwuchses fielen die Bilder wenig spektakulär aus – worüber ich mich natürlich nicht beklagte.

Die Wochen und Monate vergingen, und ich erfuhr durch mehrere Telefongespräche und Faxe, daß Jean-Pauls Besserung weiterhin anhielt. Später sah ich ihn noch zweimal bei jährlichen Kontrolluntersuchungen, und bei dem letzten dieser Besuche, zwei Jahre nach Beginn der Einnahme des Medikaments, war er noch immer glücklich und verspielt und sein Schwanz prachtvoll behaart. Da es bei der Behandlung von

250

Jean-Pauls Zustand so erfolgreich gewesen war, verordnete ich Katzen mit Hyperästhesie-Syndrom von nun an stets Anafranil.

Wolfgang, ein anderer vierjähriger, kastrierter Siamkater, der kurz nach Jean-Paul zu mir in Behandlung kam, brachte mir weitere Erkenntnisse über das feline Hyperästhesie-Syndrom. Wie bei Jean-Paul waren die Attacken auch bei Wolfgang völlig unvermittelt aufgetreten. Eines Nachmittags, etwa einen Monat, bevor er in die Klinik kam, war Wolfgang plötzlich wie von einer Wespe gestochen hochgesprungen und losgerast, immer wieder über die Schulter zurückblickend, als würde er von etwas verfolgt. Die einzige Unterbrechung seiner wilden Flucht bildeten kurze Stops, bei denen er hektisch seinen Rücken leckte. Schließlich versteckte er sich unter einem Sessel, und es dauerte eine ganze Weile, bis er sich wieder hervorwagte. Danach hatte er – in Abständen von etwa einer Woche – zwei weitere solcher Anfälle. Der zweite kam nachts, als er sich gerade zum Schlafen zurechtlegen wollte. Diesmal, so berichteten seine Besitzer, wirkte er »aufgeschreckt«, und sein ganzer Körper zuckte. Außerdem fiel ihnen auf, daß er einen entrückten, fast tranceartigen Gesichtsausdruck hatte und todunglücklich dreinblickte. Der dritte Anfall wurde durch einen bellenden Hund ausgelöst. Auf das laute Geräusch hin lief er weg und versteckte sich in einem Schrank, wo er einige Zeit mit geweiteten Pupillen und zuckendem Fell sitzen blieb und immer wieder abwechselnd in seinen Rücken biß oder ihn wild leckte. Dieses Verhalten klang eher nach einem Anfall als das von Jean-Paul und bestärkte mich in der Vermutung, daß sich neurologische Vorgänge dahinter verbargen.

Doch Wolfgang zeigte noch andere merkwürdige Verhaltensweisen. Schon ein Jahr vor dem ersten richtigen Anfall waren Anzeichen für Stimmungslabilität bei ihm zu beobachten gewesen, insbesondere ein sich innerhalb von Sekunden vollziehender Wechsel von Ruhe und Gelassenheit zu größter Unruhe. Daraufhin hatten seine Besitzer ihn eine Zeitlang für schreckhaft gehalten. Sie berichteten auch, daß er in Streßzeiten unter starkem Haarverlust litt, möglicherweise als Folge von extremer Fellpflege, und daß er manchmal Halluzinationen zu haben schien. Bei diesen Erscheinungen machte er den Eindruck, als liefe er vor imaginären Verfolgern davon, wobei er manchmal stehenblieb und sich den Rücken leckte. Ab und zu setzte er sich hin, schaute ängstlich nach oben und schien etwas zu erblicken, das sich auf ihn herunterließ. Dabei duckte er den Kopf auf den Boden und folgte dem imaginären Sturzobjekt mit den Augen bis in die entfernteste Ecke des Zimmers. Wer denkt da nicht unwillkürlich an kleine grüne Männchen? Meiner Ansicht nach litt Wolfgang schon sehr viel länger am Hyperästhesie-Syndrom, als seine Besitzer dachten.

Besonders interessant fand ich die Halluzinationen. Vor einigen Jahren hatte ich ein Video von einer anderen Katze gesehen, die die gleichen Symptome zeigte, aber ich kannte damals die Fallgeschichte nicht und wußte daher nichts über die Ätiologie der Störung. Da das Verhalten jedoch extrem auffällig war, zeigte ich das Video bei einem Symposion über Katzen an unserer Klinik und fragte die im Auditorium versammelten Katzenbesitzer und -züchter, ob jemand von ihnen schon einmal etwas Ähnliches gesehen habe. Keiner meldete sich zu Wort, doch eine Frau in der ersten Reihe stand auf und wollte etwas dazu sagen. Sie schickte voraus, daß sie Ärztin (Anästhesistin) sei, und wies dann darauf hin, daß die Halluzinationen sie an das Verhalten Schizophrener erinnerten. Ihrer Ansicht nach war zur Behandlung ein antipsychotisches Medikament angezeigt. Ich war sehr daran interessiert, mehr über das Halluzinations-Phänomen zu erfahren, mußte mit eigenen Untersuchungen jedoch warten, bis ich Wolfgang kennenlernte. Die Krönung unserer therapeutischen Beziehung war dann, daß Wolfgang im Konsultationsraum, vor meinen eigenen Augen, einen Anfall hatte, bei dem er die imaginären Sturzobjekte zu erblicken schien. Für mich ein echter Glücksfall!

Ausgehend von der Theorie der Zwangserkrankung behandelte ich Wolfgang zunächst mit Anafranil und wartete gespannt auf den ersten Bericht. Einen Monat später war ich erfreut zu hören, daß es ihm »wunderbar« ging. Er zeigte keinerlei Anzeichen von Angst oder Erregung mehr, schien insgesamt sehr viel weniger ängstlich, hatte nicht mehr mit der Rückenhaut gezuckt und sich nicht mehr übermäßig geleckt. Sogar die Halluzinationen waren verschwunden. Die Medikation gestaltete sich unproblematisch – er bekam das Pulver einfach einmal täglich unter sein Futter gemischt. Anscheinend war der Geschmack ihm nicht zuwider. Ein wahrer Musterpatient! Das Endresultat der Behandlung war eine gelassene Katze und glückliche Besitzer. Eine interessante Nebenwirkung des Anafranils, die den Besitzern zu Anfang der Behandlung auffiel, war jedoch ein übermäßiges Tränen der Augen – ein Phänomen, das auch aus der Behandlung von Menschen bekannt ist. Ich empfahl deshalb, die Dosis etwas herabzusetzen. Das Tränen hörte auf, aber jetzt machten Wolfgangs Besitzer sich Sorgen wegen der Nebenwirkungen des Medikaments. Meiner Ansicht nach bestand das Hauptproblem darin, daß ihnen der Gedanke, Wolfgang müsse nun möglicherweise ständig Medikamente einnehmen, unangenehm war. Wie auch immer, sie wollten das Anafranil auf jeden Fall so schnell wie möglich wieder absetzen. Um ihnen einen Gefallen zu tun, schlug ich ihnen vor, sich bereits nach einem Monat langsam aus der Medikation herauszuschleichen. Drei Monate später bekam Wolfgang kein Anafranil mehr, die Besserung blieb jedoch weitgehend erhalten. Er zeigte zwar noch gelegentlich ein Hautzucken auf dem Rücken, aber ansonsten war sein Befinden gut, jedenfalls solange ich in Kontakt mit den Besitzern stand.

Wolfgangs Fall veranlaßte mich, die Ursprünge des felinen Hyperästhesie-Syndroms neu zu überdenken, und brachte mich erneut auf die Geschichte mit den Halluzinationen zurück. Sein Ansprechen auf das Anafranil deutete allerdings eher auf eine Zwangserkrankung als auf Schizophrenie, denn wenn er unter einer Form von Schizophrenie gelitten hätte, hätten sich seine Halluzinationen unter der Behandlung eher verschlimmern als bessern müssen. Dennoch konnte ich eine gewisse schizoide Komponente in seinem Verhalten nicht ganz ausschließen, und so ist diese These für mich auch heute noch nicht ganz vom Tisch. Durch Wolfgang lernte ich außerdem eine bislang noch nicht dokumentierte Nebenwirkung von Anafranil bei Katzen kennen: das Tränen der Augen. Alle diese neuen Erkenntnisse *und* natürlich die Tatsache, daß es Wolfgang am Ende besserging, machten ihn wahrlich zu einem Bilderbuchfall.

Mit dem Gedanken an die neue Behandlungsmethode im Kopf machte ich mich auf den Weg nach Nevada, wo ich beim California / Arizona / Nevada Tri-State Veterinary Meeting eine Vortragsreihe halten sollte. Als die Sprache auf das Thema der Verhaltensperseveration bei Katzen kam, trug ich meine Theorie, die feline Hyperästhesie als Zwangserkrankung zu klassifizieren und zu behandeln, vor etwa hundertfünfzig Tierärzten vor, die großes Interesse an den neuen Ergebnissen im Umgang mit dieser Erkrankung zeigten. Eine echte Attraktion war natürlich das Bild von Jean-Pauls Rattenschwanz. In der Fragestunde meldeten sich zwei erfahrene Praktiker zu Wort und berichteten uns über ihre Erfahrungen mit feliner Hyperästhesie. Beide hatten Fälle erlebt, bei denen ein Streicheln über den Rücken dazu geführt hatte, daß die Katze auf die Seite fiel, einen Buckel machte und mit den Beinen strampelte. Damit beschrieben sie, wie uns allen klar war, einen klassischen Grand-Mal-(epileptischen)Anfall. Ich konnte diese

Bestätigung der früheren Theorie über die Ursprünge feliner Hyperästhesie nicht ignorieren, tat mich jedoch schwer damit, sie mit den Erfolgen der Anafranil-Therapie in Verbindung zu bringen, denn rein theoretisch kann Anafranil solche Anfälle sogar provozieren. Die einzige Erklärung, die mir einfiel, war, daß das Tier durch das Medikament möglicherweise unempfindlicher gegen äußere Einflüsse war und der Anfall auf diese Weise – sozusagen durch eine psychische Stabilisierung – verhindert wurde, doch diese Erklärung ist völlig auf meinem Mist gewachsen und bis jetzt absolut unbestätigt. Immerhin habe ich andere Krankheitsbilder mit partiellen Anfällen bei Hunden erfolgreich mit Anafranil behandelt, was eher für meine Theorie spricht.

Auf der Rückreise nach Massachusetts stieß ich auf eine Veröffentlichung über feline psychomotorische Epilepsie von einer Tierärztin namens Barbara Stein. Stein beschrieb darin drei Formen psychomotorischer Epilepsie bei Katzen. Die erste glich dem Zustand von Jean-Paul und Wolfgang, bei der zweiten handelte es sich um explosive Aggression, und die dritte ähnelte Typ eins und zwei, gesteigert zu Krampfanfällen. Dr. Steins glänzend geschriebener Artikel rief mir die Fälle von ein oder zwei anderen Katzen in Erinnerung, die im einen Augenblick extrem zutraulich und schmusig waren und förmlich um die Aufmerksamkeit ihrer Besitzer bettelten, um sie im nächsten Moment wütend zu attackieren. Der Gedanke, daß diese Katzen möglicherweise ein Anfallsleiden hatten, war eine echte Offenbarung für mich. Ich nehme an, daß die verschiedenen klinischen Manifestationen feliner Hyperästhesie von der Lage des Anfallsherdes im Gehirn und seiner Ausstrahlung abhängig sind. Eindeutig lokalisierbare und gut umgrenzte Herde lösen möglicherweise Erregungszustände, exzessive Fellpflege oder abnorme Verhaltensweisen aus, wohingegen ein großflächiger Herd, der bis zum Cortex ausstrahlt, Krämpfe hervorruft. Vor dem Hintergrund dieser Hypothese ging Steins Beschreibung einer primären aggressiven Form feliner psychomotorischer Epilepsie ohne Entwicklung voll ausgebildeter Anfälle wahrscheinlich auf eine relativ deutlich lokalisierte Form dieses Zustands zurück.

Im Laufe der Zeit konnte ich weitere Erkenntnisse über die Rolle von Anfällen bei der Genese des felinen Hyperästhesie-Syndroms zusammentragen. So habe ich zum Beispiel mehrere Patienten gesehen, die im Gegensatz zu Jean-Paul erfolgreich mit einem Antikonvulsivum behandelt wurden. Einen weiteren Beleg für die Theorie, daß die Erkrankung ursächlich auf ein Anfallsleiden zurückgeht, lieferte mir ein interessanter Fall, den ich zunächst einem anderen Syndrom zuordnete.

Die betreffende Katze, eine dreijährige, sterilisierte Siamesen-Mischlings-Dame namens Squirt, wurde im Frühjahr 1993 zu mir gebracht. Squirt pflegte förmlich über ihren eigenen Schwanz herzufallen und so schlimm damit zu wüten, daß man von Selbstverstümmelung sprechen konnte. Ihr Besitzer, Vince Price, hing sehr an seiner Katze und war völlig fertig.

»Sie *müssen* mir einfach helfen, Doc«, er konnte vor Bewegung kaum sprechen, »sie müssen mir helfen, Squirt zu retten. Meine Frau denkt, ich habe sie hierhergebracht, um sie einschläfern zu lassen, aber das bringe ich einfach nicht fertig. Wir haben nun schon so viel Geld in sie investiert, daß meine Frau meint, wir sollten es gut sein lassen. Es hat alles nichts genützt. Aber bevor wir anfangen, müssen Sie mir eine Frage beantworten: Glauben Sie, daß wir eine Chance haben?«

Ich sah mir Squirt genau an, ehe ich antwortete. Sie machte zwar einen recht wachen Eindruck, konnte aber ihre willkürlichen Muskelbewegungen nicht koordinieren und kippte immer wieder auf eine Seite. Außerdem war sie völlig ausgemergelt und wog nur noch sechs Pfund. Offenbar litt sie neben den psychischen Symptomen noch an einer organischen Krankheit, vielleicht etwas Neurologisches. Ihre Prognose sah wirklich nicht sehr günstig aus.

»Es gibt immer eine Chance«, antwortete ich ausweichend, »aber ich muß sie erst untersuchen, bevor ich Genaueres sagen kann.«

»Das geht klar, Doc. Ich wollte Sie nicht bedrängen. Was müssen Sie tun?«

Ich erklärte ihm die Notwendigkeit einer sorgfältigen klinischen Untersuchung, und nachdem er sein Einverständnis gegeben hatte, machte ich mich an die Arbeit. Dabei stellte sich heraus, daß es besser um Squirt stand, als ich erwartet hatte. Ja, nach kurzer Zeit war ich überzeugt, daß ihr Zustand längst nicht so schlecht war, wie es den Anschein hatte, und daß eine Behandlung durchaus vielversprechend war. Ich fragte Vince nach Squirts Vorgeschichte. Er hatte sie mit drei Wochen aus einem Heim geholt. Als sie zweieinhalb war, erkrankte sie an Epilepsie und wurde seither mit Phenobarbital und Valium behandelt. Solange Vince denken konnte, war sie unsicher auf den Füßen gewesen, hatte einen schlechten Gleichgewichtssinn und Schwierigkeiten beim Gehen und Laufen. Ich fragte mich, wie viele dieser Symptome wohl auf das Konto der Medikamente gingen, die sie bekam. Sie hatte immer noch etwa einen Anfall pro Monat, doch damit konnten sowohl sie als auch Vince leben. Zum Schwanzbeißen, das vor sechs Wochen begonnen hatte, kam es zweimal jeden zweiten Tag. In der Regel ging dem Anfall eine ruhige Phase voraus, in der Squirt sich wie immer hinlegte und anfing, ihre Flanke zu lecken. Dann aber brach aus heiterem Himmel für zehn bis fünfzehn Minuten die Hölle los: wütendes Schwanzbeißen, bis Blut floß, und laute Schreie, die Vince als Schmerzensschreie interpretierte. Im Rückblick würde ich sagen, daß die Schreie mit den Anfällen zusammenhingen und wahrscheinlich eine unbewußte Reaktion waren.

Ich bat Vince, mir einen Tag in Squirts Leben zu erzählen, um festzustellen, ob ich irgend etwas herausfinden konnte, das ein Licht auf die Sache warf. Zum Zeitpunkt der Konsultation hielt ich das Problem, ausgehend von dem Wissen, das ich damals besaß, eher für eine Form von streßinduzierter Selbstverstümmelung als für einen Fall von feliner Hyperästhesie. Ich wußte, daß Selbstverstümmelung bei Menschen manchmal genetische Ursachen haben kann – zum Beispiel beim Lesch-Nyhan-Syndrom, bei dem Kinder sich die Fingerspitzen oder die Lippen abkauen –, daß sie manchmal aber auch durch die Umwelt ausgelöst wird. Zu den umweltbedingten Ursachen von Autoaggression bei Menschen zählen Mißbrauch in der Kindheit, der zu einer Borderline-Persönlichkeitsstörung führen kann, sowie Inhaftierung in Gefängnissen oder Unterbringung in psychiatrischen Anstalten. Über Squirts genetischen Hintergrund konnte ich leider nichts herausbekommen, da sie aus einem Heim stammte. Auch über ihr Verhalten, bevor sie zu Vince kam, war nichts zu erfahren. Er erzählte mir jedoch, daß sie, seit er sie besaß, wie eine Königin gelebt und seines Wissens keine schlimmen Erfahrungen gemacht habe oder irgendwelche Stürze, bei denen sie auf den Kopf gefallen war, hinter sich hatte. Nachts schlief sie auf ihrem Lieblingsstuhl im Eßzimmer, von dem sie sich am Morgen zu einem Feinschmeckermahl erhob, um dann den Rest des Tages herumzulungern und zu tun, wozu sie gerade Lust hatte. Vince selbst bereitete ihr das Frühstück, und Squirt kam angesaust, sobald er mit einem Löffel gegen das Metallschälchen schlug. Erwartungsvoll umkreiste sie ihn, während er sich beeilte, ihr das Mahl zu servieren, das in der Regel aus Dosenfutter in verschiedenen Geschmacksrichtungen, zum Beispiel Huhn, Leber, Rind oder Fisch, bestand. Nach einem herzhaften Frühstück zog sie sich meist für ein weiteres Schläfchen auf ihre flauschige Lieblingsdecke zurück, an sonnigen Tagen aber auch schon mal auf das Fensterbrett im Wohnzimmer, wo sie die wärmenden Strahlen genoß. Diese Lebensumstände kamen mir nicht sonderlich hart vor, aber ich fragte mich, ob Squirt vielleicht unter sozialer Deprivation litt. Als ich nachfragte, erzählte Vince, daß noch eine weitere Katze im Haus lebte, Samantha, die Squirt jederzeit gern Gesellschaft leistete, falls diese das Bedürfnis danach verspürte (was eher selten vorkam). In guten Zeiten spielten die beiden zusammen, tobten die Treppen hinauf und hinunter und jagten sich um die Eßtischbeine herum. Nie kam es dabei zu Feindseligkeiten. Doch dann berichtete Vince etwas, was mich aufhorchen ließ. Erstens lief Squirt manchmal scheinbar grundlos eine ganze Weile im Kreis herum, wobei sie offenbar ihr Verhalten beim Warten aufs Frühstück nachahmte. Für mich klang das nach einem Zwang. Zweitens liebte sie es, auf den Tisch zu springen und Gegenstände wie Feuerzeuge und Kugelschreiber zu packen und in irgendein Versteck zu schleppen. Auch das ließ mich an ein zwanghaftes Verhalten denken und erinnerte mich an das Hamster-Verhalten der Munchkin-Katzen. Noch konnte ich die Bedeutung dieser Verhaltensweisen nicht ganz einordnen, aber ich merkte sie mir für die Zukunft.

Vince' Beschreibung eines Tages im Leben von Squirt ließ leider keine Wünsche offen, so daß ich ihm keine Vorschläge für die Verbesserung ihres Umfelds machen konnte und mir nur die medikamentöse Intervention blieb. Da wir es mit einem Fall von Selbstverstümmelung zu tun hatten, war meiner Meinung nach die Verabreichung von Naltrexon angezeigt. Ich bat Vince, das Valium abzusetzen, weil ich der Ansicht war, daß es eher Probleme schuf, als sie zu beseitigen, riet ihm jedoch, das Phenobarbital wegen der Epilepsie weiter zu verabreichen.

Die Tage vergingen, und ich drückte Vince und Squirt die Daumen. Dann aber kamen gute, ja fast sensationelle Neuigkeiten. Squirt hatte nicht nur aufgehört, sich in den Schwanz zu beißen, sie konnte sogar ihre Bewegungen wieder koordinieren. Sie war buchstäblich wie neugeboren. Mehrere Monate später hörte ich wieder von ihr. Die Besserung hatte angehalten. Vince war überglücklich, und ich nicht weniger.

Das hätte das Ende der Geschichte sein können – ein Fall von Selbstverstümmelung, der erfolgreich mit Naltrexon behandelt wurde –, doch irgendwie ließen mir Squirts andere Verhaltensweisen keine Ruhe. Ich war sicher, daß die verschiedenen Komponenten ihres Krankheitsbildes irgendwie zusammenhingen. Und dann fiel es mir wie Schuppen von den Augen: Eine Siamkatze, Anfälle, plötzliche Raserei und Aggression nach der Fellpflege – konnte das Schwanzbeißen womöglich eine Form von feliner Hyperästhesie sein? Ich war mir eigentlich ganz sicher, aber warum hatte Squirt so gut auf das Naltrexon angesprochen, und wie paßten das Im-Kreis-Herumlaufen und das Hamstern ins Bild? Es war und blieb ein Rätsel.

Und was war mit der Theorie von der Zwangsstörung? Hatte sie sich damit erledigt? Bei Menschen gibt es eine gewisse gemeinsame Basis für partielle Anfälle und Zwangsstörungen; warum sollte das bei Katzen anders sein? Ich hatte von dem Fall eines Mädchens gelesen, das an einer Zwangserkrankung *und* anfallartigen Wutausbrüchen litt, die auf einen lokalisierbaren Anfallsherd in einem bestimmten Teil ihres Gehirns zurückgingen. Nachdem der Herd operativ entfernt worden war, verschwanden sowohl das zwanghafte Verhalten als auch die aggressiven Ausbrüche. Weitere Belege für den Zusammenhang zwischen Zwangserkrankungen und Anfallsleiden finden sich in der medizinischen Fachliteratur. So litten in einer Personengruppe von Zwangspatienten zehn Prozent an Anfällen. Außerdem führt die elektrische Stimulation bestimmter Gehirnregionen bei Tieren zu perseverierendem

Verhalten einschließlich Fellpflege und Wutanfällen. Theoretisch könnte ein Herd also zwanghafte Fellpflege, episodisch auftretende Aggression und viele andere Verhaltensweisen auslösen und darüber hinaus auf andere Gehirnregionen ausstrahlen und Grand-Mal-Anfälle herbeiführen. Welche Form zwanghaften Verhaltens durch einen solchen Anfallsherd verursacht wird, hinge in diesem Fall von seiner Lage ab, aber zwanghaftes Freßverhalten, Beutefangverhalten oder Hamstern (um nur einige wenige zu nennen) sind in diesem Zusammenhang durchaus denkbar. Diese Hypothese, bei der von einer Überlappung elektrischer Störungen zwischen verschiedenen Hirnregionen ausgegangen wird, würde auch erklären, warum manche Katzen mit feliner Hyperästhesie mehr als eine abnorme Verhaltensweise zeigen. Jean-Paul litt an mindestens zwei Zwängen: exzessiver Fellpflege und Aggression. Möglicherweise hing sein Zwang, Socken herumzuschleppen, ebenfalls mit seiner Krankheit zusammen. Wolfgang zeigte besonders bizarre Verhaltensweisen, von der zwanghaften Fellpflege über Halluzinationen bis hin zum Hautzucken, die alle von dem gleichen mutmaßlichen Anfallsleiden ausgelöst wurden. Squirts Autoaggression, das Im-Kreis-Herumlaufen und Hamstern könnten ebenfalls zwanghafte Manifestationen eines zugrundeliegenden Anfallsleidens gewesen sein.

Blieb nur noch die Frage, warum Squirt auf Naltrexon angesprochen hatte. Eine Erklärung dafür wäre, daß Endorphine an der Bahnung des aggressiven Verhaltens beteiligt sind. Man hat festgestellt, daß Endorphine gewalttätige Aggression begünstigen. Endorphinblocker wie Naltrexon sind, wie die Forschungsarbeiten des Psychiaters John Ratey von der Harvard University gezeigt haben, eine sensationelle Neuentdeckung bei der Behandlung von Gewaltverbrechern. Aus Squirts Fall können wir schließen, daß Endorphine offenbar auch dann beteiligt sind, wenn es sich um zwanghafte Autoaggression handelt. Das wäre jedenfall eine plausible Erklärung für das, was mit Squirt passierte.

Jean-Paul, Wolfgang und Squirt wissen nichts von den Überlegungen, die die Fachleute an unserer Klinik über sie anstellen. Sie wissen lediglich, daß es ihnen seit ihrem Besuch bei uns sehr viel bessergeht. Auch ihre Besitzer sind froh, daß ihre Katzen wohlauf und am Leben und ihre gestörten Verhaltensweisen zumindest unter Kontrolle sind. Für mich stellt sich allerdings die dringliche Frage, wie all diese Theorien bewiesen werden können und wie wir bessere diagnostische und therapeutische Vorgehensweisen entwickeln können. Noch heute überlege ich jedesmal, wenn ich mit Fällen feliner Hyperästhesie konfrontiert bin, ob ich sie als Anfallsleiden oder Zwangsstörung behandeln soll. Ich neige eher zu letzterem, da ich mit Anafranil größere Erfolge erzielt habe als mit Phenobarbital. Ganz gleich jedoch, welchen Ansatz ich wähle, halte ich eine gleichzeitig erfolgende Modifikation der Umweltbedingungen für vielversprechend, ja unerläßlich und rate den Besitzern deshalb stets zu Änderungen im Tagesablauf, beim Füttern, Spielen und Zusammensein mit ihrer Katze, die sich meiner Ansicht nach positiv auf die Psyche auswirken. Zwanghaftes Verhalten scheint proportional zur Zunahme von Streß zu eskalieren, und auch Anfälle scheinen durch Umweltereignisse ausgelöst zu werden. In beiden Fällen ist es daher ratsam, alles nur Mögliche zu tun, um den Streß zu reduzieren und der Katze ein friedliches, ruhiges Umfeld zu schaffen. Worin die Veränderung besteht, variiert freilich von Fall zu Fall. Manchmal, wenn die Spannungen durch Fehden zwischen Artgenossen entstehen, raten wir zu einer Desensibilisierung gegen die übrigen Katzen im Haushalt. Bei anderen Gelegenheiten verändern wir die Wahrnehmung der Welt für die Katze, indem wir Rollos öffnen oder schließen oder Fenster verhängen. Häufig empfehlen wir ganz einfach sehr langsame und ruhige

262

Bewegungen im Beisein der Katze, um ihr die Angst zu nehmen, und zur Reduzierung der Streicheleinheiten, vor allem am Rücken. Schon mit diesen einfachen Mitteln kann man gute Erfolge erzielen, manche Katzen kommen daraufhin sogar völlig ohne Medikamente aus, was natürlich unser (und der Besitzer) höchstes Bestreben ist. Es bedeutet allerdings nicht, daß die betreffenden Katzen geheilt sind, sondern lediglich, daß wir einen Weg gefunden haben, ihren Streß zu minimieren bzw. andere Auslöser des krankhaften Verhaltens auszuschalten.

Eine genauere Diagnose der exakten Lage und des Ausmaßes des Störungsherdes könnte eine gezieltere Behandlung der felinen Hyperästhesie ermöglichen. Im Augenblick können wir uns, was die Therapie angeht, lediglich auf die klinischen Symptome stützen, während der tatsächliche Mechanismus des Verhaltens eine *black box* bleibt, über die wir nur Mußmaßungen anstellen können. Sorgfältige psychologische Tests könnten vielleicht helfen, dieses Dilemma zu lösen. Auch die Elektroenzephalographie wäre vielleicht hilfreich, ist bei Tieren jedoch leider fragwürdig, deshalb müssen wir einen Schritt weiter gehen und unsere Zuflucht zu den neueren Hirnabbildungsmethoden wie dem Magnetic Resonanz Imaging (MRI) und der Single-Photon-Emissions-Computertomographie (SPECT) nehmen. Auch wenn das CAT-scanning sich für Katzen förmlich aufzudrängen scheint, taugt diese Technik doch bei einem funktionalen Problem dieser Art wahrscheinlich nicht, aber glücklicherweise gibt es ja mehr als eine Möglichkeit, eine Katze zu scannen.

Kapitel 14
Das große Fressen

Es gibt verschiedene Arten von Freßstörungen bei Katzen, die alle eigene Ursachen haben und eine spezifische Behandlung erfordern. Prinzipiell können Katzen zuviel fressen, zuwenig fressen oder wahllos fressen. Appetitschwankungen können zwar viele Gründe haben, besonders interessant sind jedoch zweifellos die psychischen Auslöser, vielleicht deshalb, weil sie uns an unsere eigenen Idiosynkrasien erinnern. Manche dieser Probleme können durchaus ernste, ja lebensbedrohliche Folgen haben, deshalb darf eine Störung, die so allgegenwärtig ist wie die übermäßige Nahrungsaufnahme (Hyperphagie), auf keinen Fall einfach ignoriert werden, sondern signalisiert im Gegenteil Handlungsbedarf.

Wenden wir uns deshalb als erstes dem übermäßigen Fressen zu. Vierzig bis fünfzig Prozent der Katzen, die zum Tierarzt gebracht werden, sind fettleibig. Wie ist so etwas in unserer ernährungs- und gesundheitsbewußten Zeit möglich? Inzwischen weiß doch wirklich jeder, daß die Kalorienaufnahme für sich genommen der wichtigste diätetische Einflußfaktor auf die Langlebigkeit ist. Im Klartext: Je mehr wir essen, desto kürzer ist unser Leben – und das gilt auch für Tiere. Es hat geradezu den Anschein, als ließe sich die Lebensspanne in Bissen messen. Die Tatsache, daß Übergewicht ungesund ist, dürfte ebenfalls niemand mehr neu sein; das wissen wir bereits seit der Jahrhundertwende. Warum also lassen wir es zu, daß unsere Katzen sich in ein frühes Grab fressen, ohne auch nur einen Finger zu rühren? Manche Menschen, so scheint es, haben einfach nicht die Courage, ihren Katzen die übermäßige Nahrungsaufnahme zu verweigern, und offenbar haben die Katzen selbst dabei auch ein Wörtchen mitzureden.

Die meisten Tiere besitzen intrinsische Regulationsmechanismen, die unter normalen Umständen bestimmen, wann sie aufhören zu fressen. Katzen sind da keine Ausnahme. Wenn Katzen soviel fressen dürfen, wie sie wollen, entspricht die Kalorienaufnahme jeder der mehreren kleinen Mahlzeiten, die sie über den Tag verteilt zu sich nehmen, etwa dem kalorischen Gehalt einer Maus. Eine Reihe von Faktoren, wie Jahreszeit, Außentemperatur und hormonelle Einflüsse, sorgen zwar zeitweilig für geringfügige Verschiebungen, doch das erklärt noch lange nicht, warum manche Hauskatzen fressen, bis sie sich kaum noch rühren können. Es muß sich um ein Äquivalent zu dem Phänomen des ›shop till you drop‹ handeln, ein ›Fressen bis zum Umfallen‹. Für dieses Rätsel gibt es mehrere Erklärungen. Erstens das Futter selbst. Viele der Futtermittel, die wir unseren Katzen heute verabreichen, sind hochkonzentriert, sehr energiereich und gezielt mit Stoffen angereichert, die es besonders schmackhaft machen. Das führt zur Aufnahme einer hochkalorischen Menge bei nur wenigen Mahlzeiten. Zweitens haben wir die Freßgewohnheiten unserer Katzen grundlegend geändert, indem wir ihnen Fertigfutter verabreichen. Die Katzen müssen ihre Mahlzeiten nicht mehr jagen und erlegen. Das Fressen ist im Gegenteil zu einer ziemlich langweiligen Angelegenheit geworden, die minimalen Energieaufwand erfordert. Psychologisch gesprochen haben wir die instrumentelle Phase des Freßverhaltens eliminiert. Die meisten Hauskatzen haben keine echte Aufgabe mehr und verbringen den größten Teil des Tages untätig. Sie mögen liebenswert sein, fleißig sind sie nicht. Arbeitslos und kastriert, bleibt ihnen gegen die langweilige Öde in ihrem Leben nichts als »ein kleines Sowieso« (wie Pu der Bär zu sagen pflegte).

Beim Übergewicht spielen aber auch genetische Faktoren eine Rolle. Die jüngst gemachte Entdeckung eines rezessiven Fettleibigkeitsgens bei Ratten hat in der Welt der Diätapostel sicherlich einigen Wirbel verursacht. Erst kürzlich habe ich gelesen, daß in einem Labor in Kalifornien eine neue Rasse magerer Mäuse gezüchtet wurde, die sehr viel fressen können, ohne zuzunehmen.

Nicht zuletzt wäre auch denkbar, daß Fettleibigkeit bei Katzen eine Folge der zahlreichen Ängste und psychischen Belastungen im Leben der modernen Hauskatzen ist. Das Ganze fängt vielleicht mit ein paar Happen an, die gleichsam als Übersprunghandlung, als kleiner Trost hin und wieder genommen werden, und wenn der Streß bestehenbleibt, nimmt das Freßverhalten allmählich die Ausmaße einer Zwangshandlung an. Möglicherweise leiden Katzen – wie Menschen auch – an zwanghaftem Zuviel-Fressen als einer Form des Spektrums von Zwangsstörungen.

Die übergewichtige Katze entwickelt alle möglichen Formen körperlicher Probleme und Krankheiten, von Zuckerkrankheit und Bewegungsstörungen über Atemnot bis hin zu Krebs. Es gibt absolut keinen Grund, eine Katze übergewichtig werden oder bleiben zu lassen, im Gegenteil, wir müssen ihr in ihrem eigenen Interesse Grenzen setzen. Ich weiß, daß das nicht leicht ist, muß ich doch selbst immer wieder diätetische Kämpfe mit meinen Katzen bestehen und komme mir regelmäßig vor wie ein Verräter, wenn ich ihnen das Futter rationiere. Wenn sie die Möglichkeit dazu hätten, würden meine beiden Racker nämlich fressen ohne Unterlaß und auseinandergehen wie Pfannkuchen. Vielleicht leiden die beiden ja auch unter dem Wohnungskatzen-Blues. Immer, wenn die Polster zwischen ihren Hinterbeinen anfangen, beim Gehen zu wabbeln, weiß ich, daß es Zeit ist, etwas zu unternehmen. Anfangs habe ich versucht, das Problem in den Griff zu bekommen, indem ich ihre Futterrationen verkleinerte, aber es fiel mir so schwer, der ständigen Bettelei zu widerstehen, daß ich lieber den Weg der Feiglinge gewählt habe und ihnen kalorienreduziertes Futter gebe – ein tragbarer Kompromiß für uns alle. Sie freuen sich an großen Portionen, ohne dadurch zu felinen Tweedledees und Tweedledums zu werden, und ihr Betteln bleibt auf einer tolerierbaren Ebene (es sei denn, wir haben Huhn oder Fisch zum Abendessen, was sie zehn Meter gegen den Wind riechen). Sie sind glücklich und in einigermaßen akzeptabler Form, und ich habe ein reines Gewissen. Dem Himmel sei Dank für Diätfutter.

Die dickste Katze, die ich je sah, gehörte Marsha, einer Tante meiner Frau. Diese Katze war so fett, daß man kein Einstein sein mußte, um zu wissen, daß mit ihr etwas nicht stimmte. Sie wog über zehn Kilo und schlief auf dem Rücken, wobei sie an eine gestrandete Qualle erinnerte. Bonker – so hieß das arme Wesen – konnte sich kaum noch regen. Der einzige Anhaltspunkt, daß es sich bei dem unidentifizierbaren liegenden Objekt um eine Katze handelte, waren das langsame, rhythmische Atmen und das Flattern der Augenlider beim Geräusch der sich öffnenden Kühlschranktür. Es versteht sich, daß meine Frau und ich Tante Marsha wieder und wieder auf die Langzeitfolgen des Zustands von Bonker hinwiesen, aber ich glaube, sie hörte uns gar nicht zu. Vielleicht hatte sie ja recht damit, uns so abblitzen zu lassen, denn an Bonkers Äußerem war sicherlich nicht nur die unbegrenzte Nahrungszufuhr schuld. Seine nutzlose Hotel-California-Existenz, seine beispiellose Faulheit und seine Begeisterung für lange Schlafpausen bestärkten mich in der Überzeugung, daß er schwerwiegende psychische Probleme hatte, fast hatte es den Anschein, als sei er depressiv. Ich hatte diese Symptome schon vorher gesehen, unter anderem bei den Bären im Zoo von San Diego. Trotz der Bemühungen ihrer Wärter, ihre Umwelt attraktiver für sie zu machen, verschliefen diese Bären ihre Tage im Käfig und konnten deshalb so gut wie nie besichtigt werden. Ihre einzige Freude war das Fressen. Die Lösung des Problems sah schließlich so aus, daß ihnen ihr Fressen immer dann aus einem Behälter vorgeworfen wurde, wenn der Besucherbus an ihrem Gehege vorüberfuhr, so daß die Gäste beobachten konnten, wie die Bären über ihr Menü herfielen. Wenn sie die Wahl zwischen Schlafen und Fressen hatten, entschieden sie sich für letzteres und lösten so das Dilemma der Wärter, wenn auch nicht ihr eigenes.

Das Zuviel-Fressen, das mit Bonkers Zustand einherging, war meiner Ansicht nach Teil eines ähnlichen Syndroms, das in der Verhaltensforschung mit Langeweile oder Frustration in Verbindung gebracht wird. Die psychogene Polyphagie, wie diese Freßstörung genannt wird, veranlaßt die Tiere, als Bewältigungstrategie mehr zu fressen, als sie normalerweise zu sich nehmen würden. Wir alle leiden gelegentlich unter Streß und wissen deshalb, daß die Keksdose in solchen Zeiten besondere Anziehungskraft für uns besitzt. Doch warum sollte Bonker, der doch allem Anschein nach in einem von Menschen geschaffenen Paradies lebte, an so etwas wie Streß leiden? Vielleicht hatte es etwas damit zu tun, daß er ein Jäger ohne Wild, ein Raubtier ohne Beute, ein Kämpfer ohne Kampf war. Wir tun zwar unser Bestes, unseren Katzenlieblingen alles zu bieten, was man mit Geld kaufen kann, doch offenbar vermissen sie genau das, was wir ihnen nicht kaufen können – eine biologisch sinnvolle Existenz –, und zwar so sehr, daß es zu den oben beschriebenen Problemen kommt. Das Ergebnis dieser Art von Umweltstreß ist, zumindest bei dafür anfälligen Tieren, eine Übersprunghandlung. Irgendeine aus der Überfülle wiederkehrender Verhaltensweisen verselbständigt sich, und zwanghaftes Fressen ist dabei nur eine der vielen möglichen Manifestationen. Der arme Bonker war ein feliner Eßsüchtiger.

Ich hatte damals nicht die Möglichkeit, Bonker zu behandeln, doch wenn ich sie gehabt hätte, wäre neben der Verordnung von Fluctin eine Veränderung seiner Lebensbedingungen ganz oben auf meiner Liste gestanden, das heißt, ich hätte versucht, seine Umwelt attraktiver und sein Leben lebenswerter zu machen, und ich wäre sehr optimistisch gewesen, was den Erfolg dieser Behandlung betrifft. Er hätte mehr Aufmerksamkeit bekommen, wäre zu anstrengenden, kalorienzehrenden Spielen (besonders aus dem reichhaltigen Repertoire der Verfolgungs- und Fangspiele) ermutigt worden, und ich hätte ihm alles mögliche Spielzeug gegeben, das ihn beschäftigt hätte, wenn seine Besitzerin fort war. Auch ein ›Zimmer mit Aussicht‹ am teppichbezogenen Kletterbaum und Kratzbäume sind wichtige Bestandteile des Rezepts für psychische und physische Gesundung. Außerdem hätte ich einer motivierteren Marsha geraten, Bonker eine Gefährtin zu beschaffen, vielleicht eine Katze, die seine sozialen Bedürfnisse befriedigt hätte. Als letzten Punkt schließlich hätte ich eine Futterreduzierung mit ihr besprochen. Eine übergewichtige Katze darf nicht zu rasch an Gewicht verlieren, das ist sehr gefährlich, weil es zu Leberproblemen führen kann, und wer hört schon gern die Diagnose ›Fettleber‹? Katzen, die an dieser Krankheit leiden, bekommen Gelbsucht und sterben. Wenn eine Diät unumgänglich ist, sollten Sie das Gewicht erfragen, das Ihre Katze eigentlich haben sollte, und dann siebzig Prozent des Nahrungsbedarfs einer Katze dieser Größe füttern, um einem allzu rapiden Gewichtsverlust vorzubeugen. Crashdiäten sind immer gefährlich, erst recht für Katzen.

Eine übergewichtige Katze, die ich behandelte, wurde von der Tierarztpraxis, in der meine Frau arbeitet, zu mir überwiesen. Der zwanzig Pfund schwere, zweieinhalbjährige, kastrierte Kater hatte auf ungewöhnliche, aber letztlich vorhersehbare Weise den Weg in die Klinik gefunden. Immer wieder hatte meine Frau den Besitzern geraten, ihn auf Diät zu setzen, doch ihr Rat war auf unfruchtbaren Boden gefallen. Die Monate vergingen, ohne daß die pflichtvergessenen Besitzer entsprechend reagiert hatten. Dann aber geschah etwas. Eines Abends saßen sie gemütlich im Wohnzimmer beisammen, als sie plötzlich ein schwaches, heiseres Geräusch vernahmen. Überrascht sahen sie einander an. Als sie zu suchen begannen, stellten sie fest, daß das Geräusch in der Nähe der Katze lauter wurde. Und dann entdeckten sie, daß es von der Katze selbst kam – es waren Atemgeräusche. Sofort wurde meine Frau gerufen, die den Patienten sorgfältig untersuchte. Bis auf ein leises Herzgeräusch fand sie nichts, was die Atemschwierigkeiten der Katze hätte erklären können. Die Lungengeräusche waren klar, der Stridor (das pfeifende Atemgeräusch) schien von den oberen Atemwegen herzurühren. Die Besitzer des Katers waren so erschrocken, daß sie baten, ihn noch zum Notfalldienst der Tufts Veterinary School bringen zu dürfen, um vorsichtshalber noch eine Röntgenuntersuchung und andere Tests vornehmen zu lassen. So geschah es auch, und der diensthabende Arzt überwies ihn sogleich auf die Intensivstation.

Am nächsten Tag rief meine Frau dort an und fragte, ob man etwas herausgefunden habe. Die Antwort lautete nein. Jedenfalls waren die Tests negativ, was eine Lungenkrankheit betraf. Das Röntgenbild war klar, und doch hatte der Kater offensichtlich Atemprobleme. Die Diagnose lautete: ›Pickwick-Syndrom‹, eine Atemstörung, verursacht durch Fettleibigkeit. Das hieß, der Kater war zu dick. Der englische Schriftsteller Charles Dickens hat in seinem Roman *Die Pickwickier* eine Gestalt beschrieben – den Titelhelden, Mr. Pickwick selbst –, die extremes Übergewicht und deswegen ständig blaue Lippen hat. Die Ärzte schließen daraus, daß er an einer Atemstörung leidet, ein Zustand, der später als Pickwick-Syndrom in die medizinische Forschung einging. Offensichtlich basierten Dickens' Romangestalten auf wahren Personen. Doch wie auch immer man es nennen mochte, diese Katze litt daran, und es rührte eindeutig von ihrem Übergewicht her. Nun war ich gefragt, allerdings hatte ich schon vorher mit Interesse die Enträtselung des Problems verfolgt.

Linda und ich arbeiteten einen Diätplan und ein Trainingsprogramm aus, das helfen sollte, den Freß-Blues der Katers zu lindern. Als erstes schlugen wir die Anschaffung eines Kätzchens vor, um ein bißchen Action in sein Leben zu bringen, doch die Besitzer waren von dieser Idee nicht besonders angetan, da sie den Streß bei Familienzuwachs schon einmal durchgemacht hatten. Damals hatten die beiden Katzen sich ständig bis aufs Blut bekämpft, und obwohl solche Rangeleien durchaus ein Weg sind, eine Katze schlank zu halten, lehnten sie einen zweiten Versuch ab. Unser nächster Vorschlag lautete, das Bewegungsprogramm des Katers auszubauen, indem sie sich mit ihm beschäftigten und ihn zum Spielen ermunterten. Wir empfahlen zu diesem Zweck ein Spielzeug, mit dem die Katze zum Springen und Hüpfen animiert wird (Angelrute mit Schnur und daran befestigtem Gegenstand). Ich riet sogar dazu, den Kater mit der Klick-Methode zu trainieren und so die Interaktion zwischen ihm und seinen Besitzern zu fördern, bin aber nicht sicher, ob diese Idee ankam. Offenbar neigten die Besitzer am ehesten zu einer Diät, mit der sie denn auch sogleich begannen. Sie verabreichten dem Kater die gleiche kalorienreduzierte Diät, die ich meinen eigenen Katzen füttere. Der Erfolg war umwerfend. Der Kater verlor über mehrere Monate hinweg kontinuierlich an Gewicht, nicht zu schnell und nicht zu langsam. Schon bald atmete er wieder normal – und wir erleichtert auf.

Wenn das Überfressen das Yin der felinen Freßstörungen ist, dann ist das Zuwenig-Fressen das Yang. Wenn eine Katze ihren Appetit verliert, kann das die Spitze des Eisbergs eines psychischen Problems darstellen, das als Trennungsangst bezeichnet wird. Trennungsangst tritt auf, wenn eine Katze ihrem Besitzer extrem zugetan ist und allein gelassen wird. Die daraus folgende Angst führt zu Appetitverlust und anderen Symptomen wie z. B. Unsauberkeit. Wird eine unter Trennungsangst leidende Katze allein gelassen, dann reagiert sie jedesmal wieder so, als würde ihr Besitzer überhaupt nicht mehr zurückkommen; sie lernt einfach nicht, daß dies nicht geschieht. Anorexie während der Abwesenheit des Besitzers ist eines der eindeutigsten Symptome der Trennungsangst. Insgesamt kann man diesen Zustand als temporäre Depression bezeichnen, eine Analogie, die in vieler Hinsicht zutreffend ist. Milde Formen von Trennungsangst kann man verhaltenstherapeutisch behandeln, zum Beispiel mit einer Desensibilisierung, in diesem Fall ein schrittweises Verlängern der Abwesenheitsspanne des Besitzers, durch das die Katze gleichsam trainiert wird allein zu bleiben. Massivere Formen erfordern eine Medikation mit Antidepressiva. Manche Forscher haben Parallelen zwischen Trennungsangst bei Katzen und Panikattakken bei Menschen gezogen, eine Auffassung, die einiges für sich hat. Es wäre denkbar, daß die erste Panik nach dem Weggehen des Besitzers in einen Zustand der Depression übergeht. Eine depressive Verstimmung in Verbindung mit Trennungsangst läßt sich manchmal auch bei Kindern beobachten, wenngleich die Depression eine gesonderte Störung darstellt.

Das einzig Gute an der Trennungsangst (wenn sich an diesem erbarmungswürdigen Zustand überhaupt etwas Gutes ausmachen läßt) ist, daß der Zustand normalerweise sehr kurz währt und nur so lange dauert, wie der Besitzer fort ist. In anderen Fällen jedoch – z. B. beim Tod des Besitzers oder eines Katzengefährten – sind die Umstände weniger günstig, und das Elend wie der Appetitverlust können monatelang anhalten. Die Parallelen zur menschlichen Depression sind hier überdeutlich. Wie beim Menschen kann die Depression unter Umständen von selbst abklingen, doch manche dieser unglückseligen Geschöpfe stecken in einer abwärtsführenden Spirale und schwinden buchstäblich dahin. Bei solchen Katzen ist die Behandlung mit einem Antidepressivum unbedingt angezeigt – als lindernde Maßnahme, wenn schon nichts anderes für sie getan werden kann.

An einen Fall feliner Depression muß ich heute noch oft denken, er verfolgt mich geradezu. Ich unterhielt mich damals gerade mit einem Kollegen an unserem Institut, als eine schäbig gekleidete Frau in den Vierzigern in den Konsultationsraum kam, ihre kostbare Last, eine Kurzhaar-Hauskatze namens Mindy, unter dem Arm. Der achtjährigen Mindy war es gutgegangen, bis ihre Schwester und Gefährtin Samantha an Krebs starb. An dem Tag, an dem Samantha zum letzten Mal zum Tierarzt gebracht wurde, hörte Mindy auf zu fressen, zog sich zurück und schlief fast den ganzen Tag. Anscheinend konnte ihr das Leben nichts mehr bieten, und sie schien entschlossen, sich ins Vergessen hineinzuschlafen. Als wir Mindy zu Gesicht bekamen, ging das schon seit Wochen so. Obwohl der behandelnde Tierarzt Mindys Besitzerin den Tip gegeben hatte, die Katze mit Babynahrung zu füttern, verlor Mindy kontinuierlich an Gewicht und war bei ihrer Vorstellung in der Klinik nur noch ein Schatten ihres früheren Selbst. Ich brauche wohl nicht eigens darauf hinzuweisen, daß Mindys Besitzerin zutiefst bekümmert und bereit war, alles zu tun, damit es Mindy wieder besserging. Ich untersuchte Mindy sorgfältig, weil ich wußte, was ein plötzliches Fasten bei einer Katze anrichten konnte, und meine schlimmsten Befürchtungen bestätigten sich. Ihr Rachen und ihre Augen zeigten die gelbe Farbe, das Symptom der Gelbsucht; es war klar, daß sie an einer Lebererkrankung litt. Eine Blutprobe bestätigte die Diagnose ›Fettleber‹, und Mindy kam sofort auf die Intensivstation, wo sie einer aufwendigen Therapie unterzogen und unter anderem intravenös ernährt wurde. Sie war eine der wenigen Glücklichen, die die Krankheit überleben. Mindy wurde wieder ganz gesund, nicht zuletzt, weil sie ein niedrig dosiertes Antidepressivum bekam, sobald die unmittelbare biochemische Krise überstanden war. Mindys Besitzerin beschaffte ihr schließlich eine andere Katze als Gefährtin, was sicherlich zur anhaltenden Besserung ihres Befindens beitrug. Trotzdem möchte ich wetten, daß Mindy ihre Schwester nie vergaß, solange sie lebte – fast wie ein Mensch. Wer kann sich schon in die verborgenen Seelenregungen von Katzen hineindenken?

Erst kürzlich hatte ich es mit einem weniger dramatischen, aber ebenso rührenden Fall von Depression bei einem siebzehnjährigen Kater namens Stash zu tun. Stashs Besitzerin konnte sich nicht erklären, was ihrem Kater fehlte, weil sie nicht wußte, daß auch Katzen depressiv sein können. Sie erzählte mir von zwei Problemen. Erstens wirkte Stash unglücklich und wimmerte viel, vor allem nachts und in den frühen Morgenstunden. Zweitens fraß er nicht regelmäßig und verlor ständig Gewicht. Es stellte sich heraus, daß der arme Stash dieses Verhalten seit dem Verlust seines Bruders vor acht Monaten zeigte. Die beiden waren ihr Leben lang zusammen gewesen und hatten sehr aneinander gehangen. Dann kam der schicksalhafte Tag, an dem Stashs Bruder einer Nierenkrankheit erlag, und nichts war mehr wie vorher. Stashs Besitzerin, Cindy Davis, tat alles, um ihn zu trösten, und allmählich reagierte er auch auf ihre Bemühungen, aber es ging ihm einfach nicht gut. Er hatte keinerlei Interesse mehr am Spielen und verbrachte einen Großteil des Tages schlafend. Gelegentlich machte er einen Rundgang durchs Haus, wie um nachzusehen, ob sein Bruder zurückgekommen war. Es war eine traurige Geschichte, aber mit einem glücklichen Ausgang. Ich verordnete Stash Fluctin, zum Teil, weil das Medikament in dieser

Situation angezeigt war, zum Teil, weil ich nichts anderes für ihn tun konnte. Und es half. Innerhalb weniger Wochen war Stash wieder fast der alte. Das Jammern hatte aufgehört, er war zufriedener und fraß auch wieder. Cindy war selig und ist heute wie ich davon überzeugt, daß auch Tiere an Depressionen leiden können.

Die obigen Ausführungen über Panikattacken und Depression mögen allzu vermenschlicht klingen, doch es gibt natürlich Unterschiede in der Erfahrung psychischer Störungen bei Katzen und Menschen. Eine Katze entwickelt zum Beispiel niemals Anorexia nervosa, da diese einen Grad an Selbstwahrnehmung voraussetzt, den Tiere offensichtlich nicht besitzen. Menschen mit Anorexia nervosa finden sich zu dick, ganz gleich, was ihre Freunde, Gewichtstabellen oder Spiegel ihnen sagen. Spiegel spielen sogar eine Hauptrolle bei der Aufrechterhaltung dieser Illusion, und hier liegt denn auch der neuralgische Punkt, denn Katzen sehen in Spiegeln nicht sich selbst, sondern andere Katzen. Wie fast alle anderen Spezies reagieren sie auf Spiegel mit Aggression, Angst oder Gleichgültigkeit, niemals aber mit Interesse für sich selbst. Einige Affen aus der Alten Welt sind vielleicht die einzige Ausnahme von dieser Spieglein-Spieglein-an-der-Wand-Regel, wobei jedoch der Gegenstand tierischer Wahrnehmung weiterhin unklar bleibt.

Ganz gleich, welche Ursache einer Freßstörung zugrunde liegt, der Besitzer ist in jedem Fall gefordert. Wenn Ihre Katze zunimmt oder Gewicht verliert, vor allem, wenn es plötzlich geschieht, sollten Sie Ihren behandelnden Tierarzt aufsuchen, um zunächst irgendwelche organischen Ursachen auszuschließen. Wenn sich dann herausstellt, daß Ihre Katze gesund ist, sollten Sie mit der Hilfe Ihres Tierarztes versuchen, eine auf den Zustand des Patienten abgestimmte Diät durchzuführen. Das kann bedeuten, einer übergewichtigen Katze weniger oder etwas anderes zu füttern oder die Futtermenge eines Hänflings zu erhöhen. Bleiben die diätetischen Maßnahmen wirkungslos, so ist es Zeit, die Hilfe eines Experten zu suchen, weil möglicherweise eine psychische Störung vorliegt. Häufig helfen Informationen über die Umstände und den Zeitpunkt des ersten Auftretens der Störung, die richtige Diagnose zu stellen. Denken Sie aber immer auch daran, daß nicht jede Katze, die zuviel frißt, eine zwanghafte Freßstörung, und nicht jede, die zuwenig frißt, eine Depression hat. Andererseits ist der Appetit gleichsam ein Gradmesser für die Gesundheit. Gegen Ende eines Katzenlebens, wenn der Tierarzt die verbleibende Lebensqualität zu beurteilen versucht oder entscheiden muß, ob die Katze leidet, lautet die Schlüsselfrage stets, ob sie noch normal frißt. Dies vor Augen, sollten wir die Freßgewohnheiten unserer Katzen sorgfältig beobachten, da sie als Barometer für körperliche und psychische Gesundheit und Wohlbefinden dienen.

Obwohl die Ausführungen über Diäten und Gesundheit durchaus ihre Berechtigung haben, sollten wir nicht aus den Augen verlieren, daß der Sinn des Lebens nicht unbedingt darin besteht, möglichst lange zu leben. Das gilt für uns wie für unsere Katzen. Auch die qualitativen Aspekte des Lebens müssen berücksichtigt werden. Die Freude am Leben ist sicherlich wichtiger, als den letzten Atemzug so spät wie möglich zu tun. Meist scheint deshalb ein Kompromiß zwischen Lebensgenuß und gesundem Leben die vernünftigste Lösung. Mit anderen Worten, es muß möglich sein, den Kuchen aufzuessen und trotzdem zu behalten; man sollte ihn bloß nicht auf einmal hinunterschlingen. Gesundheit ist ein wesentlicher Bestandteil eines glücklichen Lebens und sollte deshalb ein Ziel sein, auf das wir alle hinarbeiten – auch bei unseren Haustieren. Verantwortliche Tierhalter sollten sich um eine vernünftige und maßvolle Fütterung ihrer Lieblinge bemühen, dabei aber so flexibel bleiben, ihnen hin und wieder auch einmal einen verbotenen Leckerbissen zu gönnen, wie sie umgekehrt auch auf deutlich werdende gesundheitliche Probleme achten sollten.

Nachwort

Mittlerweile haben die Katzen die Hunde als beliebteste Haustiere in den Vereinigten Staaten längst überrundet. Der Wandel des Arbeitsalltags im Verein mit dem unabhängigen Wesen der Katzen und dem ihnen eigenen, unwiderstehlichen Charme haben zu einem förmlichen Beliebtheitsboom dieser Verwandten des Königs der Tiere geführt. Auch die Tatsache, daß die Bevölkerungsdichte und das Durchschnittsalter der Menschen ständig steigen und wir heute im Zeitalter der Bequemlichkeit leben, blieb nicht ohne Auswirkung auf den neuen Trend. Katzen sind relativ billig zu erwerben und zu halten, man kann sie allein zu Hause lassen, so daß alle menschlichen Familienmitglieder arbeiten können, man muß sich nicht ständig mit ihnen beschäftigen, sie sind sauber und mit ihrer eigenen Gesellschaft zufrieden, dazu bellen sie weder, noch beißen sie den Postboten, sie jagen keine Autos und verrichten auch nicht ihr Geschäft auf dem Bürgersteig. Diese zahlreichen Annehmlichkeiten in Verbindung mit dem sympathischen Wesenszug, daß sie jederzeit zu einem Schmusestündchen bereit sind, wenn ihrem Menschen danach ist, machen die Katze zu einer recht attraktiven Gesellschafterin für Yuppies ebenso wie für Senioren.

Doch all diese Überlegungen kreisen nur um unsere eigenen Wünsche und Ansprüche, nicht um die der Katzen. Was würden Katzen wohl verlangen, wenn sie bei ihrer Lebensgestaltung ein Wörtchen mitreden dürften? Wahrscheinlich würden sie sich ein kleines Grundstück erbitten, auf dem sie patrouillieren können, ein paar Bäume, auf die sie hinaufklettern können, ein paar Nagetiere, die sie jagen können, ein warmes Plätzchen, an dem sie ein Nickerchen halten können, und nicht zuletzt einen Gefährten. Aus unterschiedlichen, teils einsichtigen, teils weniger einsichtigen Gründen sind wir leider weit davon entfernt, diese Wunschliste auch nur annähernd zu erfüllen. Wir schränken die Freiheit unserer Katzen ein, wir unterdrücken ihre romantischen Sehnsüchte, wir bemühen uns, ihre ›barbarische‹ Neigung, sich ihr Mittagessen zu erbeuten, zu zügeln, und auf keinen Fall sind wir für die Anpflanzung von Bäumen im Wohnzimmer zu begeistern. Was bleibt da noch? Freie Verpflegung, ein warmes Plätzchen, an dem man nach dem Essen ein Schläfchen halten, und mit etwas Glück ein Fenster, durch das man das Leben da draußen in der wirklichen Welt beobachten kann. Manche Katzen finden sich relativ problemlos mit dieser unnatürlichen Existenz ab, vor allem, wenn sie ein stabiles soziales Umfeld haben und ihnen niemand ihr Territorium streitig macht. Ja, mit der Zeit passen sie sich so gut an diesen Lebensstil an, daß sie, wenn man ihnen die Wahl läßt, ob sie drinnen bleiben oder hinausgehen wollen, ängstlich und voller Nervosität durch die Tür in die Wildnis draußen hinausspähen und sich dann umdrehen und wieder hineingehen, ohne auch nur die Schwelle zu überschreiten. Das bedeutet jedoch nicht zwangsläufig, daß die Umwelt, in der sie leben, optimal ist. Auch Tiere aus Massentierhaltung, die in einem extrem eingeschränkten Umfeld gelebt haben, geben anfangs dem vertrauten Gefängnis den Vorzug vor der freien Weide, doch diese Entscheidung kehrt sich um, wenn sie häufig genug vor die Wahl gestellt werden, so daß sie die neue Situation erkunden und sich langsam an sie gewöhnen können. Für andere Katzen hingegen bedeutet das reine Wohnungsdasein eine heikle Balance, die durch das Hinzukommen bzw. Fortgehen von Familienmitgliedern leicht zu kippen ist. Die Aufnahme neuer Hausgenossen, Veränderungen in der gewohnten Routine und Langeweile fordern ihren Tribut und führen leicht zu Verhaltensproblemen, wie sie im vorliegenden Buch beschrieben sind.

Einige der grundlegenden Forderungen, die Katzen stellen würden, können ihnen heute nicht mehr erfüllt werden. Dafür ist es schlicht zu spät. Wir dürfen ihnen weder gestatten, sich nach Belieben zu vemehren, noch dürfen wir sie frei durch die Straßen unser Städte streuen lassen. Täten wir das, hätten wir noch weit schlimmere Probleme als die, vor denen wir jetzt schon stehen. Aber wir haben andere Möglichkeiten: Wir können herausfinden, was unsere Katzen jung und in Schwung hält; wir können Vorkehrungen treffen, die ihnen plötzliche Veränderungen ersparen; und wir können uns bemühen, das Gefühl der Leere zu füllen, das ihr beschränkter Lebensstil in ihnen hervorrufen muß. Wir können ein paar Vorüberlegungen anstellen, bevor wir eine neue Katze aufnehmen, und, wenn es denn sein muß, behutsam dabei vorgehen. Wir können unseren Katzen Beuteersatz verschaffen und uns die Zeit nehmen, ihre Instinkte des Anschleichens, Auflauerns, Jagens und Erlegens wieder zu erwecken. Hilfreich sind auch konstruktive interaktive Übungen aus der Trickkiste der Verhaltenstherapeuten, und absolut unverzichtbar sind die gute alte Fürsorge und Zuneigung. Darüber hinaus können wir unseren Lieblingen Klettermöglichkeiten schaffen, ihnen Kuschelnester und Kratzbäume zur Verfügung stellen und uns überhaupt mehr Dinge einfallen lassen, die ihre Umwelt und ihren Alltag attraktiver machen. Zumindest können wir uns bemühen, dies alles zu tun, und selbst, wenn wir ein wenig hinter dem angestrebten Ideal zurückbleiben, werden unsere Katzen es danach auf jeden Fall besser haben, als wenn wir es erst gar nicht versucht hätten – und wahrscheinlich werden sie uns unsere Unzulänglichkeit sogar nachsehen. Schließlich sind wir nur Menschen.

Viele Probleme im häuslichen Umfeld ergeben sich aus den ganz natürlichen Verhaltensbedürfnissen der Katzen. Auch wenn es uns oft schwerfällt, sollten wir nicht vergessen, daß eine Katze ihren größeren wildlebenden Verwandten noch recht nah ist, ja in gewisser Weise haben wir in ihr einen Miniaturtiger im Wohnzimmer. Doch trotz der vielen augenfälligen Unterschiede haben wir auch eine ganze Menge Gemeinsamkeiten mit unseren unbezähmbaren Freunden, sind doch Revierdenken und Aggression, Dominanz und Angst, Ängstlichkeit und Zwänge uns Menschen zutiefst vertraute Motive und Emotionen, was letztlich kaum überraschen kann, wenn man bedenkt, daß wir letztlich biologische Verwandte sind. Wir bewohnen gemeinsam den dritten Planeten der Sonne und sind warmblütige Säugetiere, also enger miteinander verwandt als zum Beispiel mit den Fischen oder Reptilien. Wir haben ähnliche Gehirnstrukturen mit ähnlichen Kontrollzentren und identischen chemischen Botenstoffen. Die Menschen haben ganz einfach nur ein paar Hirnwindungen mehr, doch was macht das schon groß aus? Unser peripheres Nervensystem, unser autonomes Nervensystem und unsere Hormonsysteme sind sich ebenfalls so ähnlich, daß sie im Physiologieunterricht in einem Atemzug genannt werden. Angesichts dieser auffallenden Kongruenz ist es gar nicht so erstaunlich, daß wir auch unter vergleichbaren psychischen Problemen leiden. Schon allein das Ansprechen auf die Behandlung mit Psychopharmaka bei Katzen ist ein überzeugender Beleg für die These, daß Katzen empfindende Geschöpfe mit Emotionen ähnlich unseren menschlichen sind. Andernfalls wären die Symptome einer offensichtlich ängstlichen Katze wohl kaum mit angstreduzierenden Medikamenten für Menschen zu lindern. Die Wissenschaft traut den kognitiven Fähigkeiten von Katzen zwar noch nicht so ganz, weil sie sie nicht messen kann, uns Katzenbesitzer dagegen kann die Vorstellung von der felinen Intelligenz nicht mehr überraschen. Unsere hochverehrten Gelehrten brauchen ganz einfach noch ein bißchen Zeit, um zu beweisen, was der Rest von uns bereits intuitiv weiß: daß auch Katzen Gefühle haben.

Anschriften

Im folgenden ist eine Auswahl von Anschriften und E-Mail-Adressen über Tierschutzverbände, Tierärzte und Tierkliniken zum Thema ›Katzen und Gesundheit‹ angegeben, die sich beliebig ergänzen und erweitern läßt, je nach räumlichem Standort und spezifischem Anliegen der Katzenbesitzer. Für weitere Anregungen ist der Verlag den Lesern sehr dankbar.

Verbände und Vereine

Katzenhilfe Aachen e.V.
Postfach 974
52010 Aachen

Katzenschutzbund e.V.
Salmanskirchen 18
84539 Ampling
Tel.: (0 86 36) 69 09 96
Fax: (0 86 36) 69 09 96
E-Mail: *Katzenschutzbund*@t-online.de

Verband der Katzenfreunde e.V.
Postfach 1456
57537 Wissen
Tel.: (0 27 42) 91 01 – 33
Fax: (0 27 42) 91 01 – 34

Tierkliniken

Kleintierklinik
Hochstraße 16
Baden-Baden
Tel.: (0 72 21) 35 57 – 0

Kleintierklinik
Am Mühlenburger Tor
Karlsruhe
Tel.: (07 21) 84 84 85

Tierärztliche Klinik
Loschwitzer Straße 23
01309 Dresden
Tel.: (03 51) 3 10 – 57 25
Fax: (03 51) 3 10 – 61 02

Tierklinik Dr. Liana Meisel-Gehl
Speckgärten 12
66482 Zweibrücken
Tel.: (0 63 32) 1 63 36
Fax: (0 63 32) 7 39 95

Beratungsstellen, Tierärzte und Tierkliniken für Katzen im Internet

www.vets.de
home.t-online.de / home / Vet.med / rahmen1.htm
baden-aktuell.de / tiere
yorkie.ch / cats / rat199-htm
www.k-k.de / mdolf / index.htm

www.lueneburger.de / tiere / tiere@frame.htm
members.aol.com / hellmeri / seit10d.htm
www.sharelock.de / Gesundheit / Arzt / Veterinaermedi-
zin.html
www.tierklinik.ssw.dresdeb.net / presse.htm

Alternative Tierheilkunde (Homöopathie):
members.aol.com / mcyessira ()
(Hierzu sei auch auf das Buch verwiesen: H.G. Wolf, Unsere
Katze. Gesund durch Homöopathie. Heilfibel eines Tierarztes.
Stuttgart 1992.)

Zeitschriften

Nachstehend eine Auswahl der gängigsten Zeitschriften über die Haltung und Pflege von Katzen, die als Anregung dienen soll und keinen Anspruch auf Vollständigkeit erhebt:

Geliebte Katze (Gorg Verlag). Erscheint monatlich. DM 4,90.

Katze extra. Das deutsche Katzenmagazin (Siegles Symposion. Tierzeitschriftlicher Verlag). Erscheint monatlich. DM 6,80.

Meine Katze (Sonnenverlag). Erscheint monatlich. DM 3,80.

Hilfe für neurotische Vierbeiner

Dressur und Strafen richten gegen die Neurosen kläffender Angstbeißer oder nächtlicher Unruhestifter wenig aus. Wenn der beste Freund des Menschen eine mehr oder weniger lästige Macke hat, mangelt es häufig an der richtigen Haltung; manchmal auch an wirksamen Medikamenten.
Ein informativer, praktischer und amüsanter Hunde-Ratgeber auf den Spuren von James Herriot.

Nicholas Dodman
Hunde, die zuviel bellen
Vom Umgang mit eigenwilligen Hunden
304 Seiten
Ullstein TB 35852

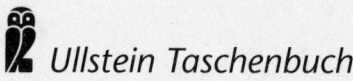